Joseph Fouché

一个政治家的肖像

约瑟夫·富歇传

[奥] 斯蒂芬·茨威格 / 著 　　　侯焕闳 / 译

北方联合出版传媒（集团）股份有限公司

万卷出版公司

2015年·沈阳

Ⓒ　茨威格　2015

图书在版编目（CIP）数据

一个政治家的肖像：约瑟夫·富歇传 /（奥）茨威格著；侯焕闳译.— 沈阳：万卷出版公司, 2015.1
　　ISBN 978-7-5470-3247-3

　　Ⅰ.①一… Ⅱ.①茨… ②侯… Ⅲ.①富歇，J.（1759~1820）– 传记 Ⅳ.①K835.657=41

中国版本图书馆CIP数据核字（2014）第211964号

出版发行：北方联合出版传媒（集团）股份有限公司
　　　　　万卷出版公司
　　　　　（地址：沈阳市和平区十一纬路29号　邮编：110003）
印　刷　者：北京盛源印刷有限公司
经　销　者：全国新华书店
幅面尺寸：150mm×230mm
字　　数：200千字
印　　张：17
出版时间：2015年1月第1版
印刷时间：2015年1月第1次印刷
责任编辑：高　爽
责任校对：周　健
装帧设计：范　娇
书　　号：ISBN 978-7-5470-3247-3
定　　价：32.00元

联系电话：024-23284090
邮购热线：024-23284050
传　　真：024-23284521
E－mail：vpc_tougao@163.com
腾讯微博：http://t.qq.com/wjcbgs
网　　址：http://www.chinavpc.com

序

　　约瑟夫·富歇当年权势极盛，并且是古往今来最为卓异的人物之一，却没有博得同时代人的欢心，而尤为后人所诟病。拿破仑在圣赫勒拿岛，罗伯斯庇尔对雅各宾党人的讲话，卡尔诺、巴拉斯、塔列朗❶在他们各自的回忆录中，法国所有的历史学家——无论是保王党，是共和派还是波拿巴分子——一提到他的名字，无不痛心疾首。天生的叛徒，渺小的策士，谄媚的小人，职业的风派，卑鄙的警探、令人齿冷的无耻之尤，没有哪一个骂名他得以幸免。拉马丁、米希累、路易·勃朗❷，谁都没有认真地想去研究他的性格——他的所谓性格，其实不如说是执着地、惊人地弃绝性格。他的真面目，初次出现于路易·马德仑❸那部堪称鸿篇巨制的传记（本书及其他有关著作中的故事，多半取材于那部巨著）。他在两个世界更替之际，曾领导过各个党派。在那个岁月的风暴旦，他是政治家中唯一的幸存者；他曾在心理搏斗中战胜了拿破仑和罗伯斯庇尔这样的人物。然而历史却把他作为跑龙套的配角，无动于衷地推到后排。他的形象在以拿破仑为题材的戏剧或轻歌剧中偶或出场，但往往勾勒成老一套的公式化的脸谱，无非是个老奸巨猾的警务大臣，夏洛克·福尔摩斯的祖师爷之流。在平庸的笔下，幕后政治家总是变成次要的角色。

---

❶　三人都是法国大革命时期的政治家；前两人曾仁督政府的督政官，塔列朗后任拿破仑的外交二臣。（凡未注明来源的注释均系译者所注）

❷　三人均系法国 9世纪历史学家，其中拉马丁兼为诗人；米希累著有《法兰西史》等；路易·勃朗著有《法国革命史》等。

❸　法国现代历史学家。

只有一个人以他本人的伟大卓绝，从他本人的高度，在这位独一无二的人物身上发现了独特的伟大。那便是巴尔扎克。巴尔扎克作为大智大慧、洞烛世态人情的思想家，不仅能看到当代事变的表层，而且经常窥察幕后，直截了当地承认——从心理学的角度说——富歇是他那个时代性格最有意思的人。巴尔扎克在他的感情化学中，一贯把各种激情（不管叫作什么——是英雄激情还是卑下的欲念）视为完全等价的元素。伏脱冷那样的十足的罪犯和路易·朗贝❶那样的道德天才，巴尔扎克对他们怀着同等的兴趣。他对道德和不道德一视同仁，臧否人物只看这个人的意志的力量和激情的强弱。巴尔扎克一眼看中了这个革命和帝国时期最卑鄙的、众人唾骂的活动家，把他从蓄意藏身的阴影中拖出来。他把这位 singulier génie❷称之为拿破仑驾前唯一真正的大臣，是 La plus forte tête que je connaisse❸；在另一处，说成是"这样一类人，他们表面是一回事，内心其实十分深邃，他们的行事如果由着他们自己，往往深不可测，日后才能被人看破"。这和历史学家们说教的轻蔑论调截然相反。巴尔扎克的长篇小说Une ténébreuse affaire❹，有一页专门写这个"阴郁深沉、卓荦不凡然而无藉藉名的才智之士"。他写道："富歇那份独特的、叫拿破仑如此

---

❶　二人都是巴尔扎克小说中的人物。

❷　独一无二的天才（法语）。

❸　我所知道的最聪明的人（法语）。

❹　《黑暗的勾当》（法语）。

害怕的天才，并不是一下子冒出来的。 这个国民公会的不起眼的议员是当时最出类拔萃，也是最不易为人理解的人物之一。他在革命的风暴中诞生成长，在督政府治下攀登上峰巅。他思想深刻，既登峰巅，能够立足于过去的经验而预见未来。随后，在闪电般的雾月十八日政变中，他突然表现出令人瞠目结舌的灵活机变，仿佛平庸的戏子，火花一闪，成了天才的优伶。这个脸色苍白、深得僧侣的沉着三昧的人，与闻他所属的山岳党的各种机密，最后参加保王党，也了解保王党的隐私；长期以来，他悄悄地研究人，研究人的弹性及政治舞台上的利害冲突。他曾在波拿巴左右参与机密，出谋划策，提供宝贵的情报。当时，他的新老同僚都没有料及他的纯行政才能和真正的治国才能如此卓越，他那简直匪夷所思的洞察力和准确无误的预见能力如此杰出。"巴尔扎克如是说。正是巴尔扎克的揄扬之词使我第一次注意到富歇。多年来，这个得到巴尔扎克赞赏，被他称之为"对人们的控制力超过拿破仑"的人，他的形象不时引起我的兴味。但富歇在生活中，在政治上，都极善于躲在后面。他不喜欢别人窥察他的眼神，窥测他的意图。他几乎一贯处在事变的中心、各党各派的中心；行事不露形迹，由他的不彰姓名的职务掩护着，仿佛钟表里面的机械。只有在风云变幻，他的道路急陡转弯的时候，才偶尔能捕捉到他那转瞬即逝的真面目。更奇怪的是，他那些倏忽之间暴露的面貌，骤然看来，竟是次次不同。1790年是教会学校的教师，到1792年没收教会的财产；1793年成了共产主义者，五年后摇身一变而为百万富翁，再过十年授封为奥特朗托公爵——这，前后居然是同一个人，居然还是那些肌肤毛发，简直有些叫人难以相信！这个近代最地道的马基雅维里派，他的历次脱胎换骨越是大胆，我对他的性格（或者不如说是无性格）便越是感兴趣，他的深藏不露的、十分神秘的政治生涯便越发引起我的沉迷，我也越加觉得他的形象独特甚至阴险。于是，为了纯心理研究的乐趣，我自己也全然始料未及，竟然动笔写起约瑟夫·富歇的历史来，希冀略尽绵薄于尚未形成然而非常有用的"权术家生物学"，因为权术家们是世人至今几乎还没有研究的现代最危险的精神种族。

这样一种彻头彻尾不道德的人物，即使独特而杰出如约瑟夫·富歇，为他写传记也是同当代的需要背道而驰的——这一层我自己也清楚。我们的时代需要的，欣然接受的，是英雄的传记，因为今日在政治上富有创造精神的领袖形象为数极少，以至要到往昔中去寻找崇高的榜样。英雄传记的鼓舞人心、激励民气、引人向上的作用，我丝毫没有贬低的意思。自普卢塔克❶以降，成长中的一代、任何时代的青少年，都需要英雄传记。然而，从政治上说，英雄传记包含着歪曲历史的危险，因为它们会造成一种印象，仿佛在古时候甚至古往今来，世界的前途都是由真正崇高的人物决定的。英雄仅仅以他的存在，便足以在几十年几百年内控驭人类的精神生活，这是没有疑问的，但只是精神生活而已。在现实的、实实在在的生活中，在政治力量的活动范围内，起决定作用的并不是杰出的心智，不是思

---

❶ 古希腊作家、历史学家、哲学家、传记作家，在18—19世纪的欧洲思想界影响极大。

想纯洁的人，而是低下得多然而比较机灵的一种人——幕后活动家。这一点必须强调指出，以便警告世人莫要陷入政治上的轻信。在1914年及1918年，我们曾目睹，世界大事、战争与和平的问题并不是靠理智和责任感来解决，而是由躲在幕后的人决定，由道德品质可疑、才具平凡的人决定。我们每天能体会到：各国人民仍然老实巴交地把自己的孩子和前途信托给肮脏的往往亵渎神圣的政治游戏；而在政治游戏中，处于主宰地位的并不是精神视野开阔的人，不是具有坚定信仰的人，而是我们称之为权术家的职业赌徒，是手法巧妙、空话连篇、冷血的老手。拿破仑在一百年以前曾经说过，政治已成为 La fatalité moderne——现代的毒瘤；如果确实如此，那么，我们为了自卫，就得设法去看清隐藏在这一力量后面的人的尊容，从而参透他们借以得势的危险的秘密。但愿这本约瑟夫·富歇的传记能对政治家类型学做出贡献。

1927年秋于萨尔茨堡

目　　录

第一章 如日初升

1759年—1793年

1759年5月31日，约瑟夫·富歇——离奥特朗托公爵❶还早着呢！——生于港口城市南特。他的父母都属于海员兼商人的家庭，祖上做惯了海上的营生，他们的继承人自然也得漂洋过海，或做个四海为家的商人，或当船长。但这个瘦高个儿的、贫血的、神经质的、长相不好看的孩子，幼小时便发现他适应不了那么艰巨的、在当时还确是英勇豪迈的职业。离岸两海里，他就要晕船；跑上一阵或者同伙伴们玩上一会儿，刻把钟就会吃力。这样的娇孩子对他怎么办呢？——父母思忖着。他们忧心忡忡，因为在1770年，精神上已经觉醒了的、锐意进取的资产阶级在法国还没有足够的用武之

---

❶ 奥特朗托是意大利一地名，日后拿破仑封富歇于此。

地，在法院，在部署衙门，随便在哪个机关，最肥的肉都是贵族的禁脔。在宫里当差，得有伯爵的爵徽或田连阡陌的庄园。布尔乔亚在军队里即使熬白了头，了不起当个伍长。在这个内政废弛，腐化已深的王国，第三等级无由博取出身。无怪乎四分之一世纪之后，它用拳头来争夺它多少年来低三下四地伸手乞讨的东西。

唯一的出路在教会。这个千年王国对于世界的理解，远远胜过任何执政者，脑筋比较聪明，比较民主，眼界比较开阔。它一贯汲引才智之士，不惮把出身极其低微的人吸收到它的无形王国中来。约瑟夫小时候在奥拉托里昂修会所属的学校读书，便以勤勉见称。待到卒业，僧侣们欣然膺以数学和物理的教席、舍监和训导员的职务。在法国，自从耶稣会士被驱逐出境以后，全国的天主教教育由奥拉托里昂修会主持。他刚届二十岁便在这个修会取得了职务和位份，虽说微不足道，没有扶摇直上的希望和盼头，但毕竟是在学校里，他可以进行自我教育，边教边学。

他如果出家当教士，倒可能获致升迁，当上个神父，将来甚至说不定会跻身主教甚或红衣主教。但是约瑟夫·富歇初出茅庐，职位卑微，便表现出他这个人的特点——不愿意永远地、矢志不渝地同某个人或某件事连在一起。这确实是他的典型作风。他身着神父的法衣，头顶剃去了头发，同别的神父一样，恪守修道院的院规。在奥拉托里昂修会十年，他外表和内心同神父们没有什么区别。但他没有出家，没有受戒。他历来如此，在任何情况下都是如此，都留有后路，保留着改换门庭的可能性。他替教会效劳也是暂时的，不是彻底地献身给它，同后来对待革命、督政府、执政府、帝国、王国的态度并无二致；对天主，更别提对人，约瑟夫·富歇都不会立誓终身效忠的。

从二十岁到三十岁，这个脸色苍白、独来独往的准神父在修道院的走廊和静悄悄的斋堂里泡了十年。他在尼奥尔、索缪尔、旺多姆、巴黎等地教过书，对于地点的变更几乎没有什么感觉，因为不管在哪个城市，教会学校教师的生活都是同样的平静、穷酸，同样的无声无息，永远关在沉寂的高墙内，不问世事。教二三十个，四十来个学习拉丁文、数学和物理的小学生——面无血色、穿一身黑、做弥撒有人带、在寝室里有人看管的男孩子，独自阅读学术著作，吃粗劣的伙食，拿可怜的薪水，穿黑色的敝旧的衣服，过着清苦的僧侣生活。仿佛是入蛰，远离了现实，超然于时空，这寂寞的、离群索居的十年逝去了，虚度了时光，没有一星火花。

但是，这十个在教会学校里度过的年头，约瑟夫·富歇学到了许多东西，对未来的权术家大有好处——他主要是学会了沉默的技巧、最最重要的隐瞒自己思想的艺术、认识人的精神世界和心理的本领。从此，他终生能控制脸上的每一块肌肉，即使在激烈的冲动的时刻也不例外；从此，再也没法在他那样死板的、仿佛在沉默中木然的脸上发现愤怒、凶狠、激动的迹象；从此，他以同样平稳而单调的声音沉静地说出最最平常和最最恐怖的话语，以同样悄没声息的脚步走向皇帝的寝宫和汹涌澎湃的民众大会——他的无与伦比的沉着和自制力都得益于在修道院斋堂里度过的十个年头；他在登上世界大舞台以前很久，便由罗耀拉❶的弟子用纪律锻炼了他的意

---

❶ 罗耀拉是16世纪西班牙神父，耶稣会的创始人。

志，由千百年来形成的布道和宗教辩论的艺术训练了他的口才。法国大革命时期的三大权术家——塔列朗、西哀耶斯和富歇，全都出身于教会学校，全都是在讲台上抛头露面以前很久便已成为观察精细入微的心理学家，这或许不是偶然的。大体说来，他们的性格是如此的截然相反，但共同的古老的传统远远超出他们个人命运的范围，在决定性的关头赋予他们以一定的共同点。除此而外，富歇还具有钢铁一般的、斯巴达式的自律能力，厌恶奢华和出风头，善于隐匿自己的私生活和感情。富歇在修道院走廊的朦胧昏暗中度过的十个年头并没有虚抛浪掷，他在当教师的同时，学会了无限多的东西。

在修道院的高墙内，在完全与世隔绝的环境中，这个独特的、灵活而不安分的灵魂受到教育，得到发展，掌握了洞察人类心理的高度技巧。多年来，他的行动不得不局限在十分狭小的教会圈子里，显不出他的本事。但到1778年，一场社会风暴已在法国开始，并且侵入了修道院的高墙。奥拉托里昂修士们的禅室同共济会的俱乐部一样，也争论着人权问题。一种性质全新的好奇，使僧侣趋向布尔乔亚，正像一个教物理和数学的教师，好奇心使他醉心于当时各种令人惊异的发现，醉心于气球——初期的飞行器，醉心于电和医学方面辉煌的发明。僧侣谋求同有教养的社会接近。在阿拉斯，这两者之间的接近是由一个非常特别的小团体实现的。这小团体叫作"罗萨蒂"，有点像"施拉辣菲亚"❶。阿拉斯市的知识分子在这个小团体的无拘无束的、欢愉的环境里聚首。这里的集会并没有

❶　19世纪分布于欧洲各国的一个团体，以奖掖文艺为己任。

什么特别出色的地方：无非是那些普普通通的布尔乔亚朗诵几首小诗，就文学问题演讲一通，军人和老百姓混杂在一起；这里对教会学校教师约瑟夫·富歇热情接待，因为他讲得出物理学的最新成就。他常常在这里同一群朋友消磨时间，聆听工兵上尉拉萨尔·卡尔诺朗诵他自己写的谐谑诗，或面容苍白、薄嘴唇的律师马克西米连·德·罗伯斯庇尔（他那时还以他的贵族身份自豪呢）在餐桌上发表华丽的、颂扬"罗萨蒂"协会的演说。因为在地方上，人们还很欣赏爱谈哲理的18世纪最后的气息：德·罗伯斯庇尔先生还没有动手签署死刑判决书，而是在闲适地写作优美的小诗；瑞士的医生马拉还没有起草严峻的共产主义宣言，而是在创作缠绵的感伤小说；一个小小的中尉，姓波拿巴，正在外省的一个什么地方写一部模仿少年维特的中篇。什么雷雨都还看不见，远在天边。

命运弄人：我们这位教会学校教师最要好的朋友，正是那个面容苍白、神经质、野心一发不可收拾的律师德·罗伯斯庇尔。他们甚至即将成为亲戚，因为马克西米连的妹妹夏绿蒂·罗伯斯庇尔正打算叫这位奥拉托里昂修会学校的教师放弃取得神品❶的念头。人们到处在谈论他们的婚事。这门婚姻结果没有成功，到底为什么，始终是个秘密，保说不定正是这个根由引起这两人互相憎恨。这两个人一度是朋友，后来却是你死我活，彼此之间的仇恨十分可怖，并且对历史产生了影响。可是在当时，他们既不知道什么雅各宾主义，也没有想到会你恨我我恨你。相反，当马克西米连·德·罗伯

---

❶　神职人员权力、职分的品级。

斯庇尔被派往凡尔赛担任三级会议代表以便参与设计法国新国家制度的时候，正是半僧半俗的约瑟夫·富歇资助了羸弱的律师德·罗伯斯庇尔，给了他路费和做套新衣服的钱。罗伯斯庇尔准备跃入世界史之际，是富歇把他扶上马的。这是富歇的惯技，他后来也为其他许多人做过这样的事。但也正是富歇，在关键时刻出卖了老朋友，毫不留情地把他搞下了台。

这次三级会议动摇了法国的国本。罗伯斯庇尔动身赴会之后不久，奥拉托里昂修士们在阿拉斯也发动了一场小小的革命。政治渗入了修道院的斋堂，聪明的约瑟夫·富歇向来能预料到风向的变化，此时扬起了风帆。他提出派代表团去国民议会，代表僧侣向第三等级表示同情。但，一贯十分小心谨慎的富歇，这番稍嫌匆忙了些。上级没法正式处分他，只好把他调往南特的一所教会学校作为惩罚。他小时候就是在那里学习科学的基础知识和认识人的基本道理的。可是他如今已经有了阅历，已经成熟，再也没有兴趣教孩子们乘法表、几何和物理。他是揣摩风向的行家，感觉得到国内即将爆发社会风暴，政治将主宰世界，于是一头钻进政治里。他一把拽下了身上的僧服，头顶重新蓄起头发，不再教小学生，而去向南特的资产阶级好老百姓宣讲政治布道。成立了一个俱乐部——政治家们的仕进往往开始于这一类演说术实习讲坛；过了几个星期，富歇便已当上南特的"Amis de la Constitution"❶协会的主席。他赞扬进步，但极其审慎，极有分寸，因为在这一商业城市，政治气压

---

❶　"宪法之友"（法语）。

表的指针指着"温和"。南特人不喜欢激进主义，生怕贷款一去无回；他们关心的首先是生意兴隆。他们从殖民地取得巨额的利润；而在殖民地，解放奴隶之类的荒诞的计划是行不通的。所以约瑟夫·富歇起草了慷慨激昂的致议会书，反对废除奴隶贸易，虽然他因此而被布里索教训了一顿，但在更小的资产阶级圈子里，他的口碑并没有受损。为了及时地巩固他在资产阶级（那是未来的选民）中的政治地位，他急忙娶了一个殷实商人的女儿——姑娘很丑，嫁奁却甚丰厚。在第三等级即将成为统治阶级（他预见到了）的当口，他急于便捷而彻底地变成布尔乔亚。

这一切，都是为了达到主要目标而做的准备。国民公会选举一宣布，这个前修道院教师便报名竞选。且看各位候选人如何动作。候选人首先向善良的选民们赌咒罚誓，他们爱听什么便说什么。总之，富歇信誓旦旦，说他将关心贸易，保护私有财产，尊重法律。他攻击无法无天的乱党要比批评旧政权猛烈得多（因为在南特，右边刮来的风要比左边刮来的风强劲）。1792年，他果真当选为国民公会的议员。在很长的一段时间里，议员的三色帽徽代替了隐蔽的、悄悄留着的僧侣的圈发。

选举时，约瑟夫·富歇是三十二岁。他绝称不上是美男子。身体精瘦枯槁，几乎没有肉，一张窄窄的、皮包骨的脸，紧绷着皮肤，很丑，叫人看了很不舒服。尖尖的鼻子，线条分明、老是紧闭着的薄嘴唇。惺忪的肿眼皮里面隐藏着一对冷冷的、没有表情的眼睛，灰色的、猫一般的眼珠像两颗小小的玻璃球。这张脸，这个人，仿佛整个儿地有毛病，那就是缺乏生气：他的样子像是煤气灯底下的人影，蔫蔫的，灰不溜秋。眼睛里没有光芒，举止间没有活力，嗓音中没有金属般的音色。细细的一绺绺头发，火红色的、淡淡的两道眉毛，灰白的脸颊。　仿佛是色彩不足，没法给他的脸涂上健康的颜色。这个坚强的、工作精力充沛非凡的人，看起来老是像个疲惫虚弱的病包。

　　端详着他，每个人都会以为他的血管里不可能流着殷红的热血。他的性格确实属于冷血一类。粗野的、能把人毁掉的情欲和他无缘，女人和赌博都迷不了他的心窍。他不喝酒，不喜欢挥霍，不曾领略过体育运动的乐趣。他在户内，在文件状纸堆中过日子。他从来没有流露出过愤怒，脸上从来没有一块肌肉颤抖。他的没有血色的薄嘴唇上只带着淡淡的笑，有时彬彬有礼，有时含着嘲讽。谁也不会在这副土灰色的、无精打采的面具底下发现真正的激动的迹象；藏在红肿的眼皮里面的眼睛，永远不会暴露他的意图和他的思路。

　　这执着的冷静便是富歇的主要力量。神经左右不了他，感情诱惑不了他，激情的火花严严实实地隐藏在脑门里面。他极善于控制自己，同时虎视眈眈地注意着别人的错误。他听任别人受尽情欲的煎熬，耐心地等待他们衰弱或在丧失自制力之后暴露他们的弱点，然后出手给予无情的一击。他这份冷漠的耐心具有可怕的优势：凡是能够这样静待时机，能够这样潜伏隐蔽的人，准能瞒哄过最最有经验的对手。富歇很善于做一个不动声色的仆人：眼睛一眨不眨，平静地把最最粗鲁的辱骂听下去；带着冷冷的一丝笑，把最最难堪的侮辱咽下肚。威胁也罢，愤怒也罢，都摇撼不了他的冷静。罗伯斯庇尔和拿破仑都在他那铁石般的沉静面前一败涂地，仿佛是浪花在岩石上碰得粉碎；三代人，整整一个民族，因激情高涨而怒号，因激情低落而沉寂，只有他，冷静而高傲，始终是唯一无动于衷的人。

这冷静便是富歇真正的天才所在。他的肉，既没有遏制他，也没有诱惑他，只是单纯地参加灵的豪赌。血气、情感、心灵，对于一个真正的人，都是会引起惶惑的知觉和感觉要素，但对于这个隐蔽的赌徒则毫无意义——他的一切激情都集中在大脑。因为这个干巴巴的谋略家身上有一种罪恶的、对冒险的嗜好，他主要的激情是搞阴谋，在玩心眼上得到满足。纷争和意气给了他乐趣——令人毛骨悚然的乐趣，然而他极其巧妙、极其出色地把它隐藏起来，表面上以一个干练的官员出现——这假面具他是一生戴到底的。他深居办公室，在那里编织蜘蛛网；他用文件报表掩护，突兀地、悄悄地给对手以致命的打击——这就是他的策略。需要细心深入地钻研历史，才能在革命的霞光中，在拿破仑的传奇般的光辉中，发现他的存在。他似乎是那么卑微，那么无足轻重，其实他的活动无所不包，决定着时代。他终生躲在暗处，却经历了三朝。帕特洛克罗斯、赫克托耳、阿喀琉斯死后，机灵的奥德修斯❶又活了许多年。他的才智战胜了天才，他的冷静比激情更经久。

9月21日❷晨，新近选举产生的国民公会议员们第一次步入会场。三年前首届立法议会的盛况不再，无复当日的帝王气象。当时，会场中间摆着一张金碧辉煌的交椅，铺着绸缎，绣有白百合

---

❶ 四人均系希腊神话中的人物，都曾参加特洛伊战争；奥德修斯以机智著称。

❷ 1792年的9月21日。

花——那是王座。国王到会时，全场肃立，欢迎御驾临幸。如今，他的城堡——巴士底和杜伊勒黎——被摧毁，法国再也没有国王，只有那么一个胖胖的路易·卡佩先生——鄙俗的狱吏和法官都是这样叫他的——以普通公民的身份在丹普尔监狱里苦挨日子，等待宣判。代替他执掌国柄的是闯入他的王宫开会的七百五十个人。议长席的后面，竖着新法典碑，用硕大无比的字母写着宪法条文；墙上装饰着不祥的象征——扈从树枝束❶和杀气腾腾的斧子。

走廊里聚集着民众，好奇地观看他们的代表。国民公会的七百五十名议员不慌不忙地进入王宫。这是各等级、各种职业的奇异的大杂烩：失业的律师傍着出类拔萃的哲学家，逃亡的神父挨着军人，破了产的冒险家混杂着著名的数学家和高雅的诗人。仿佛茶杯猛烈一晃，沉渣泛起，由于法国的革命，一切原来处在底层的，统统浮到了上面。这混乱的局面，该是澄清的时候了。

安排议员的座位，是第一次尝试理出个头绪。半圆形的台阶式会场人满为患。对立的议员鼻子碰鼻子，彼此能呼吸到对方恶狠狠的言辞的热乎乎的气息。坐在会场下面的，是规规矩矩的、有教养的、小心谨慎的议员—— marais，人们戏称为沼泽党，他们在表决任何决议案时都甚冷漠。狂暴的、急躁的、激进的议员坐在最高处的"山岳"上。"山岳"的最后几排毗连着走廊，似乎象征着他们的背后有群众、人民、无产阶级。

两股力量互不相让。革命便在他们之间呼号咆哮，忽而来潮，

---

❶　古罗马民政官的扈从仪仗，象征生杀的权力。

忽而退潮。对于资产阶级，对于温和派，宪法一制定，国王和贵族阶级一推翻，权力一交给第三等级，共和国的建立便算大功告成。从社会下层涌来的急流，资产阶级是很愿意拦截阻遏的，以便确保已经到手的东西。他们的领袖——孔多塞、罗兰、吉伦特党人——都是知识分子和中产阶层人士。至于山岳党，他们希望猛烈的革命浪潮一往无前，把一切落后的东西和一切旧制度的残余都荡涤以尽。马拉、丹东、罗伯斯庇尔这些无产阶级的领袖，致力于La révolution integrale 彻底的激进革命、无神论和共产主义。他们推翻了国王，还想推翻国家的历史悠久的支柱——金钱和天主。天平在两党之间闪闪忽忽地摆动。如果吉伦特党、温和派得势，革命将逐渐蜕化为反动——起初是自由主义的反动，随后是保守主义的反动。如果胜利者是激进派，他们将冲进虚无主义的深渊和旋涡。在这不祥的会场，任何一个在场的人都没有迷惑于始初庄严的和谐；人人都知道这里马上要开始一场你死我活的斗争、智和力的斗争。议员坐到什么地方，坐在下面的山谷，还是上面的山岳，这本身便预示着他的决定。

约瑟夫·富歇，南特市选出的议员，系着人民代表的三色领巾，夹在庄严地步入废王大殿的七百五十个人中间，默默地进来了。头顶剃去的头发已经长起，僧服早已脱掉；他同这里所有的人一样，穿着老百姓的便服，不戴任何饰物。

约瑟夫·富歇坐到什么地方去？是在山岳上的激进派中间，还是同山谷里的温和派在一起？约瑟夫·富歇考虑了一小会儿。他只承认一个党，终生矢志不渝，那便是力量较为强大的党，多数人的党。这一回他也掂量了一番，暗自计算一下票数。他看到，在这个时刻，力量还在吉伦特党一边，在温和派一边。于是他坐到吉伦特党的座位上，傍着孔多塞、罗兰、塞尔汪，傍着身居部长高位、掌握任免、分配利润的那些人。在他们中间，他觉得自己充满了信心；他在他们中间坐了下来。

他偶然抬头向上方看去，向他们的激进派对手的座位看去，遇上了一道严厉的、恶狠狠的目光。他的朋友马克西米连·罗伯斯庇尔，阿拉斯的律师，在那里集合起一班战友。他以自己的坚定自豪，对任何人的动摇和软弱都不容情，此刻正拿着长柄眼镜，含着讥讪，冷冷地盯着这个投机分子。他们之间残存的最后一点点友谊，在这一刹那间化为乌有。从此，富歇一举手一投足，每有动作，总感到这个终身的控诉者和铁面无情的清教徒在他背后盯着他，向他投来凶狠的、锐利的、照人肺腑的目光；从此，他牢牢记住，他得十分地小心谨慎。

小心谨慎。未必有人比他更谨慎的了。头几个月的会议记录中，竟找不到约瑟夫·富歇的名字。国民公会别的议员，人人都想沽名钓誉，发疯似的挤向讲坛，或提出建议，或慷慨陈词，或互相指责攻讦。这位南特市选出的议员可是一次也没有登上过讲坛。他说他嗓音微弱，不宜在大庭广众之间讲话——他对他的朋友和选民是这样解释的。因为别的人都是热切地、争先恐后地、急不可耐地要求发言，所以，这位冒牌谦谦君子的沉默反倒博得人们的好感。

但在实际上，他的谦让自有用意。这位过去的物理教师是在计算力的平行四边形，是在观察。他知道天平还会摆动，不忙于表明他的观点。他审慎地把决定性的发言拖到最后关头，等彻底搞清楚鹿死谁手再说。最要紧的是别轻举妄动，别过早暴露自己的立场，别永远地捆住自己的手脚！眼下局势还不明朗——革命是前进还是后退：他名副其实是海员的儿子，等着顺风再去弄潮，暂时先把船停靠在港口。

此外，还是在阿拉斯的时候，在修道院的高墙外面，他看到，在革命的时代，令名美誉转瞬便会隳败，民众的声音顷刻间便会从"万岁"变成"把他钉死在十字架上"。三级会议和立法议会时期脱颖而出的人，到今天，全部或者几乎全部被人遗忘，或者遭人痛恨。米拉波的遗体昨天安葬在先贤祠，今日却被移了出来，丢尽了颜面。拉法耶特在几星期前被庄严地宣布是国父，今天却被诋为叛徒。居斯蒂纳·佩蒂翁在几星期前被欢呼的人群簇拥着，如今却提心吊胆地藏匿起来。得，可别过早地抛头露面，别过于匆忙地做出决定，先让别人耗着去，叫他们筋疲力尽。每一场革命——他的成熟老到超过他的年龄，对此深有体会——胜利的不是第一个人，不是那个先锋，而总是最后一个人，总是那个殿后的人，那个把革命作为战利品来攫取的人。

于是，这个聪明人有意识地躲在暗处。他去接近权势者，却回避任何看得见的、公开的权势。他不想在讲坛或报纸上大喊大叫，宁愿被选入各种委员会和小组，以便了解事态，暗中操纵局势，逃避监督和嫉恨。他的顽强旺盛的干劲果真赢得了人们的好感；他的不起眼使他不致遭到别人的妒忌。他可以待在他的办公室里，冷眼观看山岳的老虎和沼泽的雪豹咬成一团，观看出类拔萃、激情澎湃的伟人如韦尔农、孔多塞、德穆兰、丹东、马拉、罗伯斯庇尔等人杀来杀去。他注视着他们，等待着时机，因为他知道：只要激情澎湃的人们同归于尽，便轮到善于等待、善于保持理智的人出头，他们的好日子便该到了。日后，富歇也总是到胜负已经分明之际才做出最后的决定。

　　躲在暗处的艺术，富歇终生信守。他从来不公开当政，却握有权力；染指政柄，却不必负责。他一贯站在执政者的背后，拿执政者做挡箭牌，鞭策执政者；每当执政者冲刺过了头，便在紧要关头抛弃执政者——这是他心爱的角色。他这个政治舞台上的彻头彻尾的阴谋家，身处共和派、国王和皇帝们中间，演起这角色来胜任愉快，可以演出二十种方案，不论故事情节千变万化，演技一样的高超。

　　有时来了机会，他也动心，想在世界大舞台上演主角，挂头牌。但他聪明至极，不可能认真地追求这个。他把他那张丑陋的、惹人厌的尊容牢记在心，知道它压根儿配不上奖章和勋绶，配不上辉煌的外表和煊赫的名声，头上的桂冠决不会赋予它以英雄的光辉。他对他那尖细微弱的嗓音也是心中有数，知道这嗓子适合于窃窃私语、教唆挑拨，却绝对不宜于发表慷慨激昂的演说去激发群众。他懂得，他得躲在暗处，待在他的办公室里，锁起门，坐在书桌后面——这时他最最强有力。他从这里可以窥伺、研究，可以观察、游说，可以制造阴谋或对付阴谋，却不被别人看破抓获。

　　约瑟夫·富歇之所以获得权势，最最奥妙的诀窍便在于此。他一贯追求权力，而且是最高的权力。但他同大多数人相反，满足于权力感：他不需要身外的奖章勋绶。富歇野心极大，却并不爱好虚荣；他追求权力，但不在乎花架子。他是搞政治阴谋的真正的、顶尖儿的行家，眼里只有权力的实实在在的潜能，而把权力的外部标志视若粪土。执政官的仪仗，国王的权标，皇帝的冠冕，他都若无其事地拱手送人；管那个人是强有力者还是傀儡——这倒无所谓：他心甘情愿把光辉和当一个民众宠儿的颇值得怀疑的幸福让给那个人。他只要了解局势，支配人，实际指导表面上的世界统治者，进行一切赌博中最最疯狂的赌博——大规模的政治游戏而不用拿自己来冒险，这样他就满足了。别的人受制于各自的信仰，他们各自在大庭广众间的演说和举动；而他，躲避着阳光，在他的密室里保持着内心的自由，成为事变急流中固定的极。吉伦特党被打倒，富歇一仍旧贯；雅各宾党被推翻，富歇依然故我。督政府、执政府、帝国、王国，接着又是帝国，它们都会消亡，只有富歇始终岿然不动，这全是靠他那惊人的沉着，靠他果断地保持彻底的无性格以及一贯弃绝信仰的勇气。

　　但是在具有世界历史意义的法国革命运动中，有这么一天，独一无二的一天，容忍不了三心二意；在这一天，每一个人必须说出是或者不，必须表示赞成或者反对，必须一锤定音——这一天便是1793年1月16日。革命的时针指到正午，路走完了一半，国王的权力一步步地被剥夺。但路易十六还活着。他被囚禁在丹普尔监狱，但还没有死。他越狱（温和派希望他越狱）没有成功；利用攻打王宫的民众的愤怒、通过他们的手除去他（激进派暗中希望如此）的计划也没有成功。他被搞臭，被剥夺了自由、御名和尊号，但只要有一口气，拿血统继承权来说，他总还是国王，他是路易十四的子孙。如今，他虽然被人鄙夷地叫作路易·卡佩，对年轻的共和国仍有危险。国民公会在1月15日审判了他，提出了惩治的问题、生与死的问题。犹豫不决、胆小怕事、小心谨慎的人以及约瑟夫·富歇之流，想秘密投票，以免张扬，以免公开表态。这希望落空了。罗伯斯庇尔是铁石心肠，坚持要求法兰西民族的每一个代表在全体会议上公开表示赞成还是反对，赞成留国王一条命还是处死他，好让民众和子孙后代知道每个代表的归属：是属于右派还是左派，属于革命的涨潮还是退潮。

　　富歇的政治态度到1月15日已经十分明朗。他的吉伦特党党籍，他那些极端温和的选民的趋向，都责成他要求宽恕国王。他征询朋友们的意见，首先问了孔多塞，看到他们一致倾向于避免做出无可挽回的决定——处死。因为大多数人原则上反对判处死刑，富歇自然站到他们那一边：前一天即1月15日晚上，他向一位朋友念了他准备在国民公会发表的演说稿，论证确应俯允赦免国王的请求。既然坐在温和派的席位上，就该温和；而且，大多数人反对任何激进的举措，所以，不受任何信仰束缚的约瑟夫·富歇也得跟着反对。

　　然而，1月15日晚与1月16日晨之间还隔着一个黑夜——纷乱多事之夜。激进派并没有游手好闲，他们发动了强大的机器，那便是他们十分出色地操纵着的民众的愤怒。在城郊，信号炮隆隆响着；在市区，鼓声召唤着民众——杂凑的暴动队伍。躲在暗处的恐怖分子，每每拼凑这样的队伍，以便强迫当局做出某种政治决定。啤酒酿造工人桑泰尔挥舞着胳膊，几个钟头就使这些队伍行动起来。这些队伍由城郊的煽动家、卖鱼的女小贩和冒险家们组成，在攻陷巴士底监狱那个光荣的日子便已出名，在恐怖的九月屠杀时期人们对他们更有所了解。每当需要冲决法律的堤坝，便强行掀起这民众的巨浪；而这巨浪一贯是势不可当，扫荡着一切，最后连它从自身深处擢拔上来的人都会被它卷走。

到1月16日正午，密密麻麻的群众包围了马术厅和杜伊勒黎宫。到处是穿着坎肩、胸口袒露、手执长矛、威风凛凛的男子，身着火红色卡曼纽拉式服装、嬉笑怒骂的女人，国民警卫军的士兵以及一般的市井之徒。从中涌现出暴动的闯将：美国人傅尼耶、西班牙人胡斯曼、特露安·梅黎库尔——一个歇斯底里的刻意模仿圣女贞德的人。每当被人怀疑会投票赞成赦免国王的议员通过，群众便会把他们骂得狗血喷头，举起拳头恫吓这些人民代表，威胁要同他们算账。为了吓唬议员，让他们把国王送上断头台，一切恐怖和暴力的手段都使了出来。

这种恫吓震慑了一切胆小鬼。在冬日的苍茫的暮色中，由摇曳的烛光映照着，吓破了胆的吉伦特党人到会了。头天，他们还打算投票反对处死国王，以免同整个欧洲打一场生灵涂炭的战争，而此刻，在民众暴动的可怕的压力下，他们惊慌失措，莫衷一是。最后，到夜里，开始唱名表决。真是命运的嘲弄，摊到吉伦特党的领袖韦尼奥首先发言。韦尼奥的嗓子一向高亢——他是南方人❶嘛，连墙壁都会震动。但在这一刻，他这个共和派领袖害怕别人以为他这个共和派不够坚定，如果他要求饶国王一条命。于是，一贯好冲

---

❶ 法国南部的人热情、好激动。

动、火热性子的他，羞答答地低下了他那颗硕大的脑袋，慢吞吞地、步履维艰地登上了讲坛，低声说："La mort"——"处死"。

这字眼像是音叉的响声，在大厅里震荡。吉伦特党的一把手后退了。其余的人，多数颇有骨气；七百人中，有三百票赞成赦免。虽然人人都意识到：现时，政治上的温和比表面上的坚决更需要勇气。天平颤颤悠悠了老大一响：几票就能决定一切。最后，唱到了南特议员约瑟夫·富歇的名字。他头天还向他的朋友保证，说他将发表一篇激动人心的演说以捍卫国王的生命；十小时前还在扮演最最坚决的角色。此时此刻，这个过去的数学教师，算盘极精的富歇，计算了票数，看到他有可能陷入处于劣势的党，陷入他唯一永远不会加入的党——少数党。他急匆匆地、悄没声息地登上了讲坛：苍白的嘴唇迸出了两个字："La mort"——"处死"。

奥特朗托公爵日后在嘴上和纸上说了千言万语，否认他说过这两个把约瑟夫·富歇变成 régicide（弑君者）的字。但，这两个字是在大庭广众间说的，还印在《Moniteur》（《箴言报》）❶上，无法从史册上勾掉，在他个人的历史上也永远地留下了印记。因为这是约瑟夫·富歇第一次公开的堕落。他的朋友孔多塞和多努，在背后被他阴险地下了毒手，遭到他的愚弄欺骗。但面对着历史，他们不必因此而脸红，因为别的人——而且是更强有力的人：罗伯斯庇尔和卡尔诺，拉法耶特、巴拉斯和拿破仑——当时最有权势的人物，同他们一样的命运：在失败之际，富歇出卖了他们。

---

❶　法国政府正式机关报。——原注

在这一刹那，除此而外，约瑟夫·富歇的性格初次暴露了另一个重要的鲜明的特点，那便是他的恬不知耻。他叛离他那个党的时候，从来不是小心翼翼、慢慢吞吞，他不是难为情地、悄悄地离开党的队伍。不是这样的。他是在青天白日，冷笑着，以一种触目惊心的自信，直截了当地投向昨天的敌人，并且立即学会了敌人的语言和论据。旧日党内的同志对他怎么看，有什么说法，群众和舆论怎么看——他根本不在乎。他眼里只有一条：永远跻身于胜利者之列，决不做失败者。他的背叛，由于变化疾速，由于无以复加的恬不知耻，透出一种叫人情不自禁地震骇惊异的胆气。他只要二十四个小时，有时只要一个小时，甚至弹指间，就能当着大家若无其事地扔掉他的信仰的旗帜，明目张胆地打开另一面旗帜。他追随的不是思想，而是时势；时势进展得越快，他追得越急遽。

他知道，南特的选民明天在《Moniteur》上看到他投的什么票，一定会恼怒。那么说，得把他们搞蒙：这办法比说服有效。于是，他以同样令人目眩神迷的胆气，以同样的恬不知耻（此时此刻，这恬不知耻几乎使他看起来很了不起），不等愤怒爆发，先发制人。投票后一日，富歇发表宣言，把他其实是由于害怕在国会中垮台而采取的行动，极尽渲染地说成是他内心的信仰：他不给他的选民以思考和计算的时间，迅猛而粗鲁地恐吓他们。

马拉和最激烈的雅各宾党人在对他们的资产阶级选民讲话时，都不会比这个昨天还属于温和派的议员更加残忍："暴君的罪行彰明较著，天人共愤，倘若他的头颅不立即交付给断头台的刀斧，一切盗匪及杀人犯都将悠哉游哉地在大街上闲逛，我们有可能陷入最最可怕的混乱。时代在我们一边，而不利于人世间的一切帝王。"
富歇昨天还在口袋里揣着一份那么坚决反对处死国王的宣言，此刻
却是这样强硬地宣传处死国王的必要性和必然性。

　　这聪明的数学教师果然算对了。他自己是机会主义者，深知怯
懦的无坚不摧的威力。他知道，每当群众登上政治舞台，勇气便成
为一切算式中决定性的分母。他对了。循规蹈矩的、保守的布尔乔
亚心惊肉跳地听从了这厚颜无耻的、突兀的宣言。他们晕头转向，
惴惴不安，急急忙忙地认可了他们内心绝不赞成的决议案。谁也不
敢反对。从这一天开始，约瑟夫·富歇掌握了铁石般的、冰冷的杠
杆，使他在任何情况下都能应付裕如：那便是对人的蔑视。

　　从1月16日这一天起，变色龙约瑟夫·富歇暂时选择了红色。一
日之间，温和派变成了绝不妥协的激进派和超级恐怖主义者。他纵
身一跃，投入了敌人的阵营，甚至在敌人的阵营里都属于极端的、
最最激进、最最"左"的左翼。以惊心动魄的速度——可别落在别
人的后面！——这个冷酷的才智之士，这个清醒的谋略家学会了恐
怖主义者的血腥的术语。他要求采取坚决的措施惩治流亡到国外的
人，惩治僧侣。他激昂，他大声疾呼，他狂热地呼号，他用言辞和
手势来打击敌人。他其实可以同罗伯斯庇尔重续旧谊，坐到后者的
身旁。但罗伯斯庇尔这个刚正不阿的、清教徒般方正的人不喜欢变
节分子；罗伯斯庇尔以加倍的不信任憎厌投诚的富歇：富歇的大喊
大叫的激进主义比他以往的冷静，更叫罗伯斯庇尔起疑。

　　富歇灵敏的感觉，觉察到被人侧目而视的危险；他预见到一决
生死的日子即将来临。国民公会上的雷声还没有沉寂，政治的天际

已凝集了乌云；那是丹东和罗伯斯庇尔，艾贝尔和德穆兰等革命领袖之间的悲剧性的斗争。身为激进派，必须拥护其中的某一个人，但富歇不愿意捆住自己的手脚，除非立场的决定安全而有利。他知道，权术家的明智就在于到关键时刻远远地避开不利的情势。于是，他决心离开国民公会这政治舞台，直至斗争结束。他离开的目的，是为了斗争分了胜负之后再回来。真造化！这样的退却倒有一个光荣的借口，因为国民公会要在议员中推选出两百名代表到各州去维持秩序。富歇在会场的炽烈的气氛中十分难受，想方设法挤进派往外地的代表中。他当选了。他有了喘息的机会。让别人去斗吧，去斗个你死我活，让他们那些热血志士为野心家腾出位子吧！只要别在场，别被迫选择其中的一派！在世界时钟发疯般地飞速移动的时期，几个月几个星期关系重大。他回来时，斗争已经定局了，届时他可以不动声色地、安全地靠拢胜利者，加入他矢志不渝的党——多数人的党。

研究法国革命史的专家往往不大注意地方上的事变。关于各种事件的叙述，仿佛都同巴黎对了表，时间的进程只表现在巴黎的表盘上。但是，调节这进程的钟摆，需要到全国和军队中去寻找。巴黎提出口号和倡议，起着始初的推动作用，而广袤的国家则集中行动，是决定性的动力。

国民公会及时看出了革命在城市和农村的步调不合拍：在农村——村庄和山屯，人们理解事物的速度比不上首都，他们接受新思想要慢得多，谨慎得多，而且还要按照他们自己的想法来修正。在国民公会一小时之内便成为法律的理念，只能慢慢地、一点一滴地渗入农村，而且，多半已经被外省那些拥护旧政权的保王党官吏和僧侣偷天换日、稀释淡化。所以，农村地区总是要比巴黎整整落后一个时代。国民公会里吉伦特党人左右局面之日，外省还是一片为王事效力的呼声；而当雅各宾党人高奏凯歌之际，外省才开始接近吉伦特党的思想。一切高调门的法令都枉费了心机，因为那年月，印刷物上的说法传入奥弗涅山区和旺代十分缓慢，逡巡踟蹰。

因此，国民公会不得不派遣积极的、活的传话人到外省去，以加速全法国的革命节奏，根本改变乡村地区徘徊不前、几乎是反革命的发展步调。国民公会推选出两百名议员，责成他们贯彻它的意旨，赋予他们几近无限的权力。这些议员戴着三色领巾和插有羽翎的红帽子，拥有独裁者的大权。他们可以征收赋税，作出判决，招募新兵，任免将军；仪制尊贵，象征着国民公会的意志，没有一个衙门敢同他们顶撞。他们的权力不受限制，差可比拟古罗马那些派往各藩邦执行元老院意旨的总督。每个特派员都是独裁者，一言立决的统治者；他的决定不容申诉或复议。

这些古罗马总督似的民选特派员，固然大权在握，但责任也极重大。每个特派员在本辖区内宛若帝王，是至高无上的专制君主。但同时，断头台磨刀霍霍，在他背后窥伺着：救国委员会注意着每一份告状的信函，并且铁面无情地要求每个特派员万般详尽准确地汇报拨款的用途。谁要是不够严肃，便会受到严厉的处分；反之，如果过分残暴，也会遭到报应。倘若大势趋于恐怖，恐怖的措施便是正确的；但如果是仁慈占上风，恐怖的措施便是错误的。表面看起来，他们都是管辖一大片地区的主人，其实是救国委员会的奴隶，受制于政局的变化，所以眼睛老是盯着巴黎，倾听巴黎的声音，这样才能在主宰别人的生死的同时留得自己的一条命。他们仔肩沉重；像革命的将领面对着敌军，他们知道，只有胜利才能宽宥他们，才能拯救他们逃脱引颈受戮的命运。

富歇出任特派员之时正是激进派得势之日。因此，富歇在他管辖的下卢瓦尔省（南特、旺韦尔和穆兰）激进得几近疯狂。他打击温和派，五花八门的宣言在全省泛滥成灾，威胁着要严惩富户和一切三心二意的动摇分子；他从精神及肉体上施行强制，在农村组建了成团的志愿部队，派去讨伐敌人。他的组织才能以及迅速掌握局势的本事至少不亚于他的同僚们，而言辞的大胆则过之。因为——这一点该记住——约瑟夫·富歇同革命的带头人罗伯斯庇尔及丹东大异其趣。罗伯斯庇尔和丹东还恭而敬之地宣布私有财产"不可侵犯"；而富歇在宗教和私有财产问题上胆大妄为：他制定了雄心勃勃的、激进社会主义的、布尔什维克式的纲领。近代第一个公开的共产主义宣言，其实并不是卡尔·马克思那个最最著名的宣言，也不是乔治·勃赫涅尔的《Hessische Landbote》❶，而是社会主义史册上几乎没有提及的《指令》。此项指令虽然是由科洛–德布瓦和富歇共同签署，但肯定是出自富歇一人之手。这份豪情壮志的、比时代的需要超前了一百年的文件，是法国革命中最令人惊异的文件之一，值得把它从被人遗忘的昏暗中发掘出来。日后，奥特朗托公爵竭力推

---

❶ 《黑森信使》（德语），是19世纪德国作家、空想社会主义者乔治·勃赫涅尔的著作。

翻他作为约瑟夫·富歇公民曾一度要求过的东西，致使这文件的历史价值有所降低。纵然如此，从现代的观点看，这一象征着他当日的信仰的文件，使我们不得不认为富歇是法国革命中第一个直言不讳的社会主义者和共产主义者。法国革命中最大胆的要求，不是马拉也不是肖梅特提出的，而是约瑟夫·富歇提出的！这份文件比任何描述都更为鲜明而突出地刻画了他那老是躲在暗处的形象。❶

《指令》一开始便大胆地宣布任何敢作敢为的行径都无可非议："以革命的精神行动的人，万事皆无不可为。共和派唯有当共和国法律尾巴的危险，此外别无危险。谁跨过了法律，似乎远远地超越了目标，其实往往离成功尚远。人世间只要还有一个人受苦受难，自由就必须继续不断前进。"

富歇在这一段调门极高，带有一定程度盲动色彩的引子之后，这样阐明革命精神的要义："革命是为了人民进行的。所谓人民，不得理解为由于富有而享有特权、占有生活的一切欢乐和全部社会财富的阶级。人民是法国公民的总和，首先是保卫我国疆界、以其劳动养活社会的广大贫民阶级。革命若是关心几百个人的富贵而听任二千四百万人沦于贫穷，那便是政治和道德上的暴行。倘若我们始终只是嘴上空谈平等，而在实际上，人与人之间因贫富悬隔而判若云泥，那么，革命便是对人类的欺骗，亵渎了人类。" 富歇说完这几

---

❶　此段对富歇的评价并不准确，实际上富歇并不是真正意义的社会主义者和共产主义者。此处系作者受历史和时代的局限做出的评价，本书之所以保留此种说法主要为了忠于原著以及行文的流畅性，下文同。——编者注

句开场白，接着发挥了他心爱的理论，说富人，mauvais riche 绝不能成为真正的革命者，绝不能成为名副其实的、真诚的共和派，从而，保留贫富差别的资产阶级革命，本身便必然会蜕化为新的暴政，"因为，富人永远会自以为是特殊种类的人"。富歇要求人民拿出最大的毅力，实现完全的、"整体"的革命。"莫要自欺欺人，要做真正的共和派，每个公民都必须在自身进行一场革命，类似改变了法国面貌的革命。暴君的顺民和自由国度的居民之间不应该有丝毫相通的地方。你们的一切行为、你们的感情、你们的习惯都必须改变。你们受到压迫，所以你们必须消灭你们的压迫者。你们曾是宗教迷信的奴隶，如今，对自由的崇拜应成为你们唯一的崇拜……谁的心里要是没有燃烧这样的热情，谁要是到人民的幸福之外去寻找别的乐趣、有别的企求，谁要是热衷于冷酷的利益，谁要是盘算他的职分、他的地位和才能可以给他带来多少出息从而在片刻间背离了共同的事业，谁要是看到了压迫和穷奢极欲而不义愤填膺，谁要是为人民敌人的苦难一掬同情之泪而不是把自己的全部感情完全奉献给自由事业的烈士们，那么，他说自己是共和派便是撒谎。让他离开我们的国家吧，否则人们会识破他，他的污秽的血将洒在自由的大地上。共和国希望在它的疆域内居住的全部是自由的人。它决心灭绝一切其他的人，它只把那些愿意为它而生、而斗争并且为它而死的人认作自己的儿女。"富歇的革命宣言从第三条开始，变成明目张胆的、赤裸裸的共产主义宣言（1793年以后第一份够露骨的共产主义宣言）："每一个人，只要他们占有的东西超过最必需的限度，都应该参与这项特别重要的捐助事业，献金的数目应当符合祖国伟大的要求；所以你们该在最广泛的范围内，以真正革命的办法确定每个人应当为共同的事业捐献多少。这并不是要搞数学计算，也不是要采取编制纳税单时一般使用的胆小怕事的那种办法。这项特殊的措施应当适应情势的性质。因此，你们放开手，大胆行动吧，把每个公民不需要的东西都拿来，因为，任何多余物资（Le superflu）都是对人民权利公然的践踏。多余物资在个人手里只会被滥用。所以，只留下绝对必需的东西，其他一切物资在战时一概属于共和国及其军队。"

富歇在这个宣言中特别强调不能仅仅满足于金钱。"公民们拥有的一切多余物品，"富歇接着说，"倘若对祖国的捍卫者有用，从即日起属于祖国。有些人拥有大量麻布和衬衣、布匹和皮靴，这些物品都应该成为革命征用的对象。"他同样要求把真正的共和派鄙夷不屑的金银，métaux vils et corrupteurs❶，交归国库；金银"打上共和国的戳记，经过火的净化，将成为有益的社会财富。而为了共和国的胜利，我们需要的只是钢和铁"。告民众书最后号召无情斗争："我们将铁面无情地保卫赋予我们的权力。有些行为在其他的情况下可以视为疏忽、软弱和拖延，而我们将把这样的行为一律看作蓄意破坏。措施暧昧、对敌人宽恕容忍的时代已一去不返。你们须帮助我们进行猛烈的打击，否则，打击会落到你们自己头上。自由或是死亡——任你们选择其一！"

从这份根本性的文件，我们能揣摩到约瑟夫·富歇任特派员时的工作方法。在下卢瓦尔省，在南特、讷韦尔和穆兰，他竟敢同法

---

❶　罪恶的、使人腐化的金属（法语）。

国最强大的两股势力一决雌雄。在这两大势力面前，连罗伯斯庇尔和丹东都是小心翼翼地退却了的，那便是私有财产和教会。他朝着 egalisation des Fortunes❶挺进，行动迅猛果敢，发明了所谓的"慈善委员会"，有产业的人必须捐款给它，金额似乎由各人自行斟酌定夺。为了得到人们充分的理解，他立即又换了温和的口气指出："如果富人不利用自己的权利去促使人们热爱自由的制度，共和国将保留占有他的产业的权利。"他不容多余物资的存在，极力扩大 Superflu 的概念，声称"每个共和派只需要武器、面包和四十艾居❷的收入"。富歇从马厩中征发马匹，从面口袋中征发面粉；佃户如未执行当局规定他必须执行的条例，概以生命负责；富歇规定使用劣质面粉（世界大战❸期间的面包也用这样的面粉），任何人不得用白面粉烤制面包。通过这些办法，他每星期能派出五千名新兵，马匹、皮鞋、制服、枪支齐全。他强迫工厂生产，人人都听命于他那钢铁般的魄力。金钱源源而至，那是税金、田赋和捐款，实物和劳役。两个月后，他扬扬得意地写信给国民公会："Ont rought ici d'être riche"——"此处人人耻于享有富名"。 但实际上，他应该说："此处人人害怕享有富名。"

约瑟夫·富歇日后成了百万富翁和奥特朗托公爵，在教堂里由国王祝福，再次举行了婚礼；但在当初，作为激进派及共产主义

---

❶ 意为"状态方程式"（法语），系数学术语，此"状态"在外文中亦作"产业"解。

❷ 法国古币，约值三法郎。

❸ 指第一次世界大战。

者，他以激烈狂暴地反对基督教的斗士的姿态出现。"这种虚伪的迷信，必须代之以对共和国和道德的信仰。"他在他那激动人心的告民众书中大声疾呼。同时，如同雷霆闪电，他早期的措施纷纷指向教会和教堂。一条法律接着一条法律，一项法令接着一项法令："僧侣仅在做法事时方有权穿着法衣。"他们的一切特权均予褫夺，因为"现时应使这一趾高气扬的阶级恢复古代基督教的纯洁并成为国家的公民"。——他这样解释。不久，约瑟夫·富歇虽然俨然是独裁者，大权独揽，并且身兼最高军事当局及最高司法当局代表，犹自不以为满足，把教会的一切职能也揽到手里。他废除僧侣的独身誓约，命令神职人员一律在一个月内结婚或领养一个儿童作为义子。他亲自在市场上为人缔结或解除婚约。他登上布道坛（布道坛上的十字架和宗教装饰已清除干净）宣讲无神论，否认永生和神的存在。基督教殡葬仪式被废止；作为安慰，在公墓礼拜堂勒石题铭："死即长眠"。在讷韦尔，初当父亲的他，在全国开风气之先，给他的女儿施行了非宗教的洗礼，为了对本省表示敬意，起名妮韦尔。国民警卫军敲着军鼓，奏着军乐，没有邀请教会人士，他在市场上给女婴行了命名礼。在穆兰，他骑马走在游行队伍的前头，手持铁锤，走遍全城，砸毁十字架、耶稣受难像和宗教雕像——那都是宗教狂热的"可耻"的证据。抢来的法冠和祭坛供桌围披被扔进火堆，熊熊的火焰燃起之后，欢欣鼓舞的平民围着渎神的火堆跳起了舞。但，在疯狂中砸烂没有生命的东西——无力自卫的石像和不堪一击的十字架——对于富歇只是局部的胜利。他真正的大捷，是大主教弗朗梭阿·洛朗的弃暗投明。洛朗听了他的讲演，拽下了身上的法衣，戴上了红颜色的帽子，等到三十名神职人员兴高采烈地追随他的榜样，这捷报仿佛一把烈火，传遍了整个法国。富歇神气活现地在他的不那么走运的不信教的同僚面前，吹嘘他在他管辖的地区消灭了宗教狂，已把基督教同财富一样连根铲除。

这一切，会叫人以为是疯子的行径、激烈的狂热分子和幻想家的举动。其实，约瑟夫·富歇尽管装出一副激烈的样子，却仍然是清醒的、老谋深算的现实主义者。他知道他得向国民公会述职，知道爱国的言辞和言函，其行情下跌得迅速一如钞票，所以，要想叫人愕然动容，必须让金银来说话。于是，他派遣他招募的部队开赴边陲，同时把抢劫教堂得来的财物送到了巴黎。金圣餐盒、打烂重熔的银烛台、重甸甸的银质耶稣受难十字架和宝石，一箱箱抬进了国民公会。他知道共和国最需要的是现金，于是他第一个而且也是唯一的一个，把这样活灵活现的财物捧到来自外省的议员们面前。他们先是对这一空前的豪举瞠目结舌，然后掌声雷动，表示欢迎。从这一刻起，国民公会里，大家都知道了富歇的名字，常常挂在嘴上——敢情这是一位钢铁般的人物，共和国最最无畏、最最坚定的共和派。

富歇完成了使命，回到了国民公会。这时，他再也不是1792年那个名不见经传、无足轻重的议员的模样了。他派出了一万名新兵，榨出了十万马克黄金、一千两百镑银币、一千锭银子，而一次也没有动用过 Rasoir national❶，没有动用过斩首机——这样一个

---

❶ "民族的剃刀"（法语）。

人，国民公会委实不能不对他的努力 pour savigilance 表示赞赏。超级雅各宾党人肖梅特撰文赞颂他的活动。"富歇公民创造了我所说的那些奇迹，"他写道，"他敬老恤弱，尊重受苦的人，消灭宗教狂，摧垮联邦运动。他恢复了钢铁生产，逮捕了可疑分子，模范地惩罚了每一桩罪行，追缉剥削者，把他们关进了监狱。"富歇原先小心翼翼地坐到了温和派的座位上，过了一年，却作为激进派中最激进的人名闻遐迩。里昂发生暴动后，需要派一名精力特别充沛、铁面无情、决不动摇的人去那里。执行这次革命或其他任何革命中所曾发布的最可怖的命令，还有谁比他更合适？"你已经为革命建立的彪炳功勋，是你未来的勋业的保证，"国民公会以其华丽的那一套惯用语写信给他，"你应在Ville affranchie（Lyon）❶把行将熄灭的公民精神的火炬重新燃起。把革命进行到底，把贵族的战争扑灭，让被推翻的政权所致力恢复的废墟崩落在贵族身上，把他们压垮。"

　　以这个复仇者和破坏者的形象，日后成为百万富翁和奥特朗托公爵的Mitrailleur de Lyon❷，约瑟夫·富歇第一次进入了世界史。

---

❶　被解放的城市（里昂）（法语）。
❷　里昂屠夫（法语）。

第二章　Mitrailleur de Lyon

1793年

　　法国革命史的史册，难得翻开其中最血腥的一页——里昂暴动的那一章节。在当日的小资产阶级的、农业的法兰西，里昂是全国首屈一指的工业城市，是丝业的发源地。在这个城市，社会矛盾的表现比其他任何一个城市甚至比巴黎，都更为尖锐。在1792年资产阶级革命高潮时期，那里的工人率先形成了阵线分明的无产阶级群众，与拥护王政的、赞成资本主义的企业主分道扬镳。在这样一种剑拔弩张的环境中，反动和革命都采取最血腥最狂热的形式，那是丝毫不足为怪的。

　　雅各宾党的拥护者、工人和失业者群众，聚拢在一个怪人的周围。这样的怪人是任何一次世界性大变革中都会突然冒出来的。他们都是些水晶般纯洁的理想主义者。但他们的信仰和理想主义比最庸俗的现实主义政治家和最疯狂的恐怖主义者带来更多的灾难，造成更多的流血。这些具有真诚的信仰、虔诚得如痴似醉的人物出于最高尚的意图，一心改造世界、改善世界。但往往正是这样的人物，一手促成了他们自己也觉得可憎可厌的屠杀和苦难。在里昂，这样的一个人物名叫夏利埃，是个被革去神品的教士，当过商人。在他，革命成了真正的、货真价实的基督教。他怀着一种迷信的、忘我的爱，忠于革命。他热烈崇拜让－雅克·卢梭。对于他，人类上升到理性和平等，意味着千年王国的实现。他的火炽的、狂热的博爱，在世界性的火灾中看到了新的、绵延不绝的人性的曙光。他是一个令人感动的幻想家——巴士底城堡攻陷后，他亲手把一块从城墙上扒下来的石头搬回里昂。他从巴黎步行了六天六夜，然后把石头做成了祭坛。他景仰热情澎湃、尖嘴利舌的政论家马拉，把马拉当作神，当作又一位皮提亚❶。他把马拉的演说稿和文章读得烂熟，以神秘而天真的言辞激励工人，在里昂没有第二个人能同他比肩。民众本能地感觉到他的热诚的、悲天悯人的博爱；而里昂的反动派懂得，这位精神纯洁、满脑子博爱的人，要比最会吵吵嚷嚷的、带头造反的雅各宾党人危险得多。人人都倾心于他，而全部深仇大恨也倾注在他身上。城里风潮甫起，这个神经质的、稍有些可笑的幻想家便作为罪魁祸首，被捉将官里去。市政当局好容易利用一封伪造的信，给夏利埃罗织了几许罪名，为了震慑其他激进分子，并向巴黎的国民公会挑战，把他判了死刑。

---

❶　希腊神话中的预言女祭司。

国民公会接二连三地派急使到里昂去营救夏利埃，但一无成效。它规劝，它要求，它威胁拒不听命的市政当局。可是，市议会下定决心给巴黎的恐怖分子瞧瞧颜色，刚愎地驳回了一切抗议。里昂人当初不情不愿地订购了恐怖的工具——一架斩首机，到货后往板棚里一放。如今他们决意把拥护恐怖的人教训一番，让这所谓人道的革命工具在革命者身上发个利市。这斩首机事前没有试过，刽子手又没有经验。结果，夏利埃的死刑惨不忍睹，令人作呕。铡刀极钝，三次下铡都没有能够使犯人身首异处。民众毛骨悚然地看着他们的领袖经受可耻的酷刑，披镣戴铐的、血淋淋的、还没有死去的身体在痛苦中抽搐，最后刽子手总算发了善心，抄起一把刀砍下了这可怜虫的脑袋。

这烈士三次被戮的头颅，不久，对于革命成了复仇之神的象征；而对于凶手，则成了墨杜萨❶的头。

国民公会听到这一罪行的消息，大为震惊。一个法国的城市，居然敢单枪匹马地公开反对国民公会！这样悍然挑战，非叫它血流成河不可！但，里昂的统治者们也知道人家会怎生收拾他们。他们从对抗走向明目张胆的叛乱，召集军队，构筑工事，以抵抗同胞，抵抗法国人，公开抗击共和军。事到如今，里昂和巴黎之争，反动和革命之争，得由武器来解决。

从情理上说，在这样的关头，内战对于年轻的共和国不啻是自

---

❶ 希腊神话中的人物，因触犯雅典娜，头发变成毒蛇，面貌也变得奇丑无比，谁只要看她一眼，就会变成石头。

杀，因为共和国的处境空前的危险、悲观、绝望。英国人占领了土伦，掌握了兵工厂和舰队，威胁着敦刻尔克。同时，普鲁士人和奥地利人在莱茵河两岸及阿登地区推进，旺代遍地烽火。战事和叛乱从四面八方震撼着共和国。然而，这一阵也确实是国民公会英勇的日月。出于强烈的不祥的本能，领袖们决心向危险挑战并且战胜它。夏利埃被处死后，他们绝对不同杀害夏利埃的凶手妥协。"Potius mori quan foedari"——"宁死不妥协"，宁可在七条战线之外再开辟一条战线，不愿示弱讲和。这种拼死挣扎的蛮劲，这种出乎常理的疯狂的激情，在危急存亡之际拯救了法国革命，一如后来拯救了俄国革命（东西南北同时受到英国人及全世界雇佣军的围攻，国内又有弗兰盖尔、邓尼金和高尔察克等如蝗大军的攻击）。惊恐的里昂资产阶级公开投入了保王党的怀抱，把自己的军队交给保王党的一位将领指挥，但无济于事——无产阶级的士兵从农村、郊区云集城下；10月9日，共和军发起强攻，攻克了叛军盘踞的法国第二座通都大邑。这一天或许是法国革命最得意的日子。国民公会议长庄严地从座位上站起身，报告里昂投降的消息，议员们纷纷跳了起来，欢呼着，互相拥抱。一时之间，仿佛前嫌尽释。共和国得救了。共和国人民军队的无坚不摧的威力，其愤怒和攻击的力量，有了辉煌的证据，呈现在全国和全世界面前。但这英勇卓绝激发的自豪，不幸引起胜利者沾沾自喜，促使他们可悲地追求以恐怖来完成他们的庆典。胜利者的复仇，应当同追求胜利的壮怀一样的激烈。"我们必须树立一个榜样，叫大家看看，凡是起来反对三色旗的人，都必遭到法兰西共和国和年轻的革命最严厉的惩罚。"

以人道的保护者面目出现的国民公会发布了一道命令，从而在全世界面前出乖露丑。这类命令的始作俑者是在米兰屠城的巴巴罗斯❶以及战功彪炳的历任哈里发❷。10月12日，国民公会议长拿起了一张令人咋舌的纸，其中竟然建议铲平法国的第二座名城。这道罕为人知的命令，内容如下：

1. 全国国民公会根据救国委员会的提请，任命一特别委员会，由五人组成，负责立即以武力惩治里昂的反革命。

2. 里昂全体居民一律解除武装，武器由共和国保卫者点收。

3. 部分武器移交给身受富人及反革命分子压迫的爱国志士。

4. 里昂城必须铲平。有产者居住的房屋一概拆除。唯贫民住房、被杀或被判刑的爱国者的寓所以及用于工业、慈善和教育事业的建筑方得保留。

5. 里昂之名称从共和国城市名单中除去。自即日起，由保留的房屋组成的居民区称为 Ville affranchie。

6. 在里昂废墟建一圆柱，将此保王党城市的罪行及其惩罚昭告后世，铭曰："里昂反对自由，里昂不复存在。"

这疯狂的提案，要把法国第二都邑变成一片废墟。但谁也不敢反对。法国国民公会内，英勇气概已荡然无存，因为断头台恶狠狠地威胁着每一个人。谁要是胆敢说出"仁慈"或者"同情"，哪怕是窃窃私语，都有人头落地的危险。被自己的恐怖手段所震慑，国民公会一

---

❶ 12世纪神圣罗马帝国皇帝，即腓特烈一世。

❷ 一些中东国家君主的称号。

致赞成那野蛮的决议案，并责成罗伯斯庇尔的朋友库东去执行。

富歇的前任库东，立刻明白了这拟议的可怕的后果——毁灭全国最大的工业城市及其艺术珍迹，对于共和国简直是一种自杀性的行径。他从一开始便决心用消极怠工来应付国民公会交办的任务。为了达到他的目的，必须装假作伪。于是他要了滑头，把他想宽宥里昂的意图隐匿起来，却万般起劲地赞美那疯狂的命令。"同事公民们，"他激昂地说道，"我们看到了你们的命令，无任钦佩。该城委实需要铲平，以便大大地教训一番那些胆敢反对祖国的人。在国民公会采取过的各种宏伟而强大的措施中，到目前为止，只有一项被我们忽略了，那便是彻底铲平……同事公民们，请你们放心，同时请你们代我们向国民公会保证，我们与国民公会同心同德，并将一丝不苟地执行它的命令。"然而，库东尽管唱出了这样的赞歌，对国民公会交给他的任务表示欢迎，却根本不打算执行命令，只采取了一些装腔作势的措施。他的双腿早年瘫痪，不能行动，但决心是不可动摇的：他命令下属用担架把他抬到里昂的市场，手中小银锤一挥，象征性地注销了该拆毁的房屋，通知法庭开始令人震悚的报复。他用这一姿态安抚发热的头脑。实际上，他以人手不足为借口，只派了几个妇女儿童，懒洋洋地、装模作样地挥舞了十来下铁锹。至于处死罪犯，也只是杀了寥寥几个人。

里昂市民松了一口气。国民公会做出了如此可怕的决定，如今不意承蒙库东开恩，自是惊喜莫名。但恐怖主义者并没有打瞌睡。他们逐渐识破了库东宽大处理的意图，强迫国民公会采取暴力。夏利埃的血污的、被铡得稀巴烂的头颅，被当作圣物，送到了巴黎，庄严肃穆地交给了国民公会，并且，为了激励民气，陈列在圣母院。他们日益气急败坏地指责优柔寡断的库东：他太萎靡，太懒，太胆怯，魄力不够，不足以搞这样本来可以成为样板的报复。干这件事，需要一个心狠手辣的、可靠的、真正的革命者，不怕流血，能采取断然措施，一句话，需要一个久经历练的铁腕人物。国民公会最后终于答应了他们的要求，把两个最坚定的议员派去接替心肠太软的库东。一个是好冲动的科洛·德布瓦，传闻他当演员时曾在里昂被喝倒彩，所以，既然要把里昂的市民教训一顿，他便是最适宜的人选。另一个则是最最激进的特派员，著名的雅各宾党人和极端的恐怖主义者——约瑟夫·富歇。得由他们两人去当刽子手，屠戮那不幸的城市。

约瑟夫·富歇突兀地被派去干那血腥的勾当。恐怖时代的先进战士在当时被人叫作刽子手、"嗜血者"；那么，富歇是否真是这样的一个人呢？听其言，倒是不假。未必有哪个特派员在本辖区里的所作所为比约瑟夫·富歇更坚决，更有干劲，更激进，更革命的了。他铁面无情地抄家，抢教堂，把钱箱洗劫一空，扼杀任何反抗。然而——这可是他的一贯作风！——他的恐怖主义仅仅表现在口头上，表现在他的命令和恫吓中，因为在他独揽大权的时期，在讷韦尔也好，在克拉姆西也好，都没有流过一滴血。在巴黎，斩首机像缝纫机那样忙碌。在南特，卡里埃把千百名"嫌疑犯"淹死在卢瓦尔河里。全国都在大批枪毙人，屠杀人，追捕人。至于富歇，在他的辖区里没有因为政治上的原因杀过一个人。他深知多数人的怯懦——这是他的心理学的主旋律；他知道，强烈的、有力的恐怖主义姿态多半能把恐怖本身取而代之。将来，一旦反动派声势炽烈，各省纷纷谴责各自的前任统治者，他的地区只能说他一贯拿杀人来吓唬人，但谁也没法说他杀过一个人。所以，富歇虽然受命出任屠戮里昂的刽子手，却分明不喜欢流血。这个冷静的、没有感情的人，这个老谋深算、城府极深的赌徒，像狐狸而不像老虎，不需要为了刺激神经而去嗅血腥味。他大发雷霆，虚声恫吓（内心却平静如故），但从来不像那些大权在握的人，为了享受杀人的乐趣而要求判人死刑。本能和明哲（而不是仁慈）使他尊重人的生命，只要他自己的生命安全无虞；唯有他自己的生命和利益遭到威胁时，他才会危及他人的生命或命运。

　　这是几乎一切革命的一个奥秘。革命领袖们悲惨的命运也在于此。他们都不喜欢流血，却不得不流血。德穆兰坐在书桌后面，要求审判吉伦特党人，说得唾沫横飞。但在法庭上一听到二十二个人判了死刑，尽管这些人坐上被告席是他一手促成，却跳了起来，浑身颤抖，面若死灰，绝望地奔出法庭：不，这可不是他的本意！罗伯斯庇尔签署过几千道杀气腾腾的命令。但此前两年，他在国民议会中曾反对死刑，并谴责战争是罪行。丹东虽然创立了杀人的法庭，但曾说过一句肺腑之言："宁愿自己上断头台，总比杀别人强。"即使是曾在报纸上要求杀三十万人的马拉，对于每个被判死刑的具体的人，也是出力营救的。法国革命家们的罪过不在醺醺然于血腥味，而在他们那些嗜血的言论。他们干了蠢事——仅仅是为了激励民众，为了向自己证明自己的激进，他们创造了一套血腥的套话，念念不忘于叛徒和断头台。而当民众被这些疯狂的、刺激的言论所陶醉、所蒙蔽、所迷惑，相信必须采取最"断然的措施"，并且当真要求采取这样的措施，领袖们便没有勇气反抗了：他们必须杀人，以免民众谴责他们那些关于杀人的言论言不由衷。他们的行动不得不紧紧地追赶他们疯狂的言论。于是开始了一场惊心动魄的比赛——在争取民心上，谁也不敢落后于别人。由于引力定律的作用，一宗死刑引起了另一宗：玩弄血腥的言辞变成了胡乱的大批杀人。绝不是需要，甚至也不是激情，更不是坚定，而恰恰是没有勇气违抗民意的政治家、党派活动家的不坚定甚至怯懦，说到头，正是怯懦，使他们残杀了成千上万条生命。说来遗憾，世界史虽然往往被描述成人类英勇卓绝的历史，却并不仅仅是人类英勇卓绝的历史，同时也是人类怯懦的历史。有人口口声声说政治是对舆论的指导，其实不然，恰恰相反，是领袖们盲目膜拜他们自己创设并以他们自己的影响熏陶成的机构。战争的发生往往是由于玩弄了危险的词句，由于刺激了民族的热情。政治罪行的发生也是如此。没有一桩罪恶，没有一种残酷，像人类的怯懦那样引起了如许的流血事件。所以，倘若约瑟夫·富歇在里昂成了屠夫，那么，这原因并不在于他的共和热情（他没有任何热情），而仅仅是因为他害怕被别人看成温和派。但，在历史上起决定作用的并不是想法，而是行为，因此，他虽然曾反对过无数次，却始终摆脱不了Mitrailleur de Lyon（里昂屠户）的绰号。日后，即使是公爵的袍服，也未能遮盖他手上的血迹。

科洛·德布瓦于11月7日到里昂，富歇则于10日抵达。他们立即视事。在真正的悲剧开幕之前，昔日的喜剧演员和他的助手（过去的神职人员）演了一出小小的讽刺剧，大概是整个法国大革命时期最具挑衅性最无耻的一出戏——仿佛是光天化日之下举行的一场黑弥撒。追荐为自由而牺牲的烈士夏利埃，成了这次如痴似醉的反宗教狂欢节的借口。序幕开始于早晨八时。各教堂里残存的迷信物品来了次大扫除，祭坛上的耶稣受难像统统取下，围披和法衣都扔了出来。长龙般的游行队伍走遍全城，最后来到了泰罗广场。从巴黎赶来的四名雅各宾党人抬着一副覆盖三色毛毯的担架，上面是鲜花团簇的夏利埃胸像、夏利埃的骨灰罐和一架小巧的鸟笼，里面是一只鸽子，据说是烈士生前在狱中的良伴。三位特派员庄严地、面容凝重地跟在担架的后面，走向举行新式法事的场地。法事应以极其隆重的仪式追悼为自由而牺牲的烈士，"Dieu sauveur mort pour eux❶"，以此向里昂市民证明夏利埃的神性。这悲壮的仪式本来已经够无聊的了，可是又插进了一个糟糕透顶的、愚蠢的、乏味的花样，越发叫人讨厌。闹哄哄的人群，欢呼着，跳着乱七八糟的舞蹈，拖着抢来的教堂用具、圣杯、圣餐盒和圣像；后面慢吞吞地走着一头驴，驴耳朵上巧妙地戴了一顶主教冠。这头可怜的牲口，尾巴上还绑了一个耶稣受难十字架和一本《圣经》。绑在驴尾巴上的福音书在泥泞的街上拖泥带水，使狂喊乱叫的人群十分开心。

　　最后，雄壮的军号命令民众立定。在偌大的广场上，用草土块堆成祭坛，隆重地供着夏利埃的胸像和骨灰罐。三位人民代表在这新的圣物前毕恭毕敬地躬身致礼。老练的演员科洛·德布瓦首先发

---

❶　为你们而死的救世主（法语）。

言。然后是富歇。在国民公会中执意不吭一声的富歇清了清嗓子，面对着夏利埃的石膏胸像，说了一通花团锦簇的话："夏利埃，夏利埃，你竟离我们而去！罪犯们杀害了你。你为自由而牺牲。让这些罪犯把他们的血奉献给你，作为赎罪，安慰你那愤怒的灵魂。夏利埃，夏利埃！我们在你的遗像前宣誓，誓为你身受的酷刑报仇，拿贵族的热气腾腾的血来祭你的亡灵。"第三位人民代表的发言，不像未来的贵族奥特朗托公爵那么声情并茂；他只是谦卑地亲吻胸像，声若洪钟地叫道："消灭贵族！"

这三人隆重的追祷之后，升起了一大堆火。不久前的僧侣约瑟夫·富歇和他的同事一本正经地观看人们把福音书从驴尾巴上解下来，扔到火堆里，同法衣、圣礼书、圣餐盒和木贡圣像一起付之一炬。然后牵过那头驴子，用圣杯给它饮水，奖励它渎神的功绩。这一无聊的仪式结束后，四名雅各宾党人把夏利埃的胸像抬进了教堂，隆重地安放在祭坛上，以代替砸烂的基督像。

为了永久纪念这次精彩的仪典，铸造了纪念章。现时，这样的纪念章大概已经绝迹。因为后来的奥特朗托公爵把这种纪念章搜购一空，一律销毁。他这一段超雅各宾党和反宗教时期所建立的光辉业绩，被某些书籍过于详细地记录在案；这些书籍也罹受同样的浩劫。

他自己记性好。但对于至诚笃信基督教国王陛下的Son Excellence Monseigneur le sénateur ministre❶来说，如果有人记得并且可能提起里昂的这次黑弥撒，那是叫人很尴尬很不痛快的。

---

❶　大臣兼元老院议员先生阁下（法语）。

约瑟夫·富歇在里昂度过的第一天，不管如何令人嫌恶，毕竟只是一出戏，一次荒诞的假面舞会。还没有流血。到次日早晨，三位特派员在一座僻静的、闲人不准靠近的房子里关起门来开会；由武装卫队保卫着，阻拦闲杂人等入内；大门上了锁，仿佛是一种象征，要把任何温情任何求告都挡驾在门外。会上成立了革命法庭，并起草了一封信，向国民公会报告，人民的君王富歇和科洛构想了多么惊心动魄的巴托罗缪之夜❶："我们正在以坚定的共和战士的毅力执行我们的使命。人民如此抬举我们，我们决不为了区区几个多多少少有罪的人，为了维护他们卑微的利益而自暴自弃。我们回避所有的人，因为我们既不愿意浪费时间，也不愿意滥施恩典。我们心中唯有共和国，是共和国命令我们给予里昂人以堪为楷模的、令人永志不忘的教训；我们耳中唯有人民的呼声，是人民要求我们迅速而猛烈地为爱国志士的被害而报仇，以便人类今后再也不必血流成河。我们深信，在这卑鄙的城市，除了杀害人民的凶手所压迫、所捉进监狱的人而外，别的人没有一个清白无辜的，因而对忏悔的眼泪持怀疑的态度。我们的严峻决不会被软化。同事公民们，我们应当坦率地告诉你们，我们把温情视为一种危险的毛病，会重新煽起罪恶的希望，而此时需要的却是永远地扑灭这样的希望。对一个人手软，便是对一切与他同类的人手软，你们的公正的裁判便会不起作用。城市的铲平，进展过于缓慢，共和国求成心切，要求采取坚决的措施。只有地雷的爆炸和吞噬一切的火

---

❶　1572年8月23日夜（圣巴托罗缪节前夕），巴黎天主教会突然向胡格诺派发动袭击，杀死两千多人。

焰，方能反映人民的愤怒的力量。执行人民的意志不同于执行暴君的意志，不容延缓，必须像风暴一般摧毁一切。"

这场风暴，按照预谋，在12月4日爆发，激起了强烈的反响，响彻整个法国。这天早晨，从监狱里牵出六十个青年，捉对儿捆绑着，但并没有押往（照富歇的说法）工作过于缓慢的断头台，而是带到罗讷河彼岸的布罗托平原。面前是两条匆匆忙忙挖成的平行的壕沟，这些踏上了屠场的人立刻明白他们在劫难逃；安放在十步以外的几门炮，表明这场大屠杀将用什么工具。这些束手待毙的人被带到这里，捆绑在一起，叫喊着，颤抖着，号啕着，狂乱地号叫着，白费力气地挣扎着，挤成一团，表现着人类的绝望。响起了口令。近得要命的炮口喷发出杀人的炮弹，射向害怕得直哆嗦的人群。第一次射击并没有把这帮苦人儿统统打死。有的只是给打断了胳膊打断了腿，有的炸坏了五脏六腑，有几个人碰了巧，竟然毫发无伤。鲜血漫溢，流向壕沟。这当口，口令又响了。这一回，是骑兵挥舞着军刀和手枪，扑向幸存者，刀砍枪射，屠戮颤抖着、呻吟着、哀号着、无力自卫又没法逃跑、像牛羊宛转在屠刀下的一群人，直到最后一声嘶哑的呼号终归寂静。为了犒赏这次屠杀，居然准许刽子手们从这六十具还有热气的尸体上脱下衣服和鞋子，然后再把这些残缺不全的裸尸掩埋起来。

未来的至诚笃信基督教国王陛下的大臣约瑟夫·富歇，一生筹划过几次著名的炮轰，这是其中的第一遭。翌日，他在一份慷慨激昂的文告中得意扬扬、大言不惭地说："人民代表将始终坚定不移地执行他们的使命。人民把雷霆万钧的复仇的权力交给了他们，他们将永远掌握在手里，直至自由的敌人全部肃清。他们有足够的胆魄泰然自若地走过长长的一排排阴谋分子的坟墓，穿越废墟到达民族的幸福和世界的更新。"当天，这可悲的"胆魄"再一次被布罗托平原上杀人的炮火所证实。这一回，面对炮口的人数更多。两百一十个屈死鬼反绑着手，被带到这里的屠场。几分钟后，开花炮弹和步兵的齐射，把他们打翻在地。程序一仍其旧。只是这次屠夫们摆脱了窝憋的活儿——他们不必在杀人杀得精疲力竭之后再连班去掩埋死人。这伙坏蛋用得着坟墓吗？血迹斑斑的皮靴从弹腾着的腿上脱了下来，赤裸裸的、有的还在抽搐的死者往罗讷河里一扔了事，让他们葬身在波涛里。

　　这次触目惊心的屠杀，在全国，在世界史上引起人们的憎厌，约瑟夫·富歇却仍用热情澎湃的言辞去掩饰。甚至罗讷河水遭到尸体的污染，都被他吹成是政治上的功绩，——说是尸体被河水冲到土伦，足以成为活生生的佐证，证明共和战士能够进行猛烈的报复，决不手软。他写道："必须把血污的尸体扔进罗讷河，沿着两岸漂到河口，漂到卑鄙的土伦：它们会叫怯懦而残酷的英国人丧魂落魄，吓破他们的胆，向他们显示人民的无所不能的威力。"在里昂本身，这样的威吓已属多余，因为死刑一起接着一起，屠杀一场接着一场。土伦的攻克，富歇以"喜极而涕"来欢迎，为了纪念这大喜的日子，"枪毙了两百名叛党"。一切求他宽贷的恳请，都是与虎谋皮。

　　两名妇女，因为过于热烈地恳请嗜血的法庭开释她们的丈夫，被绑在断头台旁。请求恩赦的人，一律不准靠近人民代表的住宅。炮声越猛烈，特派员们的言辞也越发激烈："是的，我们敢说我们已经放了不少污秽的血，但只是为了人性，为了履行职责……你们信托给我们的刀斧，我们决不放弃，除非你们命令我们交出去。我们只要在职一天，便将不断地杀死我们的敌人，我们将用最彻底、最恐怖、最迅速的办法把他们灭绝。"

几个星期内处死了一千六百人，证明约瑟夫·富歇这次倒是难得说了一回实话。

约瑟夫·富歇和他的同事筹划屠杀，撰写言辞热烈的杀人报告，同时也没有忘记国民公会交办的另一项棘手的任务。他们抵达里昂的第一天，便向巴黎奏了一本，说他们的前任执行铲平本城的命令"太慢"，"如今得让地雷来加速铲平本城的步调；工兵已经开始行动，贝尔居尔的楼房将在两日内炸毁"。这一带著名的楼房门面始建于路易十四朝，是由芒萨尔的学生承建的，可是，正因为是最出色的建筑，注定要第一批拆毁。居民被粗暴地赶出住所。几百名失业者，有男有女，干了几个星期荒唐的破坏工作，把美轮美奂的建筑物变成了一大片瓦砾。不幸的城市里，充斥着哀号和呻吟、乒乒乓乓的枪声和楼房轰然倒塌的巨响。Justice❶委员会杀人，demolition❷委员会拆房，与此同时，substances❸委员会则无情地征收食物、布匹和贵重物品。

每所房屋从地窖搜到阁楼，搜查藏匿的人和细软，到处弥漫着富歇和科洛两人制造的恐怖气氛。而他们俩，躲在一幢由卫队警卫的房子里，谁也看不到他们，谁也不得入见。最出色的府邸都已经

---

❶ 司法（法语）。

❷ 铲平（法语）。

❸ 财产（法语）。

拆除；监狱虽然不断补充进新的犯人，仍有一半空着；商店洗劫一空；布罗托平原浸透了几千死囚的鲜血。最后，几个公民决计（哪怕要付出生命的代价呢！）赴巴黎向国民公会请愿，恳请保全里昂的残存部分。请愿书的措辞自然十分小心，甚至是低三下四。开头是低声下气、卑躬屈膝地赞颂赫罗斯特拉特❶这样的狂人才想得出的铲平里昂的命令，说它简直是出自罗马元老院的生花妙笔。但，接着他们请求宽恕衷心悔罪的人、误入歧途的人，宽恕——我们斗胆如此措辞——无辜的、蒙不白之冤的人。

　　然而，这些人的秘密告状被特派员们及时探悉。于是，特派员中口才最好的科洛·德布瓦，乘驿车兼程赶往巴黎，以便不误时机，把攻击招架住。次日，他居然有胆量不进行辩护，而是在国民公会和雅各宾俱乐部里把大批杀人吹嘘成一种别出机杼的"人道主义"。"我们希望，"他说，"让人们避免看到连续多次执行死刑的恐怖的场面，所以特派员们决定集中在一天消灭犯人和叛徒。这一愿望是出于真正的同情体贴（Veritable sensibilite）。"他在雅各宾党人中间，比在国民公会更加起劲地吹嘘这种"人道"的办法："是的，我们确实曾一排炮火消灭了两百名犯人，因此而受到责备。其实不消说得，这自然是人道的行为。二十个人如果逐一斩首，最后一名犯人得经历二十次死刑；而采用我们的办法，二十名叛徒同时死去。"匆匆从血腥的革命套话中搜觅来的陈词滥调果真起了作用：国民公会和雅各宾党人认可了科洛的解释，并且批准特

---

❶　古代希腊人，为了名垂史册，纵火焚毁阿泰密斯神庙。

派员再次进行镇压。当天，夏利埃的骨灰移葬先贤祠，巴黎举行隆重的仪式，这样的死后哀荣，当时只有让-雅克·卢梭和马拉获得过。他的恋人和马拉的恋人同等待遇，也可领取恤金。这一来，这位烈士等于公开被宣布是全民的圣徒，而富歇和科洛的一切暴力都成了正义的复仇而得到赞同。

但，这两位活动家仍有几分迟疑，因为国民公会内危险的局面，丹东和罗伯斯庇尔之间，温和和恐怖之间力量的消长，要求他们加倍的谨慎。于是他们决定分工。科洛·德布瓦留在巴黎密切注视救国委员会和国民公会的动静，以便以不屈不挠的演说热情，消弭一切攻击于未然。至于屠杀，由富歇凭他的"魄力"继续进行。约瑟夫·富歇当时在里昂是至高无上的独裁者。肯定这一点是很要紧的。因为他后来机灵地想把一切暴力行为都推到他那比较坦率的同事身上。但是，事实证明，他大权独揽的时候，死神的刀斧同样地大起大落。一天要枪毙五十人，六十人，一百人。纵然科洛远在巴黎，仍和以前一样，拆毁墙垣，抢劫住宅，焚烧屋宇，不断的死刑使监狱为之一空；而约瑟夫·富歇依然拿热烈的血腥的言辞来掩饰自己的所作所为："这法庭的判决叫罪犯害怕，但叫人民放心，叫他们宽慰；人民是理解的、赞成的。如果有人以为我们对犯人起码赦免过那么一回，那他是想错了：我们一个人也没有赦免过。"

可是突然之间——怎么啦？——富歇改变了腔调。他远在别地，却以敏锐的感觉察知国民公会已陡然转向。因为若干时日以来，他的气壮山河的关于杀人的豪言壮语没有得到由衷的反响。他的雅各宾党朋友，他在反宗教上志同道合的伙伴——艾贝尔、肖梅特、隆森，突然沉默了，永远沉默了；罗伯斯庇尔的无情的手猝然掐住他们的喉咙。这头德行高洁的猛虎巧妙地在过分激烈和过分善心之间搞平衡；忽而向左，忽而向右，杀出一条血路，此际突然从朦胧昏暗中出来，扑向超级激进派。卡里埃曾同富歇枪毙大批里昂人一样，采取过极端措施，把许多南特人淹死在河里。罗伯斯庇尔坚持要他亲身到国民公会来述职。罗伯斯庇尔还通过全心全意地忠于他的圣茹斯特，在斯特拉斯堡把狂暴的欧洛吉·施奈德送上了断头台。富歇在外省及里昂组织的那一类民众反宗教集会，罗伯斯庇尔公开予以谴责，斥为荒唐，在巴黎明令取缔。那些惶惶然的议员同往常一样，胆怯而驯服地奉行他的指示。

富歇心头再度浮起过去的恐惧：害怕突然离开了多数人。恐怖主义者失败了，何必还当恐怖主义者？不如赶紧投靠温和派，投入如今要求"仁慈审判"的丹东和德穆兰麾下，迅速适应新的风向。2月6日，他突如其来地下令停止枪决，只是斩首机（他曾撰文抨击它运转过于缓慢）还在那里无精打采地继续开动——每天顶多斩落两三颗脑袋，同前一段布罗托平原上的盛况相比，自然是不足道哉。不仅如此，他立即把他的全部魄力用于对付激进派，对付他一手策划的那盛况的具体组织者以及他的命令的执行者。革命的扫罗蓦地变成了仁慈的保罗❶。他老实不客气，摇身一变，转入了敌人的阵营，宣布夏利埃的朋友们"集混乱和谋叛的大成"，并且急急忙忙地解

---

❶　使徒保罗原名扫罗，曾搜捕基督徒，后忽被强光照射，耶稣在光中向他说话，嘱他停止迫害基督徒，自此转而信奉耶稣基督。

散了一二十个革命委员会。于是乎，情况陡变，怪异非凡，提心吊胆并吓得要死的里昂市民居然把大批枪毙犯人的英雄富歇看作他们的救星；而里昂的革命者则接二连三地写信愤怒控告他手软，背叛革命，压迫"爱国志士"。

这种大胆的转变，这种在光天化日之下厚颜无耻地投入另一阵营的做法，这种投靠胜利者的举动，蕴藏着富歇斗争方法的奥秘。这样才救了他的命。他是在搞两面游戏，把赌注分别下在对立的两方。如果巴黎指责他过于宽大，他可以拿几千座坟墓和里昂的断墙残垣来搪塞；如果责备他杀人不眨眼，他便推到那些控告他"中庸"、手太软的雅各宾党人身上。他可以根据风向的不同，分别从左面或者右面的口袋里掏出证据以证明他铁面无情或者仁慈宽厚。他可以扮演里昂的屠夫或者里昂的救星。他用这种赌棍的巧妙的手法，果然得以把他屠戮民众的责任推给比较坦率、比较直爽的同事科洛·德布瓦。但也只能骗过后人：罗伯斯庇尔却不为所动，在巴黎虎视眈眈。他是富歇的对头，富歇当初把他的人库东从里昂排挤走，他至今耿耿于怀。他与富歇在国民公会中共事过，对这个两面派议员深有了解。他密切注视着如今急于躲避风暴的富歇，注视着他的一切变化和转向。疑忌的罗伯斯庇尔是有铁爪的，谁也逃不掉。芽月❶12日，他在救国委员会内设法发布了一道严厉的命令：富

---

❶ 法国大革命中制定了共和历。新纪元始自共和国奠定之日，即1792年9月22日。一年十二个月，每月各三十日，从9月22日起，依次为：葡月、雾月、霜月、雪月、雨月、风月、芽月、花月、牧月、获月、热月、果月。芽月相当于3月22日至4月19日至20日。

歇必须立即到巴黎报告里昂事件的经过。富歇在三个月内制造了残酷的审讯和镇压，如今自己也得出庭受审。

受审？罪名是什么呢？是他在三个月内处死了两千名法国人吗？或许他也会同卡里埃及其他杀人不眨眼的同事一样受审？富歇最后一次的、恬不知耻得令人错愕的转变，正是在这个节骨眼上显露了他的政治天才。原来，他的罪名是镇压了激进的 "Société populaire" ❶，是迫害了雅各宾党爱国志士。Mitrailleur de Lyon，杀害了两千人的屠夫，居然被指控——真是滑天下之大稽！——犯下了人类史上最最高尚的罪行：过分的仁慈。

约瑟夫·富歇4月3日听说救国委员会召他到巴黎述职，5日他便坐上旅行马车。十六声闷雷为他送行。那是最后一次由他下令开动的斩首机响了十六下。当天，还有最后两起死刑急急忙忙地执行。大屠杀的最后两名受害者是谁呢？是谁（按照当时开玩笑的说法）把自己的头吐到了篓子里？

---

❶ "人民协会"。

第三章　同罗伯斯庇尔搏斗

1794年

这两个人是里昂的行刑吏和他的助手。他们曾奉反动之命处死夏利埃和他的朋友，后来又奉革命之命把千百名反动分子斩首，干起来是同样的漠然。如今，轮到他们自己吃斩首机一刀。尽管我们极力想弄清底蕴，设法从法庭记录中查明他们的罪名，却是劳而无功。他们之所以成为牺牲品，大概只是为了免得有人把里昂的事件告诉富歇的继任人和子孙后代。死人的嘴巴最严。

马车一路疾驶。在赶往巴黎的路途上，富歇心事重重。他可以自我安慰：还没有一败涂地嘛，他在国民公会里有许多炙手可热的朋友，首先是丹东——罗伯斯庇尔的伟大的对手，兴许还能钳制令人生畏的马克西米连，叫他也畏惧一番。但，富歇又哪里知道，在这革命的紧要关头，事变发展的迅速远过于驿车的车轮！他的密友肖梅特入狱已两天；丹东的硕大如雄狮的头颅，昨日已经被罗伯斯庇尔在断头台上砍掉；就在这一天，右派的精神领袖孔多塞饿着肚子在巴黎郊区蹀躞，次日便服毒自杀，以免出庭受审。他们都是被同一个人打倒的，也只有一个人能打倒他们，而这个人正是他的最凶恶的政敌。富歇于8日傍晚终于抵达巴黎。这时他才知道危险到了什么地步，亏他还火速赶来。约瑟夫·富歇在巴黎的第一夜是如何地辗转反侧，那只有天知道。

翌日晨，富歇首先去国民公会，焦急地等待开会。说来奇怪，偌大的会场没有坐满，一大半座位没有人。当然，许多议员可能是去执行国民公会交办的任务或者有别的事情。但不管怎么说，原来右边坐着吉伦特党的领袖们、才华横溢的革命演说家们，如今那里空了一大片，十分刺眼。他们都到哪儿去了呢？二十二个最英勇的人，其中有韦尼奥、布里索、佩蒂翁，或死在断头台上，或自杀，或在逃亡中被恶狼的利爪撕得粉身碎骨。六十三位挺身出来为他们辩护的战友，被多数票决议撵出国民公会。罗伯斯庇尔一举搞掉了上百个右派政敌。他的拳头以同样的力量也打击了自己人，打击了山岳党：丹东、德穆兰、夏博、艾贝尔、法布尔·德格兰丁、肖梅特及其他二十来个人，只是违抗他的意旨，抵制他独断专行的虚荣心，都被他打发归天。

罗伯斯庇尔矮矮瘦瘦，一张黄疸病人的脸，低低的、往后削的脑门，一对小小的、水汪汪的近视眼，其貌不扬，却力排众人。过去，他在他前辈们的巨大的身影后面，长时间内不为人所注目。但时间之镰为他扫清了道路。自从米拉波、马拉、丹东、德穆兰、韦尼奥、孔多塞被搞掉之后，年轻共和国的发言人、造反派、领袖、

作家、演说家、思想家等职能集于一身，他罗伯斯庇尔俨然成了
pontifex maximus❶、独裁者和大将军。富歇忧心忡忡地看着他的
对手。议员们簇拥在他周围，巴结献媚，毕恭毕敬，令人生厌。而
他，不动声色，冷冰冰地享受他们的谀辞。由他的"德行"如同甲
胄一般保护着，拒人于千里之外，高深莫测；这位刚正不阿的化身
眯缝着他的近视眼，扫视着舞台，意识到再也没有人敢反对他的意
旨，不禁十分得意。

但，还是有个人敢反对，只此一人，一个一无所有的人，那便
是约瑟夫·富歇。他要求发言，为他在里昂的所作所为辩护。

要求在国民公会里申辩，这本身就是对救国委员会的挑战，因
为，勒令他解释的并不是国民公会，而是救国委员会。但他要求向
高一级的、决定根本大计的机关——全国性的议会——申诉。他的
要求显属胆大妄为之举，然而国民公会议长决定让他发言：富歇不
是初出茅庐的新手；他的名字在这大厅内被提及的次数太多了，人
们还没有忘记他的功劳、他的汇报、他的勋绩。富歇登上讲坛，做
了一个详尽的报告。大会谛听着，没有打断他，既不表示赞成，也
不批评。报告结束时，谁也没有鼓掌。因为国民公会已经被吓怕
了。斩首机开动了一年，这些人的豪气已被磨灭。他们当初一度曾
献身于自己的信仰，热情澎湃，勇猛地投入言辞和见解的战斗，如
今人人都不愿意暴露自己的观点。自从刽子手宛如波台斐摩斯❷闯

---

❶ 最高祭司（法语）。
❷ 希腊神话中的独目巨人之一，曾吞噬奥德修的伙伴。

入他们的行列，左右开弓，把人攫去；自从断头台像鬼影似的监听着他们的每一句话，他们便深深地感到以沉默为妙。人人都想躲在别人的后面；人人在稍有动作之前都得左顾右盼。恐惧仿佛惨云愁雾，在他们的脸上打上了灰色的烙印。对看不见摸不着的事物的恐惧，对于人特别是对于人群，为害最烈；贬抑人格，莫此为甚。

这次他们仍然不敢表露自己的看法。千万可别侵入无形法庭救国委员会的禁区！富歇的辩护词既没有被接受，也没有被否定，而是转给救国委员会去审查。换句话说，它落入了富歇一心想绕过的机关。富歇初战失利。

这一来，他也遭到了恐惧的侵袭。他不知深浅，走得太远了，最好赶紧退却。不如投降，可别同最强大的人决斗。于是富歇懊悔不迭，屈膝低头。当晚，他到罗伯斯庇尔的住处去陈诉衷情，或者坦率地说，是去求饶。

这次谈话，没有其他任何人在场。人们知悉的只是谈话的结果。但根据巴拉斯在回忆录中绘声绘色而触目惊心的描述他自己的访晤，以此类推，可以对富歇的访晤做这样的想象。在圣奥诺雷街一座小小的、罗伯斯庇尔在那里显示他的德行和清贫的房子里，因为房东把这位房客视若神明，把他当作圣人来保护，所以富歇必定先遭到房东的盘诘，然后从一架木楼梯上了楼。罗伯斯庇尔对富歇的接待，大概同他对巴拉斯的接待相仿，也是在一间低下矮小的、出于虚荣心而只挂着本人肖像的房间里，没有请客人落座，站着，冷冷的，故意摆出侮辱人的、傲慢的派头，简直把客人看成卑微的罪犯。因为这位大人物热爱德行，同样热烈而执着地爱着自己的德行，别人只要有过一次同他意见分歧，他都不会饶恕宽容。这理性和"德行"的萨沃纳罗拉❶偏执而狂热，拒绝作任何妥协，连他的敌人屈膝投降他都不予认可。哪怕从政治上考虑极端需要妥协，执拗的仇恨和刚愎的骄傲都不容他让步。那一天，不管富歇对罗伯斯庇尔说了些什么，也不管那审判者向富歇回答了些什么，有一点是肯定的：富歇遇到的不是好言好语，而是劈头盖脸的毫不留情的训斥、毫不掩饰的冷酷的威胁、èn effigie❷的死刑判决。他从圣奥诺雷街回家，一路上气得直发斗。碰了钉子，遭到侮辱，死路一条的约瑟夫·富歇明白，从此只有一个办法保全他的脑袋：必须让罗伯斯庇尔的脑袋比他先掉到篓子里。战争打响了——那是一场生死存亡的战争。罗伯斯庇尔和富歇之间的决斗就此开始。

罗伯斯庇尔和富歇的决斗是法国革命史上最精彩最动人的心理故事之一。两个人都是才智卓荦不凡，都是政治家，然而两人——应战的一方和挑战的一方——都犯了同样的错误，都把对方估计不足，都以为对对方了解有些年月了。在富歇眼里，罗伯斯庇尔还是那个憔悴赢瘦的外省律师，曾经同他一道在阿拉斯的俱乐部里谈笑风生，写过几首甜甜蜜蜜的、格雷居尔风格的歪诗；后来在1789年的国民议会里，以他的空话连篇的演说叫议员们听得心烦。富歇发觉得太迟，或许是压根儿没有发觉，罗伯斯庇尔受到使命感的鼓舞，以持之以恒、执着的自我修养，结果从一个鼓动家变成了国务

---

❶ 15世纪意大利政治和宗教改革家。

❷ 写在脸上（法语）。

活动家，从一个机灵的阴谋家变成了目光敏锐的政治家，从一个玩弄词句的人变成了演说家。责任感多半使人高尚；罗伯斯庇尔的成长是由于意识到自己使命的重要，因为在贪婪的财迷和吵吵闹闹的空谈家中间，他感觉到命运把拯救祖国的任务交给了他一个人，这是他终生的使命。实现他对共和国、革命、道德甚至对神的观念，他认为是人类的神圣责任。罗伯斯庇尔的这种执着，是他的性格的优点，也是他的弱点。他陶醉于他的刚正不阿，迷惑于他那刚愎自用的坚定，竟把任何不同意见都视为背叛而不是意见的歧异，用宗教裁判官的冰冷的手，把每一个对手都当作异端送上现代的火刑架——断头台。毋庸置疑，伟大而纯洁的思想鼓舞着1794年的罗伯斯庇尔。说得确切些，这伟大而纯洁的思想不单是鼓舞他，而是同他融为一体。它离不开他，他也离不开它（一切刚愎自用的心灵，都是这样的命运）。缺少能够感染别人的温暖，缺少能够吸引别人的人性，他的功业于是丧失了真正的创造力。他的强大仅仅在于执着，他的力量在于不屈不挠：独裁成为他的生活的真谛和形式。或是他对革命打上自我的印记，或是灭亡。

这样的人容不得矛盾，容不得不同意见，甚至容不得战友，更容不得对手。他能够容忍的，只是那些甘心当他精神奴隶、反映他本人观点的人，如圣茹斯特和库东之流。至于其他人，一概受着他那胆汁质的苛性碱无情的销蚀。如果有人不仅不接受他的观点，而且还反抗他的意旨或怀疑他绝对正确，那更要大倒其霉（单单不接受他的观点，也会遭到他的迫害）。约瑟夫·富歇正是在这方面出了毛病。他从来不征求罗伯斯庇尔的意见，从来不拜倒在这位故人的面前，他一屁股坐到这位旧友的敌人那一边，大胆地逾越了罗伯斯庇尔所规定的小心翼翼的温和社会主义的界线，宣传着共产主义和无神论。但截至今日，罗伯斯庇尔并没有认真对付他。在他看来，富歇太渺小了。在他眼里，这位议员始终只是个卑微的修道院教师。罗伯斯庇尔记得富歇穿着僧服的样子，知道他曾是自己妹妹的未婚夫，了解他是个末流的野心家，背叛了他的天主、他的未婚妻和他的一切信仰。罗伯斯庇尔蔑视并憎恨他，如同坚定憎恨机巧，不渝的忠贞憎恨见利忘义，怀着虔诚的天性对不信神固有的那种满腔不信任。然而，截至今日，罗伯斯庇尔的憎恨并不是针对富歇个人，而只是针对富歇所属的那一类人。截至今日，罗伯斯庇尔傲慢地对他们不屑一顾：随时都可以把这种阴谋家碾得粉身碎骨，何必为他们操心呢？罗伯斯庇尔一直观察着富歇，但并没有认真地同他斗，原因仅仅是长久以来太看不起他了。

只是到了现在，他们俩才发现过去小觑了对方。富歇察觉自从他离开国民公会赴外地公干以来，罗伯斯庇尔得到了极大的势力：军队、警察、法庭、各委员会、国民公会和雅各宾党人———一切都听命于他。打倒他是不可能的。但罗伯斯庇尔逼他一搏；富歇知道，他如果不赢，便会灭亡。拼死的挣扎总是产生巨大的力量。于是，与深渊近在咫尺的他，以豁出去的勇气扑向迫害者，仿佛一头被围猎的鹿扑向猎人。

先开火的是罗伯斯庇尔。起初他只是打算把这厚颜无耻的人教训一顿，踢他一脚，警告他一下。他拿他在5月6日发表的著名演说做开战的前奏。这篇让-雅克·卢梭风格的演说呼吁共和国的全体僧侣"承认人和永生是宇宙间的领导力量"，其出色和激动人心，是罗伯斯庇尔前所未有的。在这篇演说中，教条主义者几乎变成了诗人，朦朦胧胧的理想主义者成了思想家。把宗教信仰同不信神区分开，同时也同迷信区分开，创立一种新的宗教，一方面超越崇拜偶像的基督教，另一方面超越冷酷的唯物主义和无神论，从而保持他在意识形态问题上一贯遵循的中庸。他的演说，主旨不外如此，尽管词藻华丽夸张，但洋溢着真挚的道德和热诚的激发人类向上的愿望。不过，即使是遨游在八重天上，这位思想家仍摆脱不了政治。出于阴沉的恼怒，这些预期传之永久的思想竟渗进了人身的攻击。他气冲冲地提到了由他亲手推上断头台的死者，揶揄牺牲于本人政策的丹东和肖梅特，把他们说成是不道德和渎神的卑鄙的典型。他话锋陡地一转，猛烈攻击那些宣传无神论的人中间唯一没有在他的愤怒面前倒下去的约瑟夫·富歇："你说，谁交给你使命，让你去向民众宣布天主不存在！你要人们相信，是盲目的力量决定他们的命运，盲目的力量忽而惩罚美德，忽而惩罚恶行，全属偶然；灵魂无非是口气，在墓坑边便会熄灭。你这样说，是要达到什么目的！可恶的怀疑主义者，谁给了你权利，让你从清白的手里夺走理智的权杖，把它交给罪恶的魔掌？用尸布蒙蔽天性，使不幸更加惨烈，替罪行开脱，给美德抹黑，侮辱了人类！……只有自暴自弃、天人共弃的罪犯才能相信：空幻虚无胜过自然对我们的赋予……"

罗伯斯庇尔辉煌的演说结束后，响起了经久不息的掌声。国民公会突然感到超脱了日常无谓的争吵，一致通过决议，接受罗伯斯庇尔的提议，为人组织一次庆典。约瑟夫·富歇独自保持着缄默，暗暗咬牙切齿。敌人取得这样的胜利，迫使他噤声。他知道，在公开场合，他是没法同这个演说大师一争短长的。他默默无言，脸色苍白，把这公然的侮辱咽下了肚，但心中盘算着报仇雪恨。

几天几星期内富歇全无动静。罗伯斯庇尔以为他已经销声匿迹：这样的卑鄙小人，踢他一脚就够他受的了。但是，富歇之所以不动声色，是因为他在地下活动，顽强而有计划，活像田鼠。他出席各委员会，在议员中间结交新朋友。他对每一个人都亲切殷勤，尽量讨得每一个人的欢心。富歇主要在雅各宾党人中间厮混。在他们中间，圆滑而活络的言辞颇起作用；他们对他在里昂建立的功业也颇为赏识。谁也说不准他在祈求什么，他的意图是什么，说不准这个其貌不扬、急于事功、到处乱钻、到处拉线的人到底要干什么。

最后，突然之间——人人都觉得突兀，而最最感到意外的是罗伯斯庇尔——真相大白：牧月18日，约瑟夫·富歇以压倒多数票当选为雅各宾俱乐部主席。

罗伯斯庇尔警觉了：无论是他还是别人，都没有料到富歇会当选。事到如今，他才明白，他同富歇作对是树了一个多狡猾多大胆的敌人。已经两年了，但凡被他在大庭广众间公开伤害的，没有一个人敢起来捍卫自己的权利。只要他的目光盯上了谁，那人很快准会消失：丹东隐匿在自己的庄园里，吉伦特党人七零八落地躲在外省，其他的人坐在家里大气不出。可是这个混蛋，虽然曾经被他在公开的会议上斥为肮脏小人，如今却得以在革命的祭坛和圣地——雅各宾俱乐部安身立命，而且把一个爱国志士所能获得的最高职务弄到了手。说来也确是如此——人们不应该忘记，正是这一年，革命的最后一个年头，雅各宾俱乐部具有何等强大的精神威力。雅各宾俱乐部授予成员的称号时，等于是树立最高级、最纯粹、货真价实的爱国精神样板。而一朝被它除名斥逐，便仿佛被烙了印，随时会推上断头台，将军们、民众领袖们、政治家们——他们全都把它视为绝对正确的国民意识最高机关，在它的面前俯首帖耳。俱乐部的成员有如革命的亲兵、近卫军、圣殿的卫士。而这些亲兵，这些最严格、最诚实、最坚定的共和战士居然选举约瑟夫·富歇当他们的领袖！罗伯斯庇尔愤怒至极。这混蛋竟敢在光天化日之下闯入他的王国、他的领地，闯入由他亲自给他敌人定罪的地方——也是在一群特选的、久经考验的朋友中间培植私人势力的地方。如今，他如果想发表演说，先要得到约瑟夫·富歇的准许；他，马克西米连·罗伯斯庇尔，竟要听凭约瑟夫·富歇心情的好恶来行事！

他立即抖擞起精神。这次失败需要血腥的报复。立时三刻撵走他，不仅叫他当不成主席，还得把他开除出爱国志士的团体！他马上唆使几个控告富歇的里昂市民进行攻击。在公开的演说斗争中，历来无能为力的富歇遭到突然袭击，笨嘴笨舌地申辩。这时，罗伯斯庇尔亲自上台发言，劝雅各宾党人"不要落入骗子的彀中"。他初次出击，便几乎把富歇搞垮。但富歇毕竟还拥有主席的权力，可以及时中止辩论。他灰溜溜地偃旗息鼓，退回阴暗中去筹划发起进攻。

罗伯斯庇尔这时已是了然于心。他看透了富歇的斗争手法。他知道这个人是不会挺身决斗的，但每次退却都是为了在暗中悄悄策划从背后偷袭。这个死咬不放的阴谋家，仅仅把他踢开，仅仅把他揍一顿是不行的。必须穷追猛打，把他打翻在地。必须把他扼死，彻底地、永远地使他再也不能为非作歹。

所以，罗伯斯庇尔再次进攻。他在雅各宾党人面前再次提出指控，并且要求富歇出席下次会议申述。富歇自然是躲避不迭。他知道自己的力量，也知道自己的弱点，他不想让罗伯斯庇尔在大庭广众之间扬眉吐气，在三千人的众目睽睽之下当面斥辱他。不如退回暗处，宁肯遭受挫折，以赢得时间，赢得宝贵的时间！于是他写了一封措辞谦和的信给雅各宾党人，说他十分遗憾，不得不谢绝在公开场合进行解释。他请求雅各宾党人推迟审判，等各委员会对评价他的活动取得一致意见后再说。

罗伯斯庇尔看到这封信，如获至宝，立即大肆攻讦。正是在这个关头，必须把约瑟夫·富歇抓住，彻底消灭他。罗伯斯庇尔在牧月23日（6月11日）针对约瑟夫·富歇发表的演说，是他历来为反对他的敌人而发表的所有演说中最激烈、最威严、肝火最旺的一篇。

演说一开头便让人感觉到罗伯斯庇尔不仅想打击这敌人，而且要把他置之死地，不仅想折辱他，而且要把他毁灭。起初他还装出一副心平气和的样子。开场白相当客气，他说他对富歇"个人"并无兴趣："我过去一度或许同他有过一定的来往，因为我以为他是个爱国志士。我现在站出来控诉他，并不是因为他过去的罪行，而是因为他潜伏下来以便干出新的罪行，同时也是因为我深信他是一场我们必须扑灭的阴谋的主脑。我对刚才宣读的那封信推敲了一番，必须说，写这封信的人遭到指责而竟不愿意在他的同胞面前解释。从这里可以看出暴政制度的苗头，因为谁要是身为人民会议的一员而不愿在这会议面前解释，那便是侮慢人民会议的权威。说来奇怪，这个人一心觅求我们团体的赞许，如今面对指控，却藐视我们的团体，几乎是吁求国民公会帮助他反对雅各宾党人。"话说到这里，罗伯斯庇尔的私怨突然爆发，连富歇丑陋的长相都成了他侮辱敌人的好由头。"莫非他害怕人民的眼睛和耳朵？"罗伯斯庇尔继续揶揄富歇，"莫非他害怕他那卑贱的样子会过于明显地说明他的罪行？虽然上天给了他一双阴险的深凹的眼睛，他是不是仍然害怕六千只盯着他的眼睛从他的眼睛里看透他的灵魂？他是不是害怕他的言辞会暴露他的狼狈，破绽百出，以致罪人现形？每一个头脑清楚的人都会承认，他所以采取这种态度，唯一的因由是恐惧；每一个回避同胞目光的人必定有罪。我要求富歇回答。让他出来申辩，说说是他还是我们更有资格捍卫人民代表的权利，是他还是我们更勇敢地消除党派分歧。"罗伯斯庇尔把富歇说成是"卑鄙下流的骗子"，他的态度不啻是承认犯罪。罗伯斯庇尔还皮里阳秋、指桑骂槐地提到"那些双手满是牺牲和罪行的人"。最后是一句令人悚然动容的话："富歇表现得够充分了；我把这些看法说出来，仅仅是为了让阴谋家们永远记住，他们是逃脱不了警惕的人民的惩罚的。"虽然这样的话意味着将宣判死刑，但会议仍然听从罗伯斯庇尔的意见，立即把它前任主席作为不良分子开除出雅各宾俱乐部。

如今富歇被打上了烙印，随时可能被推上断头台，犹如树木被打上了标记，随时可以砍伐。被开除出雅各宾俱乐部，仿佛是脸上刺了字；而遭到罗伯斯庇尔的指控，并且是那么深恶痛绝，等于是被定了罪。富歇在青天白日被裹上了殓衣。事到如今，每个人时时刻刻等待着他被捕。最最是心吊胆的是他自己。他早就不在自己的寓所过夜，生怕步丹东和德穆兰的后尘，深更半夜被宪兵捉去。他隐匿在某些人家里。这都是些勇敢的人，因为接受一个被公开搞臭的、失势的人避难是需要勇气的，甚至在大庭广众间同他讲话都需要勇气。他每一步都有罗伯斯庇尔领导下的救国委员会警察盯梢，他的交往和访晤都被警察报告给当局。他无形中被包围了，一举一动都给人家束缚着，注定要在断头台上挨一刀。

说真的，在当时，像富歇那样危殆，七百名议员中再无第二人。他已走投无路，无幸得免。他再一次企图到那个地方去寻求支持，首先是在雅各宾党人中间；但罗伯斯庇尔无情的铁拳打破了他的希望。而今他的头都蒙了。对国民公会又有什么可指望的呢？这是一群怯懦的、吓破了胆的绵羊；每当救国委员会想把它的某个成员送上断头台的时候，它只会驯服地唯唯诺诺。国民公会议员们乖乖地把他们往日的领袖丹东、德穆兰、韦尼奥交给了革命法庭，免得因为反抗而惹火烧身。为什么非得让富歇逃脱这样的命运呢？这些一度那么勇敢那么热情的议员，默默地、怯生生地、尴尬地坐在自己的位子上。讨厌的、害人的神经、恐惧的腐蚀灵魂的鸩毒，摧毁了他们的意志。

但，毒素向来别有妙用：它同时具有治疗的功效，只要能够巧妙地把它净化，把它蕴含的各种力量化合起来。在这里——不管多荒谬，——正是对罗伯斯庇尔的恐惧，可能使他幸免于难，使他逃脱罗伯斯庇尔的迫害。如果有一个人连着几个星期几个月，不断地叫别人恐惧，叫别人因未卜吉凶而精神上感到莫大的痛苦，以致意志被摧毁，害怕得战栗不已——这样的人是不可能得到谅解的。人类或人类的一部分——个别集团——绝不可能长久地忍受某一个人的专制而不恨他。这种恨，在潜流的各个层面都有表现。五六十个同富歇一样不敢在自己家里过夜的议员，每当罗伯斯庇尔走过，暗暗咬牙切齿，许多人在他背后摩拳擦掌，虽然在他发表演说的时候随着大伙儿鼓掌。这刚正不阿的化身越是铁面无情，宰制越久，人们对他强大至极的意志也越发愤懑。渐渐地，人人都被他得罪遍，一肚子气：右翼是因为他把吉伦特党人送上了断头台；左翼是因为他把极端激进分子砍了脑袋；救国委员会是因为他把自己的意志强加给它；商人是因为他威胁到他们的生意兴隆；野心家们是因为他阻塞了他们的道路；嫉妒者是因为他控制着一切；爱好和平的人是因为他不同他们结盟。如果能够把众人的愤恨集中起来，如果能够把他们到处弥漫的恐惧变成一柄匕首，那么，匕首的刃锋势将刺穿罗伯斯庇尔的胸膛；他所有暗中的敌人——富歇、巴拉斯、塔利安和卡尔诺——他们全体都将得救。但，这件事要办成，首先得四处游说，让这些软骨头多数人明白罗伯斯庇尔危及他们的生命，得让他们更加惶悚，更加疑神疑鬼，人为地促使罗伯斯庇尔的举措造成的紧张空气更加惊心动魄。得让罗伯斯庇尔泛泛而谈的恐怖言辞变本加厉地勾起人们的怵惕，使人人都更加强烈地感受到他那些言辞铅一般沉重的、令人窒息的压力。得让恐怖加倍的恐怖，恐惧加倍的恐惧，——到那时候，群体或许会有足够的勇气去攻击这个个体。

富歇真正的活动便由此入手。从一清早到深夜，他偷偷地历访众位议员，在他们的耳朵边吹风，透露罗伯斯庇尔新拟定的政治犯黑名单。他对每个人都分别交了底："名单上有你。"或者是："你定在下一批。"果真，无形的失魂落魄的恐惧逐渐扩散，因为在这位卡敦❶的面前，在他绝对坚定的眼里，真正问心无愧的议员为数无几。某人在同金钱打交道的时候不太检点；某人同自己作过对；某人在女人身上花工夫太多（在共和派清教徒看来，这些都是罪孽）；某人可能曾同丹东或者同一百五十个被处死的人中间的哪一位过从甚密；某人曾经收留过哪个被勾了红笔的人；某人收到过亡命国外的人寄来的信。总而言之，人人忐忑不安，人人都自以为有可能遭到攻击，人人都觉得自己不够清白，未能在公德上完全做到罗伯斯庇尔提出的过于严格的要求。富歇继续奔走活动，像是织布机上的机梭，穿新的线，打新的结，用怀疑和猜忌的网捕捉议员，把他们裹得严严实实。但，他耍的把戏很危险，因为他仅仅是在织网，只要罗伯斯庇尔猛然一击，只要有人泄露一个字，网便会整个破灭。

富歇在反罗伯斯庇尔阴谋中所扮演的这个秘密的、虽然深藏不露但仍岌岌可危的角色，在大多数研究这一时期的著作中都没有予以足够的重视；而在浮泛的著述中，甚至没有提到富歇的名字。历史几乎总是依据表面事实写成的。那动乱的日子的记录者们，往往只描叙了塔利安的戏剧性的、慷慨激昂的手势姿态，描叙他如何在

---

❶ 古罗马政治家，迦太基的死敌，在元老院每次演说，结尾总是："我认为，迦太基务须摧毁。"此处指罗伯斯庇尔。

讲坛上挥舞一柄短剑，打算自刺胸膛；叙述巴拉斯如何突然迸发了精力，召集军队，也描写了布尔东如何发表控诉的演说。一句话，热月9日那场大戏剧，它的出场人物和演员介绍中，独独缺了富歇。这一天，他确实没有在国民公会登场。他的工作更为艰巨，是在幕后进行的。这是导演的工作，是他指挥着大胆而危险的表演。他派戏，给演员说戏，暗中帮他们排练，并且仍然躲在暗处，躲在他安身立命的地方，向演员发号施令，加油打气。可是，如果说后日的史家们没有注意到他的作用，那么，有一个人倒是在当时便感觉到他的积极的存在。此人即罗伯斯庇尔是也。罗伯斯庇尔公开地、恰如其分地把他叫作"Chef de la conspiration"——阴谋魁首。

这个多疑忌刻的聪明人猜到有人在暗中搞他的鬼。他所以察觉，是由于各委员会突然爆发反抗，或许更因为是某些议员过分地谦恭驯服，而这些议员本来是他的肯定无疑的敌人。罗伯斯庇尔感觉到有人要从背后偷袭他。他知道是谁要向他下手，知道是Chef de la conspiration要下手，于是采取了措施。他小心翼翼地张开他的触须：自家的警察，私人的眼线，把塔利安、富歇及其他阴谋分子的每一步、每一次出门、每一次见面、每一次谈话都向罗伯斯庇尔密报；匿名信向他提出警告，或劝他立即自行宣布为狄克推多，趁敌人尚未联合起来把他们歼灭。为了扰乱敌人，欺骗敌人，他突然戴上假面具，对政权表示冷淡。他再也不到国民公会和救国委员会露面。他咬紧牙关，独自踽踽，牵着一条纽芬兰犬，手里拿着书。人们遇见他漫步在街头或郊外的森林里，沉湎于他心爱的哲学家的作品，似乎对政权和权势漠不关心。但晚上回到了住处，几小时几小时地写他的长篇演说。他为这篇演说呕心沥血——从手稿可以看出他做了多少修改和补充；这生死攸关的长篇演说，他想用来一举歼灭他的所有敌人，因此必须出敌不意，措辞尖锐，宛如一把尖刀，必须是演说灵感的结晶，闪烁着智慧和锋芒逼人的仇恨。他打算用这件武器，在他的敌人拼凑力量、串联成功之前，把他们打个措手不及。但他始终觉得这武器的刀刃不够锋利，不够狠毒，所以多天来，宝贵的时间一直耗费在这件可怕的工作上。

然而，再也不能浪费时间了，因为所有的间谍纷纷报告敌人在开秘密会议。热月5日，罗伯斯庇尔截获富歇写给姊姊的信，其中有这样一些诡秘的话："我不在乎马克西米连·罗伯斯庇尔的诽谤……这件事的结局你很快便会听到；我希望这结局将有利于共和国。"这么说，是很快啰。罗伯斯庇尔警觉了。他把他的朋友圣茹斯特召来巴黎。他们在圣奥诺雷街那间低矮的阁楼里关起门来商议，在那里选定了进攻的日子和方法。定在热月8日由罗伯斯庇尔发表演说，将叫国民公会错愕愣怔，动弹不得。9日，圣茹斯特将发言要求处死他的敌人，处死执拗的救国委员会委员，首先处死约瑟夫·富歇。

局势紧张到了极点，阴谋分子也感觉到山雨欲来。但他们仍然迟疑着，没有立即对法国最强有力、最有权势的人动手，因为他攫取了政权的一切工具，大权独揽，控制了城市和军队、雅各宾党人和人民，清白的名声既光荣又有威力。他们仍然觉得没有充分的把握，他们仍然人数不够众多，不够果敢，不够大胆，不敢在公开的斗争中同这位革命的巨人一决雌雄：有的人竟然小心地议论开退却与和解。好容易搞起来的阴谋，面临流产的危险。

在这当口，命运——最有才气的诗人——在颤颤忽忽的天平上加了一个举足轻重的砝码。敢情命里注定该由富歇来点燃地雷。在这些日子，他被无数猎犬穷搜猛追着，时时刻刻感觉到断头台的威胁，除了政治上的挫折，还经受着巨大的个人的不幸。在公共事务及政治生活中，他冷酷无情、诡谲奸诈、阴沉孤僻；而在自己家里，这个奇异的人变成了令人感动的、温存体贴的丈夫和慈父。他狂热地爱恋他那位面目可憎的妻子，对幼小的女儿更是舐犊情深。这女儿是在他担任特派员时期出世的，由他在讷韦尔市场上亲自施洗，起名为妮韦尔。苍白娇弱的小女孩，他的掌上明珠，在这热月突然罹患重病。他除了关心自己的安危，增添了新的忧虑，为他女儿的生命忧心忡忡。这是最残酷的考验。他知道这虚弱有肺病的小女孩正在母亲的怀抱里死去，却由于罗伯斯庇尔的缉捕而不能待在一病不起的女儿床前，陪她度过漫漫的长夜；不得不藏匿在别人家的寓所和阁楼里。他不能守着女儿，听一听越来越微弱的气息，却不得不跑来颠去，挨个儿去找议员，说谎，恳求，诅咒，只为了保全自己的性命。疲惫憔悴，怀着一颗破碎的心，这不幸的人在这炎热的7月（多年来不曾这么热过）无休无止地奔走于各个政治后院，而不能待在他的爱女正在受罪并死去的地方。

热月5日和6日，这考验终告结束。富歇把一具小小的棺材送到了墓地：小女孩终于夭亡。这样的考验能叫人的心肠变硬。女儿死后，他能够无所畏惧地面对自己的死亡。新产生的、悲恸欲绝所激发的勇气坚定了他的意志；其他阴谋分子还在磨磨蹭蹭，极力拖延开战，而富歇——除了自己的生命，在这世界上已经一无所有的富歇，说出了斩钉截铁的话："明天得出击。"此话说于热月7日。

热月8日，这历史上值得大书特书的日子到了。一清早便是碧空如洗，7月的酷热叫平静的城市喘不过气来。在国民公会，异乎寻常的骚动初露苗头：议员们在角落里窃窃私语，走廊和讲坛上聚集着一群群看热闹的闲杂人等，人数空前。神秘和紧张的幽灵在会场上游荡，因为不知怎么传出一个消息，说是今天罗伯斯庇尔将收拾他的敌人。或许是有人偷听到或窥探到圣茹斯特昨天傍晚从罗伯斯庇尔的一向扃锁甚严的房间里出来。这种秘密会议的结果，国民公会是太清楚了。或许是这样。但也可能恰恰相反，是罗伯斯庇尔探悉到他的敌人打算出击？

所有的阴谋分子，所有遭到威胁的人，全都惊惶地察看同事的脸色：是不是有人泄露了危险的秘密，会是谁呢？罗伯斯庇尔会不会抢在他们头里，还是他们能赶在他开口说话之前把他打垮？"沼泽"——那不稳定的、怯懦的多数会抛弃他们还是会保护他们呢？每一个人迟疑着、战栗着，仿佛城市上空叫人喘不过气来的窒闷，会场上笼罩着不祥的、令人窒息的气氛。

果不其然，会议一开始，罗伯斯庇尔便要求发言。像颂扬人那一天一样，他郑重其事地穿上他那身已经成了历史文物的天蓝色服装和白色长筒袜；慢吞吞地，故意装出一副庄严的样子，登上了讲坛。但这一回他手里拿的不是火炬，而是紧攥着——仿佛古罗马护民官的扈从握着斧柄——一大卷纸。那是他的演说稿。不管哪个人，要是在这卷纸里找到自己的名字，那就等于被判了死刑。所以，议员席上的闲聊和窃窃私语顿时停止，有的议员从花园和走廊奔回自己的座位。人人都恐惧地盯着这张万分熟悉的瘦脸。冷冰冰、落落寡合、好奇的目光看不透的罗伯斯庇尔慢慢地打开了他的演说稿。他在开始读稿子之前，抬起他那近视的眼睛，为了增加压力，慢慢地、冷冷地、瘆人地扫视全场，从左扫到右，从右扫到左，从下到上，从上到下，把整个会场上呆愣愣、活似中了邪的人们打量了一遍。会场上坐着他的为数不多的朋友和许许多多动摇分子，还有一帮怯懦的、盼他灭亡的阴谋分子。他直视他们的眼睛。只有一个人他没有看到。在这节骨眼上，敌人当中只有一个人没有到场。那便是约瑟夫·富歇。

说也奇怪，辩论中只提到了这个缺席者的名字，只提到了约瑟夫·富歇的名字。正是他的名字触发了你死我活的最后一战。

罗伯斯庇尔的讲话冗长烦琐，把人都听累了。他照老规矩挥舞着斩首机的铡刀，不点名地谈到阴谋和地下活动，谈到不良分子和罪犯、叛徒和诡计，但没有把人点出来。他只限于对听众进行精神感召；致命的打击放在第二天，由圣茹斯特负责。他含糊其辞，空话连篇，讲了三个小时。演说结束时，与会的人感受到的是疲劳甚于恐惧。

起初谁也没有动静。人人脸上流露出困惑。不知道这沉默意味着失败还是胜利。唯有辩论才能解决问题。

最后，终于有一个罗伯斯庇尔的拥护者发言要求国民公会通过决议，刊印罗伯斯庇尔的演说词，以此方式表示认可。无人反对，大多数人都同意，怯懦、驯服地同意了，同时轻松地长吁了一口

气，因为罗伯斯庇尔今天不会向他们提出更多的要求了，不会要求
杀人或抓人了，不会要求他们进一步作出自我牺牲了。但在最后
一分钟，有一个阴谋分子站了起来（他的名字值得一提，叫布尔
东·德·洛瓦兹），反对刊印罗伯斯庇尔的演说词。这唯一的声
音，打开了其他人的嘴。怯懦逐渐膨胀，却嬗变为铤而走险的勇
气：议员们一个接一个地责备罗伯斯庇尔，说他的指控和恫吓措辞
太空泛，要他说清楚，他到底是控诉谁呢。刻把钟内，局面大变。
本来是原告的罗伯斯庇尔被迫进行辩护，本来应该穷追猛打，他却
鸣金收兵。他向议员们解释，他不是控诉什么人，不是揭发什么
人。

这当口，突然响起了一个人说话的声音：一个小小的、无足轻
重的议员问："Et Fouche？"——"那么富歇呢？"名字点出来
了。曾经被罗伯斯庇尔谴责过一次，被他说成是阴谋魁首和革命叛
徒的富歇，名字被点出来了。这时候，罗伯斯庇尔本来可以，本来
应该给予打击。可是奇怪，奇怪得叫人莫名其妙——罗伯斯庇尔躲
闪了："我现在不想管他，我只服从我的责任。"

罗伯斯庇尔闪烁其词的回答是被他带到坟墓云的秘密之一。为
什么他饶了他的死对头，虽然他意识到面临着生与死？为什么他手
下留情？为什么不攻击那缺席者，那唯一的缺席者？为什么不让别
人松口气？那些人惊悸之余，为了自己逃生，肯定会心甘情愿地牺
牲富歇的。当天晚上——圣茹斯特言之凿凿——富歇再一次企图接
近罗伯斯庇尔。是什么意思呢？是圈套还是真心诚意？有几个目
击者坚持说，他们在那几天看到过他同他以前的未婚妻夏洛蒂·罗

伯斯庇尔坐在一条长椅上。他果真是想叫那个老姑娘替他说句好话吗？他果真是因为濒临绝境，为了救自己的命而想出卖阴谋分子吗？或许他是想迷惑罗伯斯庇尔，用忏悔和顺从来掩饰阴谋？这个最大的两面派玩过千百次障眼的花招，这一次是不是故伎重演？是不是这位铁骨铮铮的罗伯斯庇尔在自身遭到威胁的关头，也有意放过这深恶痛绝的敌人，以便自己站稳脚跟？他回避指控富歇，是不是秘密勾结的迹象，或者仅仅是支吾搪塞？

　　全都不得而知。时至今日，事情过去了多少年，罗伯斯庇尔的形象仍然笼罩着神秘的阴影。历史永远无法彻底识破这个捉摸不透的人，永远无法知道他最后的意念：他是为了一己的私欲而觊觎独裁还是为了世人而追求共和？他是想拯救革命还是像拿破仑那样攫取革命的遗产？谁也不知道他内心深处的念头，他在最后一夜——热月8日至9日那个黑夜——的念头。

　　这一夜是他的最后一夜：这一夜，决战迫在眉睫。在窒闷的7月之夜，鬼魅似的斩首机在月色底下泛着光。到明天，谁的颈椎骨将被它的霜锋砍断：是塔利安—巴拉斯—富歇三巨头还是罗伯斯庇尔？六百名议员，没有一个人在这个夜晚上床就寝，两派都在准备决一胜负。罗伯斯庇尔从国民公会匆匆赶往雅各宾党人那里，在摇曳的烛光下，由于激动而颤抖着，他把那篇未被国民公会接受的演说词念给他们听，又一次——最后一次——在他周围响起了沸天震地的欢呼声，但他满怀痛苦地预感，并不因为三千人围着他欢呼而产生幻想，他把他的演说说成是遗言。此时此刻，他的心腹圣茹斯特正在救国委员会同科洛、卡尔诺及其他阴谋分子做殊死的斗争，直至天亮；而在国民公会的走廊里，阴谋分子正在织网，明天将把罗伯斯庇尔逮住。仿佛织布机上的机梭，一而再，再而三，把线头从左牵到右，从"山岳'党牵向过去的反动派；到清晨，终将结成巩固的、密不可分的同盟。富歇突然重新在这里出现，因为黑夜是他的世界，阴谋是他施展身手的天地。他那张铅灰色的因为恐惧变得石灰般煞白的脸，在会场的朦胧昏暗中活似鬼魂。他窃窃私语，他阿谀奉承，他信誓旦旦，他恫吓、威慑、胁迫，把一个个议员拉过来，到结盟成功才放下心。凌晨二时，原来对立的各方终于达成协议，一致努力打倒罗伯斯庇尔。到这一刻，富歇总算可以休息一会儿。

热月9日的会议，约瑟夫·富歇仍然没有出席，但他可以休息了，因为他的任务已经完成，网已经织好，大多数人决心不让那个太强太危险的敌人逃脱死神的魔掌。罗伯斯庇尔的亲信圣茹斯特刚开始宣读事先准备好的演说稿，打算给予阴谋分子以致命的打击，塔利安便打断了他的话。阴谋分子头天夜里说好不让那两个雄辩的演说家发言，圣茹斯特也罢，罗伯斯庇尔也罢，决不让他们开口。他们刚要讲话，刚要开始谴责，便先发制人，把他们压下去。在竭诚效劳的议长巧妙的支持下，演说的人一个个登上讲坛；而罗伯斯庇尔刚要发言辩护，全场喧哗，大喊大叫，敲桌子拍板凳，淹没了他的声音——六百个不坚定的灵魂里被压抑的怯懦，他们多少个星期多少个月积累起来的仇怅和嫉妒，如今统统发泄了出来，集中到他们人人都畏惧的那个人身上。下午六时，一切定局。罗伯斯庇尔被黜，捉进监狱。他的朋友们——把他作为共和国严峻而热情的灵魂来尊敬的真正革命者们，从狱中救出了他，把他藏匿在巴黎市政厅。夜间，国民公会的部队攻克这座革命的堡垒。凌晨二时，亦即富歇及其拥护者在杀戮罗伯斯庇尔的协议上签字以后二十四小时，马克西米连，这个富歇的敌人，昨日还是法国最有权势的人，在国民公会的门厅里，横躺在两张安乐椅上，浑身血污，下颚被打烂。大功告成，富歇得救了。次日，车声辚辚，把罗伯斯庇尔送到刑场。恐怖结束了，但炽热的革命精神也熄灭了，革命的英雄时代成为明日黄花。继承人们——冒险家、贪官污吏、投机分子、骑墙派、将军和财主们的好日子到了，新阶层的好日子到了。人们所料不差，约瑟夫·富歇的好日子也到了。

囚车载着马克西米连·罗伯斯庇尔和他的拥护者驶经圣奥诺雷街，驶经路易十六、丹东、德穆兰及其他六千名蒙难者曾经走过的这条悲惨之路；街道两旁观者如堵，看热闹的人群欢欣鼓舞，兴奋万状。死刑再一次成为民众的节日。屋顶上旗帜招展，窗户里传出声声欢呼，巴黎一片欢腾。当罗伯斯庇尔的头颅落进篓子的时候，人们激动地齐声欢呼，震撼了偌大的广场。阴谋分子惊讶了：这个人，昨天巴黎乃至全法国都还把他当作神来膜拜，为什么而今民众却那么热烈地欢呼他的处决？在国民公会门口，闹哄哄的群众欢声雷动，向塔利安和巴拉斯致敬，把他们看作手刃暴君的豪杰、反对恐怖的斗士。他们越发惊讶了。他们诛灭这个伟人，目的仅仅是为了摆脱一个盯得他们太紧、叫人不舒服的道学家，根本不打算叫斩首机生锈，不打算从此根绝恐怖行为。可是他们看到民众对大肆屠戮再无好感，用人道主义的理由来美化复仇可以给他们赢得声誉，于是立即决定利用民众的误解。他们企图硬说革命的一切暴力行为得由罗伯斯庇尔负责（死人是没法从坟墓里反驳的），他们一向反对残酷和极端，一贯是仁慈的使徒。

热月9日之所以具有划时代意义，不是因为处死了罗伯斯庇尔，而是因为他的继承人们所持的怯懦而虚伪的态度。在这一天之前，革命要求得到一切权利，同时泰然地承担起全部责任；而从这一天起，革命怯懦地容忍错误发生，它的领袖们开始放弃革命。但任何信仰任何世界观，一旦宣布否认它的权利无可怀疑，宣布否认它的绝对正确，它的内部力量便遭到摧毁。渺小的胜利者塔利安和巴拉斯百般咒骂他们的伟大的先行者丹东和罗伯斯庇尔，把革命先驱说成是杀人犯；他们怯懦地坐到右派一边、温和派一边，投向革命的隐蔽的敌人——他们这样做，不仅背叛了历史和革命精神，而且也背叛了自己。

每个人都希望富歇同他站在一起。富歇是首要的阴谋分子，罗伯斯庇尔的死对头。他作为 Chef de la conspiation，冒的风险最大，如今有权要求分得最肥美的一杯羹。但是很奇怪，富歇并没有同其他阴谋分子一道坐到右派一边，而是坐到"山岳"上的老位子，坐到激进派一边，在那里保持着沉默。破天荒第一次（人人都吃了一惊），他没有随大流。

富歇为什么举措这般奇特——当时和后来都有许多人这样问。回答很简单。原因在于他比别人聪明，看得比别人远；还因为他具有出色的政治敏感，对局势的了解比不智的塔利安和巴拉斯透辟。塔利安和巴拉斯只是面临危险，才短暂地迸发了毅力。而富歇，作为过去的物理教师，通晓运动的法则，深知浪潮不可能静止不动。浪潮必定运动，不是向前便是往后。一旦开始退潮，反动便会来到。反动同革命一样，是不会停止奔驰的；它同样要进行到底，臻于极致，达到暴力。届时，仓促结成的同盟将会破裂；如果反动获胜，所有革命战士都将灭亡。因为每逢新的思想高奏凯歌，对以往事件的评价会发生恶变。昨日认为是共和派的责任和美德，比如枪毙六百个人、抢劫教堂等等，今天必将视为罪行。昨日的原告到明天将变成被告。做了不少亏心事的富歇，不想被人家认为他也与闻了其他热月党人（杀害罗伯斯庇尔的人这样自称）的骇人听闻的错误。那些热月党人怯懦地、紧紧地抓住反动之轮；而富歇知道，什么也帮不了他们的忙。反动一旦开始，便将肃清所有的人。富歇仅仅是出于谋虑，才审慎地继续当他的左派，继续忠于激进派；他感觉到，在不久的将来，正是最最大胆的勇敢分子将被扼死。

富歇果然料中。为了沽名钓誉，为了证明自己的虚幻的仁慈，热月党人牺牲了几个干劲最大的特派员，同意处决把六千个人淹死在卢瓦尔河里的卡里埃、阿拉斯保民官约瑟夫·勒邦和富基埃-坦维尔。为了讨好右派，把七十三个除名的吉伦特党人请回国民公会；他们支持反动，结果自己成了反动的附庸，等到他们发觉，已经为时过晚。他们不得不顺从地谴责那些曾经帮助他们反对罗伯斯庇尔的人——维约·瓦伦以及富歇在里昂的同事科洛·德布瓦。反动日益威胁到富歇的生命。他怯懦地否认参与里昂事件（虽然每一项命令都是由他和科洛共同签署的），谎称暴政者罗伯斯庇尔曾经为了他过分宽大而迫害他——他第一次用这样的办法保全了性命。这个老奸巨猾暂时还能够欺骗国民公会。科洛·德布瓦被送上了"不流血的断头台"即疟疾流行的西印度群岛，几个月后便死在那里，而富歇却安然无恙。但，富歇太聪明了，不会在第一次险情刚排除便自以为已经死里逃生。他知道政治的激情会造成铁石的心肠，他知道反动同革命一样会贪婪地吃人。如果对它不加遏制，它的渴望复仇将会一无止境，直至最后一个雅各宾党人遭受审判，直至共和国垮台。他看到，只有一个办法可以拯救革命，拯救那同他的血腥罪行密不可分的革命：那便是促使革命中兴。他看到，只有一个办法可以拯救他的生命：那便是推翻现政府。他的处境再一次比其他任何人都更危险；他再一次同六个月以前一样，单枪匹马开始一场反对强大得多的敌人的斗争，一场争取生存下去的斗争。

每当进行争夺权力、拯救自身生命的斗争，富歇便表现出惊人的力量。他明白，无法制止国民公会利用合法手段迫害过去的恐怖主义者，除非采取革命时期屡试不爽的办法：恐怖。过去，审判吉伦特党人的时候，审判国王的时候，都曾经动员市井之徒反对议会，从市郊调来工人营——士气高昂、一往无前的无产阶级部队，在市政厅升起起义的旗帜，以此来恫吓怯懦谨慎的议员（其中包括当时属于保守派的富歇）。同这个变得胆小怕事的国民公会斗争，为什么不重新起用这支曾经攻占巴士底监狱的老革命近卫军，这些8月10日的英雄？为什么不利用他们的拳头去打垮敌人的优势力量？只有面对造反，面对无产阶级的愤怒，热月党人才会不胜恐惧，悚然动容。于是，富歇决计煽动广大的巴黎市民群众，唆使他们去反对他的敌人，反对那些指控他的人。

当然，他不会亲身到郊区去发表炽热的革命演说，也不会像马拉那样，冒着生命的危险在群众中散发煽风点火的小册子。富歇十分小心，不会干这样的事：他不爱犯险，最乐意逃避负责任。他的能耐不在于发表调子高昂、娓娓动听的演说，而在说私房话，在别人的背后暗中行事。这一回，他找到了一个合适的人；这个人能够大胆坚决地行动，用自己的身影掩护他。

其时，巴黎有个落魄潦倒的人，一个正直而热烈的共和派，名叫弗朗梭阿·巴贝夫，自称革拉古❶·巴贝夫。他有一颗火热的心，直心眼儿，无产者，来自下层，当过土地测量员和印刷工人，他只有若干质朴的思想，但洋溢着英勇的激情，满脑子火一般炽热的真正共和主义和社会主义的信仰。当初，马拉关于平均财产的社会主义思想被资产阶级共和派甚至被罗伯斯庇尔小心翼翼地推到一旁。他们宁肯大谈特谈自由，大谈博爱，而尽量少谈平等，因为平等牵涉到金钱和财产。巴贝夫承袭了几乎已经无声无息的马拉思想，加上自己的见解予以阐发，仿佛点了一把火，传播到巴黎的无产阶级居住区。这把火可能突然酿成火灾，在几小时内把整个巴黎整个法国吞没；因为民众开始逐渐明白，热月党人为了一己的私利背叛了他们的革命——穷人的革命。富歇当下躲到革拉古·巴贝夫的背后。他从不同巴贝夫一起出现在公众面前，但暗中在巴贝夫耳朵边煽风，劝他去鼓动民众起义。他让巴贝夫撰写煽动性的小册子，自己看校样。他认为，一旦工人再次起事，郊区枪矛并举，军鼓齐

---

❶ 革拉古兄弟是古罗马政治家，曾进行土地改革，维护贫民的利益。

鸣，直逼城下，怯懦的国民公会便会清醒过来。唯有恐怖，唯有震慄，唯有恫吓，才能拯救共和国；唯有从左边猛力一推，才能使危险的向右倾斜得到平衡。为了这大胆的、有生命危险的事业，他利用了一个规矩、正派、轻信的老实人，自己躲在这个人宽阔的无产阶级背脊后面，至为安全可靠。至于那位自称革拉古和民众喉舌的巴贝夫，有著名的议员富歇替他出谋划策，也颇有受宠若惊之感。巴贝夫想，不假，这是最后一个正直的共和派，没有离开"山岳"党的席位，没有同 Jeunesse dorée❶和军需商人们沆瀣一气。他心甘情愿地采纳富歇的建议，被富歇的灵巧的手从后面推动着，向塔利安、热月党人和政府展开了攻势。

然而，富歇只骗得了这个直来直去的老实人。政府很快便识破瞄准它的枪是谁装的子弹。塔利安在一次公共会议上指责富歇是巴贝夫的后台。富歇一仍旧贯，立即同他的盟友撇清关系（一如在雅各宾党人中抛弃肖梅特，在里昂事件上推出科洛·德布瓦）：他同巴贝夫不熟，对后者的极端主义持批判的态度。总之，富歇仓促退却。反击又一次落在他的前台身上。巴贝夫被捕，在兵营的院子里枪决（历来都是由别人为富歇的言论和政策付出生命的代价）。

富歇这次大胆的行动没有得逞，反而惹了一身臊，引起了别人的注意；这十分不利，因为人家又想起里昂和血流遍地的布罗托平原。反动派以加倍的精力，又到他曾经管辖过的省份去寻找上告的人。他刚刚好不容易地驳倒了里昂方面的指控，讷韦尔和克拉姆

---

❶ 花花公子（法语）。

西又来告状。国民公会会堂内的上访人讲坛上，谴责富歇恐怖行为的发言越来越响亮，越来越坚决。他机智巧妙地、精力充沛地进行辩护，相当成功。连他的对头塔利安如今也竭力替他开脱，因为塔利安也开始害怕反动势力的加强，开始担心自己的脑袋。但为时晚矣：1795年热月22日，罗伯斯庇尔垮台后一年零十二天，经过旷日持久的辩论，终于提出起诉，指控富歇搞过恐怖；热月23日议决逮捕富歇。仿佛当日丹东的亡魂在罗伯斯庇尔的头上盘旋，现在是罗伯斯庇尔的幽灵盘绕着富歇。

然而，毕竟时候不同了——我们这位聪明的政治家对此有正确的估计：在日历上是共和4年的热月，而不是共和3年的热月。在1793年，指控等于是下令逮捕，逮捕等于是处死。头天黄昏押到冈西耶日利❶，第二天审讯，傍晚便送上死囚车。但在1794年，司法已经失去了那清正君子的铁腕；法律温和了些；如果人比较机灵，是可以逃脱法律的追究的。富歇曾经多次逢凶化吉，这样粗疏的法网他还钻不出来，那就不成其为富歇了。富歇要滑玩花招，总算做到暂缓执行逮捕的命令，给他一段时间，让他反驳、答复、辩护；而在当时，赢得时间便是赢得一切。只要退回暗处，人家就会忘掉你；只要在人家大喊大叫的时候不吭气，人家就注意不到你。当初，西哀耶斯在整个恐怖年代死不开口，稳坐在国民公会里；后来人家问他这几年都干了些什么，他回答得极妙："Jái yécu"——"我活来着。"富歇学他这出名的法子，活似某些昆虫，装死，免得人家把

---

❶ 监狱名。

他弄死。只要能够顶住眼前，在这短暂的过渡时期保住性命，他就有了活路。因为，他凭老经验观察政治气候，觉得风向正在改变，新国民公会的全部威望和力量只够再维持几个星期，也可能几个月。

富歇就这样保住了性命，这在当时可不是小事一桩。不过，他仅仅保住了性命，而没有保住名誉和地位，因为他没有被选入新的议会。这些日子来万般的惊恐居然毫无代价，无穷的热情和机变竟自枉费，勇气和背叛一无所得：他仅仅保住了性命。他已经不是人民的代表——那个南特的约瑟夫·富歇，甚至也不是奥拉托里昂修会的教师，而仅仅是一个被众人遗忘、唾弃的人，没有名分，没有财产，无足轻重，一个靠黑暗的掩护才活了下来的渺小的幽灵。

整整三年，法国没有一个人提及他的名字。

第四章　督政府和执政府的部长

1799年—1802年

放逐具有创造命运的威力，能使一个落难的人变得崇高，并且在孤独的严酷的煎熬下，使灵魂的摇摇欲坠的各种力量得到恢复，重新结合。不知曾否有人为放逐写过赞歌？对于放逐，艺术家们历来是牢骚满腹，他们觉得放逐是他们攀登顶峰的路途上的荆棘，是一无用处的停顿、残酷的间歇。可是大自然的节奏需要这一类强迫的休止。因为一个人只有洞察生活的一切深邃幽微，才算得上彻底了解生活。唯有先把冲击力往回收缩，人才能爆发进攻的力量。

首先，正是创造的天才需要这暂时的被迫的孤独，以便从绝望的深处，从放逐的远处测定本人真正的使命的界限和高度。历史上最最重大的呼号，是从远方的放逐地传到人类的耳际的。伟大的宗教的创立者——摩西、基督、佛陀——他们全都是非得先遁入荒漠的死寂，然后才一言九鼎。弥尔顿的失明，贝多芬的耳聋，陀思妥耶夫斯基的苦役，塞万提斯的牢狱之灾，路德的被囚于瓦特堡，但丁的放逐，尼采的自我流放于恩伽丁极寒地区——这些都是天才内心深处不自知的要求，违逆人的警惕的意志而显露出来。

　　但，即使在比较低下、比较凡俗的领域——譬如在政界——暂时的隐遁也能帮助政治家在观点上另辟蹊径，能使他更好地观察并估计各种政治力量的角逐。政治生活中暂时的停歇，对政治前途最为有利，因为一个人如果老是居高临下地俯视世界，只是从皇帝的宝座，从象牙塔的高处或从权力的顶峰俯视世界，那他只能看到阿谀奉承之徒的笑容和他们的危险的驯服：谁要是手里老拿着一杆秤，他会忘了自身的重量。对于艺术家、统帅、执政者，再没有什么比恒久的胜利和成功更能叫他们萎靡的了。艺术家只有从挫折中方能认知他对待创作的真实态度；统帅只有在失利中方能认识自己的错误；政治家只有从失意中方能学习正确估计政治局势。永世的财富能把人惯坏，经常的褒扬能使人迟钝。唯有休止能使空的节拍产生新的紧张和创造的弹性。唯有不幸能加深并扩大对现实世界的认识。任何放逐都是一门严峻的功课和学问。它剧烈地磨炼被惯坏者的意志，使动摇者变得坚定，使坚强的人更加坚强。对于真正的强者，放逐不是削弱他们的力量，反而是增强了他们的力量。

　　约瑟夫·富歇的放逐持续了三年多，他沦落到待他极不客气的那名叫贫穷的荒漠。昨日还是特派员，是主宰革命前途的人之一，他从权势的最高层一跤跌到黑暗，跌到污垢和泥潭，就此无影无踪。当时唯一见到过他的巴拉斯，关于他居住的寒酸的、紧挨着天空的顶楼，描绘了一副触目惊心的景象：富歇带着他那面目可憎的妻子和两个病恹恹的红发小孩子——两个丑得出奇的白化病患者，住在五层楼上。一间肮脏、昏暗、太阳烤得灼人的房间，成了富歇下台后安身立命的地方。想当初，他的讲话曾叫成千上万的人发抖；几年后，他作为奥特朗托公爵，再度在欧洲叱咤风云。但眼下，他不知道明天拿什么钱去给孩子买牛奶，不知道怎么付房租，怎么避免遭遇无数看不见的敌人和里昂的复仇者，以保全他那卑微的生命。

任何人，包括最可靠翔实的传记作者马德仑，都没有充分的材料说清约瑟夫·富歇在贫困中度过的这几年是靠什么维持生活的。富歇再也没有议员的薪俸，他个人的财产已在圣多明各起义中损失殆尽。这个 Mitrailleur de Lyon，谁也不敢给他位子或工作；所有的朋友都离他而去，人人都躲着他。他干过最奇怪最暧昧的营生：据说未来的奥特朗托公爵当时喂过猪，这确实不是神话。但不久他便改行，从事更加醒醒的勾当：当了巴拉斯的间谍。新政权人士中，唯独巴拉斯对富歇抱有一种奇特的同情，继续见他。自然不是在部长的接待室里，而是在某个黑暗的角落，时不时地派这个死乞白赖告帮求助的人去干些肮脏的差使，替军队采购，或者出差视察，好让他每次挣些微薄的工资，够这臭要饭的过上两个来星期。富歇的真正的天才，在这些五花八门的公干中显露了出来。巴拉斯当时就已经有非同小可的政治抱负。他不信任他的同事，十分需要一名个人专用的暗探，一个不属于警方的地下密探和眼线，一个私家侦探之类的人。干这样的事，富歇太合适了。他善于听，还善于窃听，能从后门楼梯混进人家家里；他起劲地从所有熟人嘴里打听最新的流言蜚语，把这些社会生活的肮脏的分泌物密报给巴拉斯。巴拉斯野心越大，越是野心勃勃地构想他的政变计划，也就越加需要富歇。在督政府（当今统治法国的五人委员会）里，早就有两个王派人碍他的事，其中首先是法国革命时期最直率的活动家卡尔诺。巴拉斯立意要把他们搞掉。但，谁要想搞政变搞阴谋，先得有一批无耻的奸诈之徒，à tout faire❶的人，意大利人叫作亡命无赖，一帮没有性格同时也正因为没有性格才靠得住的人。富歇简直是天生搞这个的。放逐成了一种阅历，成全了他的仕进；从此，未来的警务专家开始发挥他的天才。

　　终于，经过漫长的黑夜，在生活的严寒和贫困的黑暗中，富歇终于嗅到了黎明的清新的气息。国内出现了新的主人，正在形成新的权力。他决定效忠于这个新的权力——那便是金钱。罗伯斯庇尔和他的拥护者刚被按倒在断头台的硬木板上，万能的金钱便立刻复活，成千上万的仆从和奴隶瞬即再度围着它转。一辆辆轿车套着矫若游龙的骏马，挽具崭新，在马路上奔驰；车里坐着披纱挂绸、俨然希腊女神般的半裸丽姝娇娃。Jeunesse doreé在布洛涅林苑里骑马兜风，穿着把腿裹得紧紧的南京布裤和黄色的、褐色的、红色的燕尾服。指环熠熠发光的手上拿着雅致的金头马鞭；这鞭子，他们很乐意拿它来抽打过去的恐怖主义者。化妆品商店和珠宝店生意兴隆。五百家、六百家、一千家舞厅和咖啡馆平地而起。到处都在造别墅，买房屋，上戏院，做投机，赌东道，买东西，卖东西。帕列-

---

❶　什么都干得出来（法语）。

洛亚尔[1]的麻布窗帘后面，赌客一掷千金。金钱重新成了主宰，生杀予夺，厚颜无耻而一往无前。

可是在1791年至1795年间的法国，这些钱到哪儿去了呢？它们在还在，但藏了起来。如同1919年德国与奥地利的共产主义恐惧症期间，财主们突然装死躺倒，穿上破衣烂衫，一味哭穷。在罗伯斯庇尔时代，谁要是稍有奢侈的表现，甚至只是类似奢侈，便会被目为mauvais riche[2]（借用富歇的说法），被目为可疑分子；享有财主的名声是危险的。而如今又是富人的天下了。并且，好就好在刻下正是弄钱的大好时光（混乱的日月历来如此）。有的产业转让，有的庄园出售——这上面可以捞一把。亡命国外的人，财产一律拍卖——这上面也可以捞一把。犯人的产业充公入官——这上面还可以捞一把。纸币一天天贬值，野马脱缰似的通货膨胀震惊了全国——这上面又可以捞一把。有一双灵活大胆的手，朝中有人，什么上面都可以捞钱。但最好的财源是战争，什么也比不上它。早在1791年，有几个人忽然想起（1914年也是这样），从生灵涂炭、赤地千里的战争里也可以捞到油水。但那时，刚正不阿的罗伯斯庇尔和圣茹斯特毫不手软地扼死了一切accapareurs[3]。谢天谢地，如今这些卡敦全都搞掉了，斩首机也已在木棚里生了锈，投机分子和军需商人感觉到黄金时代已经来临。现在可以放心大胆地拿次品皮靴去换个好价钱，预付款和当据把口袋塞得鼓鼓囊囊。自然，先还得

---

❶ 原意为王宫，1871年部分焚毁，后拆除。

❷ 居心叵测的财主（法语）。

❸ 投机分子（法语）。

拿到订货单。所以，这一类的勾当总是需要一个合适的中间人，有相当的势力，同时又是个好商量的帮手，能够帮助投机商从后门钻到梦寐以求的猪槽跟前，把战争和国家提供的财富吞下肚。

干这类肮脏的营生，富歇可是个理想的人物。贫穷干净彻底地消泯了他的共和派良心，他轻轻易易告别了他往日对财富的憎恨；如今，沦于半饥饿状态的他，不用花多少钱就可以买过来。同时，他却是有极好的关系，能够出入督政府主席巴拉斯的门厅（作为间谍）。于是乎，1793年的激进共产主义者，曾经想尽办法要叫所有的人都来烘烤"平等的面包"，到这时却竭力想充当共和国银行家们最亲信的代理人，愿意执行他们的任何意旨，替他们奔走，但求得到优惠的分红。比如，共和国最无耻最肆无忌惮的一个生意人、投机商恩格洛（拿破仑恨他），面临着被起诉的麻烦：他的投机买卖做得太大胆了，在供应军需品时，供应自己的私囊过于起劲。他眼看要吃官司，可能要花一大笔钱，没准还得赔上一条命。人碰到这种事情该怎么办（当时和现在都一样）？找个在上层有关系的人，由他去施加政治的或者私人的影响，按自己的意思把麻烦事打点了结。恩格洛找上了身为巴拉斯情报员的富歇。富歇急忙向全能的主子呈报（信件收入巴拉斯的回忆录）。果不其然，这件不干不净的事情终于大事化小，小事化了。恩格洛感激涕零，在军需品供应中和交易所业务上没有忘记富歇；富歇 l'appétit vient en mangeant❶。1797年，富歇发现金钱的气味比1793年的鲜血芬芳得

----

❶ 尝到了甜头（法语）。

多，于是利用他在金融界和贿赂公行的政府里新建立的关系，创办了一家专向谢雷的部队供应军需的公司。威武的谢雷将军麾下的士兵日后领到蹩脚的皮靴，裹在薄薄的军大衣里冻得发抖，将在意大利战场上溃败，但这些都何足道哉，重要的是富歇-恩格洛合营公司将获得巨额利润，而且巴拉斯八成也有份儿。极端雅各宾党人和超级共产主义者富歇仅仅在三年前曾慷慨激昂地咒骂过"无耻的、有害的金属"，曾几何时，这种厌恶消失了，对"可恶的财主"的憎恨已经忘却；什么"一个好的共和派除了面包、武器和四十艾居的收入，不需要其他任何东西"，这样的话也都抛到了九霄云外，如今，自己当财主的日子终于来到。富歇在放逐中领教了金钱的威力，现在将它作为主宰来膜拜，如同拜倒在任何权力面前一样。他在底层，在那充斥着蔑视和贫困的污垢的底层，沉沦的时间太长，太痛苦，如今他拼命要出人头地，白日飞升，超升到有了钱便可购买权力、而有了权便可铸造钱币的世界。通向这座宝山的第一条坑道已经掘好；从五层楼上的顶楼到公爵府邸、从贫穷到家资两千万法郎的神奇的历程，第一步已经完成。

如今富歇彻底扔掉了革命原则的伤脑筋的包袱，有了活动的余地，再度披挂上阵。他的朋友巴拉斯不仅从事暧昧的金钱交易，还搞肮脏的政治阴谋。巴拉斯有意把共和国悄悄卖给路易十八，代价是公爵的爵位和一笔巨款。妨碍他的，只是几个正派同僚的在朝，比如卡尔诺那样的共和派，他们至今还信仰共和，不懂得理想之所以存在无非是为了靠它发财。巴拉斯的果月18日改变使他摆脱了难堪的监督。在这场政变中，富歇肯定曾切实地帮助过他的股东，要了政治诡计，因为他的恩人巴拉斯刚刚在新一届督政府中成了五人委员会至高无上的主宰，这个见不得阳光的人立刻钻出来讨赏。他要求巴拉斯起用他，军政两途均可，或用于其他任何地方，给他任何任务，只要能够塞满他的腰包，治疗多年来的穷病。巴拉斯需要他，不能不替这位股肱安排暧昧的差使。不过，Mitrailleur de Lyon富歇的名字毕竟血腥味太浓。因为不敢在反动的蜜月期间公开在巴黎暴露自己同他的关系，巴拉斯先把他打发到法军驻扎的意大利去当政府代表，后来又派往巴达维亚共和国亦即荷兰去进行秘密谈判。巴拉斯已经有机会领教富歇确是一位搞幕后阴谋的行家里手，不久他即将得到更加切实的亲身体验。

就这样，富歇在1798年当上了法兰西共和国的大使。他东山再起了。他执行今日的外交使命，冷静的魄力一如当初执行血腥的使命。他在荷兰取得了特别神速的成功。由悲惨的经验变得更加练达，在时代的风暴中成熟，在贫穷的严峻的熔炉中锻炼得越发灵活，富歇拿出了过去的劲头，结合着新的谨慎。不久，新的统治者们——上面的人——开始体会到他是个用得着的人，惯会看风使舵，为了钱什么都干得出来，对上谄媚奉承，对下骄横无情，这位灵活老练的航海家简直是天生的弄潮儿。因为政府之船的倾斜越来越凶险，它的犹豫不决的航向随时会导致翻船，督政府在1799年热月3日突然做出一项决定：派往荷兰执行秘密任务的约瑟夫·富歇出人意料地被任命为法兰西共和国警务部长。

约瑟夫·富歇当上了部长！巴黎仿佛听到了炮声，陡然一惊。既然他们放出了这条嗜血的狗，是不是恐怖又要开始？他们居然起用了Mitrailleur de Lyon，这个亵渎神圣的人，抢劫教堂的强盗，无政府主义者巴贝夫的朋友！莫非他们——天主保佑！——还会从疟疾流行的圭亚那召回科洛·德布瓦和俾约，还会在共和广场搭起断头台？莫非又要开始烘烤"平等的面包"，组织慈善委员会，向富人们要钱？早就放下了心的巴黎，有一千五百家舞厅和无数光彩夺目的商店、有一帮子Jeunesse dorée的巴黎惊骇了。一如1792年，财主和布尔乔亚们惊恐不已。痛快的只有雅各宾党人——最后的共和派。经历了恐怖的迫害，他们之中终于有一个人重新掌了权，最勇敢最激进最坚定的人上了台；如今终于要整反动派了，共和国将肃清保王党人和阴谋分子。

但，说也奇怪，过了几天，左派和右派都不禁纳闷：这位警务部长果真名叫约瑟夫·富歇吗？米拉波的英明的论断再次得到了证实——他说过，雅各宾党人当了部长并不等于是雅各宾党部长：因为原先索取鲜血的嘴，如今流出和解的橄榄油。秩序、安定、安全——这些字眼在前恐怖主义者的警方告示中反复出现；他的最主要的口号是扑灭无政府主义。出版自由必须予以狠制，叛逆言论必须取缔。秩序、安定、安全。梅特涅也好，谢尔德尼茨基也好，奥地利帝国任何一个极端反动分子都没有颁布过比约瑟夫·富歇更保守的法令。

布尔乔亚松了一口气：扫罗变成了保罗！但真正的共和派在集会时气得发疯。他们这几年没有学到什么东西——依然是言辞激烈，说个没完没了，引月普卢塔克的话威胁督政府、部长们和宪法。他们依然那么嚣张，仿佛丹东和马拉还活在世上，仿佛还像过去一样，警钟一响便能从郊区召来十万群众。不管怎么说，他们那些讨嫌的连篇空话最后引起了督政府的不安。怎么办，该采取什么办法？——新任警务部长的同僚们纷纷问他。

"封闭俱乐部。"他不动声色地回答。部长们怀疑地瞅着他，问他打算什么时候实施这果断的处置。"明天。"富歇满不在乎地答复他们。

果然，第二天傍晚，雅各宾俱乐部前主席富歇到了巴克街的激进俱乐部。这几年，革命的心脏仍然在这里跳动。这里还是那班老人马，罗伯斯庇尔、丹东和马拉在他们面前讲过话，他自己也在他们面前发表过激烈的演说。如今，在罗伯斯庇尔垮台后，在巴贝夫失败后，只有在"马术厅俱乐部"❶还缅怀着峥嵘的革命岁月。

但富歇生就不是多愁善感的脾气。他如果愿意，能够以快得惊人的速度忘掉往事。前奥拉托里昂修会数学教师的眼里只有现实力量的平行四边形。他认为共和思想已经寿终正寝，共和派最优秀的领袖和活动家已经凋零，因此，俱乐部早就成了空谈家们聚会的场所，他们在那里唱得一个比一个好听。1799年，普卢塔克语录和爱国言辞的贬值不比纸币慢：话说得太多，纸币也印得太多。法国（谁还能比控制舆论的警务部长更清楚！）受够了演说家、律师和革新家，受够了法律和法令，它渴望的无非是安定、秩序、太平和明朗的财政状况。连年的革命，每一次社会热情的高涨，如同连年的战乱，一旦过去，个人和家庭的不可遏止的个人主义必然抬头。

---

❶   由残存的雅各宾党人组成，集会地点在马术厅，以此得名。

一个早已过了时的共和派在众人面前亢奋地演说。这当口，门开了，富歇穿着部长的制服，由宪兵陪同着，走了进来。他冷冷地把那些从座位上跳起来的俱乐部成员打量了一遍，不胜诧异：多渺小的对手！大人物、革命的鼓舞者们、革命的英雄和先锋早已殂谢，剩下的只是些空谈家：而对付空谈家只需要有力地一挥手。他毫不犹豫地登上讲坛。六年来，雅各宾党人第一次听到他那冰冷的、清醒的声音。但而今其中已没有对自由的呼吁和对暴君的仇恨。而今，这个精瘦的人泰然自若地、简短扼要地宣布查封俱乐部。在这里聚会的人惊骇之余，竟无一人反抗。他们没有暴跳如雷，尽管过去没完没了地指天誓日，说要拿刀子把毁灭自由的人捅死，刻下却没有采取此类行动。他们只是嘟嘟囔囔着，蹑手蹑脚地往后退，狼狈地离开了会所。富歇所料不差：同男子汉得斗争，对空谈家却一挥手就能叫他们服帖。

会所走空了。他从从容容地走向出口，锁上了门，把钥匙放进了口袋。说起来，正是钥匙在锁孔里这么一拧，结束了法国大革命。

任何一个机关都听命于这个或那个人，他要它怎么样便怎么样。约瑟夫·富歇受聘警务部长时，其实是被安排到一个二流衙门，仿佛是内务部的一个司局。他的职责是监督观察、提供情报，好比一个推车工人，把材料运来，让督政府里俨若帝王的大人先生建造外交内政的大厦。但富歇上台才三个月，他那些惊诧的保护人便毛骨悚然地发觉他不仅注视着下面，还盯着上层，警务部长控制着督政府其他的部长们、将领们，控制着军国大计。他的网笼罩了一切机关和一切职务；一切信息都汇集到他的手里。他在政治之外搞政治，在战争之外进行一场战争。他在各方面扩充他的权限，到最后，愤怒的塔列朗终于对警务部长的职责下了新的定义："所谓警务部长，就是这样的一个人，他起先关心同他有关系的事情，随后关心同他毫无关系的事情。"

这架复杂的机器，这架监视全国的万能机，构造十分精巧。每天有成千上万的信息集中到伏尔泰滨河大街的一座房子，因为这位阴谋大师几个月来已经派出大量间谍、特务和眼线，遍布全国。他的细作不仅是那些普普通通的、笨拙的小侦探，只会在看门人那里，在小酒馆、妓院和教堂里偷听寻常的闲言碎语。富歇的特务穿着铺金绣银的军服或外交官礼服或轻盈的花边衣衫。他们在圣日耳曼区的客厅温文尔雅地同人家攀谈，或者装扮成爱国志士，钻到雅各宾党人的秘密会议。他的爪牙当中，有侯爵，有公爵夫人，不乏法国最响亮的姓氏；他委实值得炫耀一番（这事真离奇！），因为全国地位最高的一位妇女竟然是他的部下，那便是未来的皇后约瑟芬·波拿巴。他未来的主子和皇帝的秘书，竟然也接受他的津贴。在英国的赫特韦尔，他收买了路易十八的厨师。每一桩流言都有人向他报告；每一封信都被偷拆过。在军队内，在商人中间，在议员聚会时，在小酒店里和集会上，隐身的警务部长无所不在。天天有几千件消息送到他的案头，其中部分真实而重要，部分没有价值，他便在那里研究、过滤、比较，从成千上万个密码中得出确凿的情报。

情报第一要紧；无论在战时还是在和平时期，无论在政界还是在金融圈子，概莫能外。在1799年的法国，体现权力的已经不是恐怖，而是消息灵通。关于每一个渺小的热月党人的情报：他分到多少钱，谁给他贿赂，多少钱便可收买他，可以永远要挟他，把一个上司变成下属；关于阴谋的情报，部分是为了镇压阴谋，部分是为了支持阴谋，以便在政治事件上永远能够不失时机地投向适当的阵营；关于战况或和谈及时得到情报，能在交易所里同殷勤的金融家做笔买卖，自个儿发笔财。由此可见，这架情报机器在富歇的手里，能够源源不断地为他提供金钱；反过来，金钱又是一种润滑油，能够使机器悄没声息地运转。赌场和妓院全同银行一样，秘密地奉上百万巨款；巨款在他手里变成了贿赂；而贿赂又变成了情报。总之，这个精力旺盛的天才心理学家花了几个月的时间独力创造的庞大复杂的警察机器无休无止地、正常地运转着。

但，富歇这无与伦比的创造中最富于天才的设计，乃是这机器只听从一只特定的手操纵。这机器内，不知哪个地方有只螺丝，一旦去掉，整个机器就会立刻停下来。富歇一开始便采取了防范措施，以防万一失宠。他知道：如果他有朝一日被迫离职，只要那么一拧，就能叫他制造的机器瘫痪。因为这强有力者创造这机器并不是为了国家，不是为了督政府或拿破仑，而只是为了他自己。他压根儿不打算把他在实验室里对情报进行化学蒸馏得出的制品正儿八经地交给他的上司。他出于他那恬不知耻的利己主义，只把他认为需要上交的交上去：何必教督政府的那帮废物学乖呢？何必把自己手里的牌都摊给他们呢？只有对他有利的，只有肯定会给他带来利益的，他才送出他的实验室，而其余的利箭和毒药他都小心翼翼地藏在他私人的武器库里，供他给他自己复仇或进行政治谋杀。富歇消息之灵通，一贯超出督政府的要求，所以他对每一个人都是既危险而又不可或缺。他了解巴拉斯同保王党人的谈判，知道波拿巴一心想登上帝位，对雅各宾党人和反动派轮番制造的阴谋也有所闻。但他从来不是在他得悉这些秘密的那会儿予以揭露，而只是在他觉得揭露有利的时候才动手。他有时为阴谋加油打气，有时对阴谋设置障碍，有时巧妙地发动阴谋，有时大喊大叫地揭露阴谋（然而又及时向阴谋分子打招呼，让他们脱身）。他一贯搞两面、三面、四面游戏。渐渐地，欺骗糊弄所有赌台上的赌客成了他的嗜好。时间和精力自然都花在这上面了。一天工作十小时的富歇既不知道节省时间，也不顾惜精力。他宁肯自己从早到晚坐在办公室里，亲自披阅一切文件，事必躬亲，不愿让别人与闻警方的秘密。每一个重要的犯人都由他在他的办公室里单独审讯，以便一切关键性的细节由他一人掌握，仅仅他一个人，任何一名部下都毫不知悉。于是乎，他成了全国的志愿忏悔师，逐渐掌握了所有人的秘密。他重新拾起了他在里昂采用过的恐怖手段，但恐怖的工具如今已不是重甸甸的、致命的刀斧，而是毒害人的恐惧、犯罪感、由于觉得处处被人监视及害怕被揭发而产生的压抑——这便是他借以对成千上万人进行摧残的手段。1792年的机器——为了镇压一切反抗国家的行为而发明的斩首机，同约瑟夫·富歇在1799年独力制造的复杂的警察机器相比，委实太拙劣了。

富歇摆弄起他自己制造的这一工具来得心应手，像个真正的艺术家。他了解当局的最高机密，暗中沾沾自喜，小心谨慎地加以利用。在里昂时，凛若冰霜的革命卫队端着上了刺刀的枪，阻挡着来访者，不让他们进入全能的特派员的住处。这样的时代过去了。如今，他的接待室里挤满圣日耳曼区的贵妇淑媛，他的办公室痛痛快快地向她们敞开了门。他知道她们的需要。有的求他把她的亲戚从流亡者名单中勾掉，有的想为她的表兄谋得一个美差，也有的是想避免打一场伤脑筋的官司。富歇一视同仁，态度是一般的亲切。不管哪个党——是雅各宾党人还是保王党，是温和派还是波拿巴分子，——又何必去得罪，还不知道明天是谁掌舵呢。所以，过去的令人生畏的恐怖主义者变得客客气气，叫人神魂颠倒。公开场合，在他的演说或告示中，他激烈地谴责保王党和无政府主义者；暗中，他却是悄悄地向他们频送秋波或是收买他们。他竭力不去搞众口喧腾的案件和严酷的判决。他满足于以威严的姿态来代替暴力，选择了虽然无形但却货真价实的权力，摈弃了巴立斯及其同僚的礼帽所装饰的可怜巴巴的徽记。

结果，几个月后，凶神恶煞般的富歇居然成了大众的宠儿。说实在的，一个部长和政治家，如果平易近人，对人们的升官发财眼开眼闭，甚至给予帮助；与世无争，一旦需要，能够客客气气地闭上严厉的眼睛，只求别人不要过分地干预政治，不妨碍他本人的计划——这样的一个部长和政治家又哪能不得人心？用收买或奉承的办法笼络人，岂不是比向他们开炮更好些？一个不安分的人，把他请到秘密办公室，从抽屉里拿出给他准备的死刑判决书，然而后来并不执行，这样岂不是就已足够了？当然，但凡发现真正的暴乱，他仍然心狠手辣地一一镇压。不过，对那些规规矩矩并不打算铤而走险的人，他表现出往日的神父的宽容。他知道人是多么贪恋奢华，沉溺于小小的罪孽和秘密的寻欢作乐——好得很，habeant❶——只要他们不乱说乱动！以前在共和时代曾经被整得死去活来的大银行家，如今可以安然无事地做投机买卖，发财致富；富歇向他们提供情报，而他们则给他分红。报刊在马拉和德穆兰的时代像条嗜血的疯狗，如今却是温存地摇尾乞怜；它也觉得甜面包胜过鞭子的抽打。享有特权的爱国志士们一度掀起的喧嚣很快平息，一片寂静，只听到吧唧吧唧吃东西的声音——富歇给每个人扔根骨头，或者狠狠踢几脚，把他们赶到角落里。他的同僚们终于明白，各党各派终于明白，同富歇交朋友是多么愉快多么划算，而同他藏在绵掌里的利爪打交道又是多么苦恼。这个最最叫人瞧不起的人，由于他无所不知，由于他保持缄默而叫每个人都欠了他的情，突然得到了不计其数的朋友。罗讷河畔残破的城市重建尚未结束，里昂的枪声却已被人忘却，约瑟夫·富歇成了大众爱戴的人。

国内发生的事情，事无巨细，最新最可靠的消息都到了约瑟夫·富歇那里。他睁着千千万万只眼睛，竖起千千万万只耳朵，谁也无法像他那样深入地洞察事件的一切隐晦曲折。这个冷静的、工于心计的观察家，拥有一架对政局的些微变化都能描记的机器，谁也无法做到像他那样，对各党各派各人的力量和弱点如此了如指掌。

才过了几个星期几个月，约瑟夫·富歇便已清清楚楚地看到督政府危在旦夕。五个领导人吵来吵去，人人都在搞阴谋诡计，只等适当的时机把旁人搞掉。军队溃散，财政紊乱，国内多事——这样

---

❶　由他去（拉丁文）。

是维持不下去的。富歇感到风向即将改变。特务们向他报告，巴拉斯正在偷偷同路易十八谈判，准备把共和国出卖给波旁王室以换取公爵的冠冕。他的同僚们也在向奥尔良公爵❶卖弄风情，或者幻想恢复国民公会。所有的人都知道，他们人人都知道，这样再也维持不下去，因为国内暴动迭起，民族危亡，钞票变成一文不值的废纸，军队士气低落。如果没有一个新的力量使各个方面团结起来，齐心合力，共和国必垮无疑。

唯有狄克推多方能力挽狂澜，众人的目光都在寻找一个合适的人。"我们需要一个头和一把军刀。"巴拉斯对富歇这样说，心中自以为他就是那个头，只待找到一把合适的刀。但，常胜的奥煦和儒贝尔❷死得太早，刚发迹便离开了人世；贝尔纳多特❸还在硬充雅各宾党人，而人们所知道的唯一既有刀又有头脑的波拿巴，阿尔科莱和里沃利❹的英雄，被当局出于畏惧之心打发到远方——目下他在埃及的沙漠里兜来绕去，一无所成。他离得太远了，好像指望不了他。

各位部长中，唯独富歇在当时便已知道这个波拿巴将军其实并不那么远，虽然大家都以为他还在金字塔脚下；富歇知道他不久便将在法国登陆。当道者把这个野心太大、人望太高、声威太重的将领打发到离巴黎几千里的地方，当纳尔逊在阿布基尔❺歼灭法国舰

❶ 法国王室幼房的称号，当时的奥尔良公爵即后来的路易·菲利普。
❷ 二人均系18世纪末的法国将领。
❸ 19世纪初法国元帅，后为瑞典国王。
❹ 均在意大利境内，拿破仑曾在此两地大捷。
❺ 英国海军统帅纳尔逊于1798年在埃及阿布基尔歼灭运送军队的法国舰队。

队之后，他们甚至可能偷偷松了一口气，因为对于阴谋家和政客来说，区区几千条命又何足道哉，只要竞争对手随之而倒台！如今他们能够高枕而卧；他们知道他同军队须臾不能或离，也不打算将他召还。他们从来没有想到波拿巴会擅自决定把军队的指挥权交给另一位将军，亲身来扰乱他们的安宁；他们估计了各种可能性，只是忽略了波拿巴本人。

然而富歇知道的比他们多。他有来源最可靠的情报，因为每封信每件事情都有人原原本本地向他报告。这个人不是别人，正是波拿巴的妻子约瑟芬·博阿尔纳斯。她是向富歇领取津贴的间谍中最出色、最忠诚、消息最灵通的一人。收买这个轻浮的混血女子好像不是什么了不得的难事，因为她挥霍成性，老是手头拮据——她每年要买三百顶帽子、七百袭衣服，拿破仑从国库里拿来慷慨地送给她的几十万法郎，在这女人手里只是沧海一粟。她既不知爱惜她的金钱，也不知爱惜她的肉体和名誉，并且当时心情恶劣。原来，热情的小将军曾经打算把她携往马美留克❶的乏味的国家而未果，当他在战场上厮杀时，她却在同英俊可爱的查理共度良宵，兴许还同别的两三个人睡觉，甚至还可能同她过去的情人巴拉斯颠鸾倒凤。这自然不为愚蠢的阴谋家大伯约瑟夫和小叔吕西安所喜；他们急忙报告给火暴脾气的、像土耳其人一样爱吃醋的丈夫。所以，她需要一个能帮她忙的人，能监视那两个侦伺她的大伯小叔，检查他们的信件。这种情势，再加上一定数量的金钱（富歇在回忆录里直言不讳

---

❶   埃及近卫骑兵。

地说出了数目——一千路易❶，促使未来的皇后把一切秘密都泄露给富歇，其中首先的是最重要最可怕的秘密——波拿巴即将回国。

富歇满足于探知了秘密，到此为止。不消说，警务部长公民根本不想报告他的上司。他先得巩固他同野心家夫人的友谊，悄悄地从他获得的情报中攫取好处；照老规矩，万事俱备，去迎接他分明知道迫在眉睫的决战。

1799年10月11日，督政府匆匆召见富歇。反射镜信号驿报传来一个难以置信的消息：波拿巴未奉督政府的命令，擅自从埃及回国，已在弗雷瑞斯上岸。怎么办？这个没有得到命令、像个逃兵似的擅离军队的将军，是立即把他逮捕还是欢迎如仪呢？富歇装得比那些听了这消息真心感到惊诧的督政府成员更加惊诧，劝他们宽大为怀。需要等待！等待！因为富歇还没有决定是拥护波拿巴还是反对他——他宁可先看看局势的发展。波拿巴开了小差，是赦免他，还是逮捕他？当晕头转向的督政府成员们为此争论不休的时候，民众已经表了态。阿维尼翁、里昂、巴黎都把他当作凯旋的统帅来欢迎；在所有的城市，他经过的路旁都是彩灯高悬，剧院里，每当有人在戏台上宣布他回国的消息，观众便欢声雷动。回国的不像是督政府的部属，而俨然是一位强有力的、威严的主宰。他刚回到巴黎商特仑街（不久改名为胜利街以表示对他的敬意）的寓所，就被一大帮人团团围住，那都是他的朋友，或者是希冀被人们当作他的朋友的人。将军、议员、部长，连塔列朗都来拜谒。最后，警务部长

---

❶　法国古金币。

也大驾光临。他到了商特仑街，吩咐下人通报。但在波拿巴眼里，这位富歇先生是个可有可无、无足轻重的客人。他让这个讨厌的来访者在门厅里整整等了一个小时。他对富歇这个名字不以为意：他并不认识他，兴许只记得叫这个名字的人曾在恐怖年代的里昂扮演过相当可悲的角色；或许，他在他的朋友巴拉斯的接待室里遇见过这个破衣烂衫的、落魄的小警探。反正这是个渺小不足道的人，一个小人物，靠狗苟蝇营谋得了微末的部长职位。这样的人，叫他在门厅里等一会儿不碍事。果真，约瑟夫·富歇在波拿巴将军的门厅里整整恭候了一个钟头。要不是雷阿尔——波拿巴筹划政变的一个同谋——看见这个权势熏天、全巴黎都但愿识荆的部长，看见他那可怜巴巴的样子，没准还得在那里坐上两三个小时，坐在一名好心肠的仆役端给他的椅子上。雷阿尔对这样的后果不堪设想的失策大吃一惊，闯进将军的房间，激动地向他陈说这可怕的错误：怎么可以折辱这个人，叫他久等呢，这个人指头一动就能把他们的图谋搞得灰飞烟灭。波拿巴赶紧出来见富歇，十分谦恭地请他进书房，请他原谅，并且同他单独谈了两个小时。

这是波拿巴和富歇的初次晤谈：他们两人彼此都认真地观察对方，掂量对方，揣摩对方对于达到自己的目的有多大的用处。出类拔萃之辈，一眼便能彼此识透。富歇在这个威风凛凛的人身上，从他那闻所未闻的好动中，领悟到不可抗拒的独裁天才。波拿巴以他那猎人般的锐利而疾速的目光，立刻看清富歇是个有用的、脑子极快、精力充沛的全才干将。他后来在圣赫勒拿岛上说，富歇在两小时初次晤谈中向他介绍了法国和督政府的情形，其简洁扼要而丰富全面是任何人都望尘莫及的。富歇（他的种种美德中绝没有坦率）立即向这个觊觎帝位的野心家直言无隐地陈说他已决心投入后者的门下。乍见面，角色便已分配停当——主子和仆人，世界的征服者和时代的政治家；他们共同的赌博可以开场了。

第一次见面，富歇便异乎寻常地立意依傍波拿巴，然而他并没有完全彻底地听命于后者。富歇没有公开参加那场将导致督政府垮台而把波拿巴变成独裁者的阴谋。他太小心谨慎了，不会迈出这一步。他信守他的处世之道太严格太坚定：胜负尚未分明时决不作出最后的决断。但是，事情很奇怪，在其后的若干星期内，耳聪目明的法国警务部长突然遭到重病的戕害，变得又聋又瞎。市面上充斥着即将发生政变的流言。他却一无所闻；不计其数的信件送到他跟前，他却一无所见。他那些平常无懈可击、十分可靠的情报来源仿佛中了邪，忽然枯竭。督政府五成员中两人竟参加了阴谋，第三人半心半意，而警务部长居然没有怀疑一场军事政变正在酝酿，或者，说得确切些，是装着没有怀疑。他的每日例行报告中，一行字也没有提及波拿巴将军和他那些磨刀霍霍的党羽。话说回来，他也没有向另一边（波拿巴那一边）提供任何情报，一行字也没有报告。富歇仅仅以他的沉默，出卖了督政府；他仅仅以他的沉默，同波拿巴保持着联系；他是在等待，等待，再等待。在这种极度紧张的时刻，在结局来临前几分钟，这个两栖动物的自我感觉特别良好。让两边都战战兢兢，做一个两边都得巴结的人，感觉到自己掌握着天平的摆动——对这个狂热的阴谋家来说，这便是最大的乐趣。各种游戏中最最美妙的，莫过于世界性赌博将近分晓的时刻，其紧张激烈，是绿呢赌台上的赌博或情场上的角逐所无法比拟的。在这样的时刻意识到自己有能耐加速或者阻挠事变的进程——但，正是因为意识到这一点，控制住自己，不管是多么痒痒地想投入战斗，什么行动也不采取，只是怀着心理学家的激动的、刺激的、几乎是恶劣的好奇心观察周围——这是唯一能使他的冷静的头脑兴奋的乐趣；唯有这乐趣能使他混浊的、稀得几乎像水的血激动起来。唯有这种心理变态的、精神嗜欲的快感能够吸引这个清醒的、没有神经的人——约瑟夫·富歇。在这种临近决定性一枪的激烈紧张的时刻，素常阴沉严肃的他，心情昂扬，充溢着一种独特的、残酷的、玩世不恭的快活。精神嗜欲只能在快活中，在善意或恶意地讪笑中得到消解。因此，富歇喜欢在别人大难当头的时候开玩笑；像《罪与罚》里的预审法官，正当罪犯畏怖得股栗的时候，他却想出些最俏皮的、委实是恶魔的戏谑。在这样的时刻，他爱故弄玄虚。这一回，他在最凶险的关头，在不啻搭在火药桶上的舞台排演了一出快活的喜剧。在政变前几日（他自然知道预定发难的日期），富歇举行了一席气氛亲密的晚宴。应邀赴宴的有波拿巴、雷阿尔及其他阴谋分子。他们坐在餐桌旁，蓦地发觉他们这一伙人全部在场：督政府的警务部长把乱党统统请到，反督政府阴谋的参与者一个不漏。这是什么意思？波拿巴和他的党羽交换着惶惑的目光。莫非此刻门外站着宪兵，想一举剿灭政变？有的阴谋分子可能记起历史上类似的场面——彼得大帝为火枪手举行的悲惨的会餐，最后上甜点的时候，刽子手献上了火枪手们的首级。然而，像富歇那样的人是不会采取这种残酷的手段的。相反，叫阴谋分子都吃了一惊，又来了一个客人——真是魔鬼的花样！——恰恰是他们阴谋反对的督政府主席戈伊埃。他们亲耳听到了一段精彩的对话。主席向警务部长询问最新消息。"埃，还是那些，"富歇懒洋洋地睁大眼睛，目光射向无人处，回答说，"还是那些议论阴谋的闲言碎语。但是我知道如何对待。如果确实有什么阴谋，我们在革命广场上早已有了证据。"

这个隐指断头台的微妙的暗示，阴谋分子听来颇有霜刃加颈之感。他们困惑莫解：他是在讪笑谁呢——是戈伊埃还是他们？他是在拿他们开心还是在揶揄督政府的主席？他们说不上来，可能连富歇自己也说不上来，因为对于他，人世间只有一种乐趣：对两面性的嗜欲，两面游戏的绝顶的魅力和剧烈的危险。

警务部长开过这快活的玩笑，再度进入奇怪的昏睡状态——直至决定性的一击来临；他又瞎又聋，而元老院一半的议员都已经被收买，全军都站在阴谋分子一边。真是咄咄怪事——人人都知道约瑟夫·富歇每天起得很早，总是第一个到他的部里上班，可是在雾月18日，拿破仑发动政变的那一天早晨，他却沉湎在黑甜乡。他本来会痛痛快快地睡上一整天，但是督政府派来两个人，把他请了起来，向这位不胜惊愕的部长报告了元老院中的怪现象、部队的调集和显而易见的政变。富歇揉了揉眼睛，照例装出一副惊诧的样子（尽管他上一夜同拿破仑商讨过政变的问题）。不过，遗憾的是，他再也不能睡觉或装着睡觉了。警务部长只好穿起衣服，到督政府去。到了那里，主席戈伊埃对他很不客气，不让他再演骇异的喜剧。"您有责任把这场阴谋向我们汇报，"戈伊埃斥责富歇，"按说您的警察是能够及时侦悉的。"富歇不动声色地把这些难听话咽了下去，仿佛忠心耿耿的属吏，请主席面授机宜。但戈伊埃生硬地打断了他的话："如果督政府认为需要下命令，它会去找值得它信任的人。"富歇窃笑了：这个笨蛋还不知道他的督政府早就丧失了下命令的力量，它的五个成员中已有两人叛变，还有一人被收买！但何必去教笨蛋开窍呢？他冷冰冰地鞠了一躬，向他的位子走去。

但他的位子在哪里？老实说，富歇还不知道——他可以是旧政府的警务部长，也可以是新政府的警务部长，全看是谁获胜。次日，督政府和拿破仑间的斗争才算定局。第一天开始有利于波拿巴：元老院飘飘然于信誓旦旦的甜言蜜语，醺醺然于重金的贿赂，——实现了波拿巴的愿望：任命他为法军总司令，把下院——五百人院迁往圣克卢开会（那里既没有工人营，也没有舆论和"民众"，只有美丽的林苑，有两队掷弹兵即可封锁个水泄不通）。但，这还不等于全盘已赢，因为五百人院中还有一二十个讨厌的家伙，既没法收买，也吓唬不了，兴许会有人拿着刀子或手枪保卫共和国，反抗觊觎大位的野心家。在这种情况下，神经不能出毛病，不能沉溺于同情，更不能被誓言这一类的鸡毛蒜皮捆住手脚，应该沉着镇静，保持警觉，等待决战的时刻来临。

富歇确实沉着镇静。波拿巴刚率领一队骑兵开赴圣克卢，阴谋的首要分子塔列朗、西哀耶斯及其他二十来个人刚坐上马车跟随波拿巴进发，巴黎各哨卡便奉警务部长之命，突然放下了拦木。除了警务部长的信使，谁也不得出城，谁也不得进城。除了这个精力充沛的部长，八十万市民谁也不得知道政变的成败。每隔半个小时便有信使来向部长报告事变的进程，而他至今还没有下定决心。如果波拿巴获胜，那么，不消说，富歇今天晚上就会成为他的部长和忠实的仆人；如果他失败，那么，富歇将继续向督政府效忠，能够心安理得地逮捕这个"谋反分子"。他得到的消息前后颇有矛盾，因为虽然富歇表现出了不起的自制力，而比他伟大的波拿巴却失去了自制力：这一天，雾月18日，给波拿巴奉上了欧洲的霸权，但仿佛是有意揶揄，却是这位伟人个人生活中最难堪的日子。波拿巴在炮口面前坚毅果敢，而每当要用言语来收服人心，便显得手足无措：多年来习惯于发号施令，已经忘记了说服的本事。他能够举起大旗，策马疾驰，率领他的掷弹兵冲锋陷阵，他能够把敌军打得落花流水。但这位久历沙场的老兵却无法从讲坛上吓倒区区几个共和国的辩护士。人们多次描述过：这位战无不胜的统帅被议员们不断的喊声所激怒，嘟囔了几句"战神站在我一边"之类的幼稚而无聊的话，语无伦次，丢人现眼，他的朋友们只好急忙把他弄下了讲坛。几个大喊大叫的律师差点叫这位阿尔科莱和里沃利的英雄一败涂地，只是靠他的士兵的刺刀才挽回了败局。他骑上了马，命令士兵驱散议会，这时他才重新成了主宰和狄克推多；刀柄在握的感觉给他的骚乱的灵魂注入了信心。

晚上七时，一切定局。波拿巴成为法兰西的执政和大权独揽的统治者。如果他失败或者被贬斥，富歇会马上命令在巴黎大街小巷的墙上贴满声嘶力竭的告示"卑鄙的阴谋大暴露"等等。但因为是波拿巴获胜，于是他把这胜利视为自己的胜利。翌日，巴黎不是听波拿巴宣布，而是由警务部长富歇先生通告，知悉共和国已彻底垮台，拿破仑专政从此开始。"警务部长诏告全体同胞，"这假惺惺的通告这样说，"五百人院在圣克卢开会，以讨论共和国有关事宜：波拿巴将军出席会议揭露革命的阴谋，几被杀害，但共和之守护神拯救了波拿巴将军。共和派务必保持镇静……因为你们的愿望即将实现……弱者可高枕无忧——你们如今已得到强有力者的保护……唯造谣惑众、混淆视听、阴谋作乱者须有畏惧之心。我们将采取一切措施镇压乱党。"

富歇再一次极其成功地顺应了情势。他在光天化日之下如此明目张胆地投靠胜利者，如此恬不知耻，以致广大的各界人士逐渐开始琢磨富歇是何许人。几星期后，巴黎郊区演出一出快活的喜剧《圣克卢的风派》。这出人人明白、一炮打响的喜剧里，只是人名稍稍有些变动，十分滑稽地嘲笑了他的无原则性和他的谨慎。富歇作为负责审查的官员，本来是能够禁止人们这样讥嘲他的，幸亏他相当聪明，不致采取这类手段。他根本不隐瞒他的性格，或者说得确切些，不隐瞒他的无性格，反而夸耀他的反复无常和他的神秘莫测，因为这能赋予他一种独特的光圈。笑骂由别人笑骂，只要他们能够服从他、怕他就行。

波拿巴是胜利者，富歇是暗中相助的帮手和倒戈分子，而督政府的首脑人物巴拉斯则是主要的受害者。这一天他身受的忘恩负义的教训，大概是世界史上最突出的一个范例。前两人通力合作，把他搞下了台，把他当作死皮赖脸的乞丐，扔给他一份价值百万的施舍。而在两年前，这两人都曾经是他的私党，欠了他不少情，是他把他们起之于贫贱。这个憨厚、轻率、不伤害任何人、喜欢享受的

bon homme❶，名副其实是从街上赏识和提拔了这个黝黑的、失意的、几乎是被贬谪的炮兵小军官——拿破仑·波拿巴。巴拉斯给波拿巴的打补丁的军大衣缀上了将军绶带；一日之间，越过众人，超迁他为巴黎卫戍司令，把自己的情妇让给了他，把金钱塞满了他的荷包，又任命他为意大利远征军总司令，从而替他架设了通往不朽的桥梁。同样，巴拉斯赏识和提拔富歇于肮脏的五层顶楼之中，帮他逃脱了断头台。富歇在艰难的日子里，人人掉头而去，唯有巴拉斯慷慨相助，使他免于饥饿，后来又给了他地位和万贯的家业。然而，这两个全仗他扶掖的人，这两个靠他的提携才离开了泥潭的人，两年之后合力把他推进他们一度陷身的泥潭里。拿破仑和富歇在雾月18日对待巴拉斯如此忘恩负义，世界史虽说离道德规范甚远，却还不曾有过比这更加彰明较著的例子。

拿破仑对他恩人的忘恩负义，至少以他的天才而得到人们的谅解。伟大的力量给了他特殊的权利，因为天马行空的天才在必要的时候可以踩在凡人的头上。为了一种较深邃的目的，为了完成历史赋予的神秘的使命，可以藐忽小人物，藐忽一时的现象。富歇的行为则是一种最最平凡的忘恩负义，出之于一个毫无道德的人，他赤裸裸地只考虑自己，只考虑自己的利益。富歇可以随心所欲地以惊人的（简直叫人惧怕的）速度忘记他的一切往事；这独特的本事在他日后的仕途生涯中有更为惊世骇俗的表现。两星期后，他给巴拉斯，给这个曾经搭救过他而且帮他逃脱了不流血的断头台和流放

---

❶ 忠厚人（法语）。

的恩人，送去了一纸放逐的正式命令，事先搜检了巴拉斯的所有文件，其中想必也有他本人求助的信函和告密的报告。

巴拉斯气得要命，咬牙切齿。他那咬牙切齿的声音，到今天，在他的回忆录提及波拿巴和富歇的地方还历历可闻。他只有一点可以自慰：波拿巴留用了富歇。巴拉斯预感到其中必有一人将替他报仇。他们两人不会做长久的朋友。

可是起初，在他们合作的头几个月，警务部长公民对执政官公民忠心耿耿。在官方文件里，当时还继续使用"公民"这个词。波拿巴的野心暂时还只是满足于共和国第一公民的称号。在那个年月，他着手完成其他任何人都无力承担的艰巨的任务，在多方面充分表现出他那朝气蓬勃的天才。拿破仑的形象在这革新时代比任何时候都更为庄严，更有创造精神，更人道。在法律的范围内进行革命，保全革命的成果，同时又把革命的极端手段缓和下来，胜利地结束战争，缔结巩固的、光荣的和平，从而使战争的胜利具有真正的意义——这些崇高的思想鼓舞着新的英雄；头脑敏锐、高瞻远瞩的他，打叠起精神，以热情而不知疲倦的干才不屈不挠地勤奋工作着。拿破仑·波拿巴建立盖世的功业并不是在奥斯特里茨、艾劳和巴利亚多利德❶，并不是在那传奇显扬的岁月——传奇只承认骑兵的冲锋才是英勇的行为，征服国家才算得上业绩。他建立盖世的功业是在法国中兴的年代——由于党派的纷争而水深火热、天崩地裂的法国在他手里重新变成生机蓬勃的国家，一文不值的钞票有了实际

---

❶ 拿破仑曾在以上各地大捷。

价值，拿破仑亲身缔造的法典使法律和习惯具有了严格然而合乎人情的形式；这位国务天才以同等完美的才略整顿了国家行政各部门各机关，并且安抚了欧洲。正是这几年，而不是征战频仍的年月，才真正地富有创造精神；他的部长们之上下一心，恪尽其职，精力旺盛，忠心耿耿，也以此时期为最。他任用富歇，也算是得到了一个无可指摘的仆人，完全同意他本人的信念——宁愿用谈判和让步的办法来结束内战，总比采取暴力和杀人强。几个月内，富歇彻底恢复了国家的安定；他把恐怖主义者和保王党人最后的巢穴一一摧毁，把公路上拦路抢劫的强盗全部肃清；他那事无巨细无不精确异常的办事能力，心甘情愿地服从于波拿巴庞大的治国计划。伟大的善举，总是能把人团结起来；仆人找到了称心的主子，主子也找到了合适的仆人。

波拿巴对富歇的疑忌，可以准确地推算出萌生于哪一天和几点钟，虽然在那多事之秋这个插曲一般是注意不到的。唯独心理学家巴尔扎克的鹰隼般的目光发现了它。巴尔扎克善于在不起眼的事情中发现本质的东西，在petit détail❶上发现激发重大事变的始初推动力。不过，他把这件事稍微诗化了一些。这出短剧演出于决定奥法两国谁胜孰负的意大利之役期间。1800年1月20日，人心惶惶的部长和顾问们在巴黎聚会。信使从马伦哥前线送来的消息不妙。他报告，波拿巴遭到痛击，法军全线溃退。在场的人全都想到战败的将军不可能留任第一执政，已经在考虑谁来继任。这些想法

---

❶ 细枝末节（法语）。

表达得有多么明显，那不得而知；但肯定是悄悄议论了筹划政变的措施，而拿破仑的兄弟们也察觉了会上的动静。走得最远的大概是卡尔诺。他希望立即恢复昔日的救国委员会。至于富歇，起码是忠于他本人的一贯作风，大概没有表态支持似乎吃了败仗的执政，而是保持着谨慎的缄默，以便能够根据情势的需要，或者留在老主人的身边，或者投靠新的主子。翌日，另一名信使赶到，带来了截然相反的消息——马伦哥大捷：说是在最后一刻，德泽将军凭他天才的军事直觉赶来救援波拿巴，于是转败为胜。比远征意大利之前强大百倍，对自己的力量有十足的信心，第一执政波拿巴几天后回到了巴黎。他肯定立刻知悉，各部长和他信赖的股肱们一听说他战败便准备即时抛弃他。头一个倒霉的是走得太远的卡尔诺——丢掉了部长职位。其他各人均得留任，富歇也在其内。这位极端谨慎的老兄并无不忠的表现，虽然更缺乏忠心的表现。他没有出丑露乖，但也没有立功，一如既往：在安乐时靠得住，在患难中靠不住。波拿巴没有撤他的职，没有责备，没有惩罚，但从这一天起，波拿巴再也不信任他。

　　这件几乎被历史遗忘了的小事，别有纯属心理方面的后果。它毫不含糊地说明，只是凭借武力和军事胜利建立政权的统治者，一旦战败，便必然垮台。任何人主，如果没有承嗣大统的继承权，都必须及时考虑另外制造合法的根据，以便维持并巩固自己的政权。至于波拿巴，他意识到自己的力量，同时，一切天才人物在他们极盛时期具有的坚定的乐观主义在他身上也是根深蒂固，本来大概会忘记这无声的警告的，但他的兄弟们没有忘记。拿破仑并不是只身一人到法国来的（万史学家往往忽略了这一点）：饥饿的、野心勃勃的家属包围着他。原先，他的母亲和四个还没有成家立业的兄弟只盼望他们的顶梁柱拿破仑能娶上一位工厂老板的女儿，能给他的姊妹添几袭衣衫。且在他取得了政权之后，他们全都贪婪地抓紧了他：他得拉扯全家人；他们也渴慕荣华，想把整个法国（后来是整个欧洲）变成波拿巴家的世袭领地。他们的卑污的、一无止境的、没有一丁点天才的火花足以作为借口的贪婪，纠缠着拿破仑，要他设法把他的依赖民心归向而建立的政权变成无所依赖的、永久存在的政权，变成世袭的王权。他们要求拿破仑建立君主政权，当国王或皇帝；他们当时还不敢奢望拿破仑娶上沙皇的妹妹或哈布斯堡王室的一位公主，只希望他同约瑟芬离异而同巴登公主结婚。他们无时无刻不在搞阴谋，使他日益疏远往日的伙伴，日益背离往日的思想，背离共和而趋向反动，从自由趋向专制。

执政的夫人约瑟芬单枪匹马、相当软弱无力地抗拒着这个一贯搞阴谋的、贪得无厌的、令人嫌恶的家族。她知道，波拿巴离伟大和君权越近，离她更越远，因为对于国王或皇帝来说，为了王统的传袭，绝对需要一个继承人，这样政权才会稳固，而约瑟芬却不能生育。波拿巴的顾问中，只有少数几人站在她的一边（她自己欠了一身债，没有钱贿赂他们）。这当口，富歇成了她最忠实的朋友。富歇早就起疑，观察着波拿巴的野心由于出人意料的成功而膨胀到出人意料的程度，观察着他执拗地摆脱每一个真诚的共和派，并且要把真诚的共和派作为无政府主义者和恐怖主义者来迫害。富歇以他的锐利而多疑的目光看出——借用维克多·雨果的话："Dèjà

Napoléon perçait sous Bonaparte" ❶——在将军的外表后面，露出了皇帝的原形；说起来是公民，实则是一个气势汹汹的专制君主。富歇曾投票处死一个国王，从而永远地同共和联系在一起；在他，维护共和国和共和制，是一个生死攸关的问题。所以他害怕一切类似君主制的东西，所以他或明或暗地支持约瑟芬。

这个家族因此而不能原谅他。他们以科西嘉式的仇恨注视着富歇的每一步，以便一旦他稍有颠踬便把这个碍手碍脚的眼中钉推入深渊。

他们急不可耐地等了好久。突然来了机会，可以对富歇暗中使坏。1800年12月24日，波拿巴去歌剧院出席海顿的清唱剧《创世纪》的首演式。在狭窄的尼凯斯街，他的马车刚驶过，宛如猛烈的喷泉，喷发出大量的弹片、炸药和小弹丸，碎片掠过两旁楼房的屋顶：这是大名鼎鼎的定时炸弹，是一次谋刺。只是他那（据说）喝醉了的车夫拼命赶车，车速极快，第一执政才得以幸免，但四十个遍体鳞伤、血流如注的行人躺在地上；而马车受到气浪的冲击，仿佛受伤的野兽，人立了起来。波拿巴面色苍白，神情呆滞，继续赶往歌剧院，以便向热情的观众显示他的冷静。他以冷漠的、捉摸不透的表情聆听着老海顿柔和的旋律，以装出来的安详感谢观众闹哄哄的致敬，坐在他身旁的约瑟芬却由于神经的震荡而止不住她的眼泪。

---

❶ 波拿巴显出了拿破仑的原形（法语）。按西俗，平民（对帝王而言）一般用姓，如"罗斯福"、"希特勒"；君主一般用名，如"尼古拉二世"、"路易十六"。"波拿巴"是姓，"拿破仑"是名。

但，这冷静仅仅是一出演技高超的喜剧——这一层，他刚从歌剧院回到杜伊勒黎宫，他的部长和国务顾问们便感觉到了。他的愤怒主要发泄到富歇头上。拿破仑狂暴地责骂脸色煞白、僵立不动的部长：他作为警务部长，早该查明这一类阴谋，然而他的罪恶的宽大，放过了他的朋友、他过去的同谋犯——雅各宾党人。富歇镇静沉着地反驳，这次谋刺是否出于雅各宾党人之手尚待查清；他个人深信，这件事以保王党人和英国的金钱为主。富歇反驳时那种平静的语气，越发激怒了第一执攻："是雅各宾党人、恐怖主义者干的。这帮老是造反的坏蛋，勾结起来反对任何政府。这帮恶棍情愿牺牲成千上万条人命，只要能把我刺死。可是我会狠狠收拾他们，给所有他们这一类的人一个教训。"富歇竟然再一次表示他的怀疑。这一来，火暴脾气的科西嘉人简直要对警务部长猛扑过去，约瑟芬只好出头解劝，挽住她丈夫的胳膊。但波拿巴挣脱了她的手，滔滔不绝地向富歇历数雅各宾党人的杀戮和罪行——巴黎的九月事件，南特的共和血腥之夜，凡尔赛囚犯的屠杀——明摆着影射Mitrailleur de Lyon，影射他的过去。富歇的捉摸不透的脸上，没有一块肌肉发颤，听凭拿破仑的责骂劈头盖脑而来，听凭拿破仑的兄弟们和朝臣们交换着讥嘲的眼色。他们看着警务部长，心想他终于垮了台。富歇以冷冰冰的镇静反驳了种种猜疑，不动声色地离开了杜伊勒黎宫。

他的垮台似乎已是不可避免。约瑟芬费尽口舌为富歇辩护，拿破仑只是不理不睬。"难道他不就是他们的一个领袖？难道我不知道他在里昂和卢瓦尔河畔干的好事？只有里昂和卢瓦尔河才能解释富歇的态度！"拿破仑愤怒地高声说道。人们已经在起劲地猜测新任警务部长的名字，朝臣们已经开始对失宠的富歇白眼相向。一如以往屡次发生过的情形，他看来已经彻底完结。

后来几天，情况并无好转。波拿巴继续坚持这次谋刺是雅各宾党人的行动；他要求采取断然措施，严惩罪犯。富歇向拿破仑及其他人暗示，他怀疑别的一个什么人，却遭到嘲笑和鄙夷——这缺心眼的警务部长，显而易见的事，却不想去调查。所有的蠢人都在讥笑揶揄他。他的一切敌人看到他执迷不悟，都得意扬扬。富歇谁也不搭理，他不去争论申辩，只是沉默着。他沉默了两个星期，甚至上面命令他开张一百三十名激进派和前雅各宾党人的名单，打算流放到"不流血的断头台"圭亚那，他仍然不吭气，默默地、俯首帖耳地服从。他行若无事地起草了一纸命令，把硕果仅存的山岳党人、他的朋友巴贝夫的信徒陀庇诺和亚仑交付了审判；而他们唯一的罪名仅是曾经公开说拿破仑在意大利抢劫了几百万以收买当局。富歇不闻不问，不谈他自己的看法，眼看着有的人被流放，有的人被处死。他仿佛一个被听取秘密忏悔的义务所束缚的神父，一声不吭，在审判无辜者的法庭上紧闭着嘴。其实，富歇早已发现了线索；当别人嘲笑他的时候，当波拿巴每天讥刺斥责他愚蠢而顽固的时候，他在他那只有少数几个人才能出入的办公室里，汇集足以证明谋刺实际上是保王的舒昂党人❶筹划的铁证。在国务会议上，在杜伊勒黎的接见厅里，面对着无穷无尽的攻讦，摆出一副冰冷的、萎靡的、漠然的模样；而在他的密室里，他和他部下最出色的特务紧张地工作着。全法国的间谍和密探，被重金赏

---

❶　法国革命时期在法国西北部作乱的保王分子。

格激励着，全都动了起来；全市都被动员来作证。把定时炸弹驮到现场的马虽已炸得粉身碎骨，仍被认了出来，它过去的主人也已找到，详细地描述了买主的形貌；借助于那部编辑得十分高明的舒昂党人传（是按照富歇的意图编纂的，登录了所有的流亡者和保王分子、所有的舒昂党人，每人都有详传），查明了罪犯的姓名，但富歇继续保持着缄默。他仍然沉住气，听凭人家讥诮，把他的敌人美得不得了。最后的线织得越来越夬，终于织成了一张结实的网；再有几天，就能把毒蜘蛛一网打尽。还得几天！因为，虚荣心受了伤害的富歇，高傲遭到侮辱的富歇，对于波拿巴以及一切责备他情报不灵的人，不是取得一次小小的、平平淡淡的胜利就能满足的，他要争取十足的、震撼人心的大捷，他要有他自己的马伦哥。

两个星期之后，富歇突然出击。阴谋彻底揭露了，罪行的来龙去脉全部查清。富歇所料不差，主犯是所有舒昂党人中最可怕的卡杜达尔，他的助手是英国豢养的死硬保王分子。他的敌人们听到这消息，不啻五雷轰顶，目瞪口呆。他们看到那无辜的一百三十个人被判刑完全是冤枉，发觉他们讥刺这个捉摸不透的人为时过早，过于放肆。在公众眼里，正确的警务部长比过去任何时候都更加强有力，更加可敬，也更加可怕。波拿巴愤怒而惊讶地注视着铁算盘，敢情他再一次证明他的冷静的计算正确无误。波拿巴只得不情不愿地同意："富歇比其他许多人都看得准。他说得对。得密切注意回国的流亡者、舒昂党人以及一切属于那个阵营的人。"富歇靠这个案子，在拿破仑的心目中分量更重了，但并没有赢得他的宠信。专制的统治者对于发现他们错误或不公正的人，从来不会感谢。普卢塔克讲过一个士兵的故事：一个士兵在战场上救了国王的命，有位聪明人劝他逃跑，此话原是不错，但这士兵不走，指望国王会感谢他，结果却掉了脑袋。国王们不喜欢人家看到他们的苦难，刚愎自用的人容忍不得顾问比他聪明，哪怕只聪明了一回。

在警察事务这样的小范围内，富歇取得了最大的胜利。但这胜利同波拿巴执政两年来的成就相比，是何等的微不足道！这位狄克推多在一系列胜利之后又锦上添花，赢得了最辉煌的胜利——同英国媾和，同教会达成了协议；多亏他的毅力，他的创造性的算计，世上最强大的君主——英国国王和罗马教皇不再与法国为敌。国内安定，财政上了轨道，党派的纷争终于结束，一切矛盾都得到缓和，物资日益丰富，工业重新发展，艺术繁荣，奥古斯都❶时期来临了；不久的将来，奥古斯都就能加上恺撒的名号。对波拿巴每一个动机和每一个想法都了然于心的富歇，清楚地看到这野心勃勃的科西嘉人向往着什么：他已经不满足于共和国首脑的角色，他渴望把他拯救的国家永远变成他个人的财产和他那个家族的财产。共和国的执政自然从不公开表露他的绝不是维护共和的野心，但一有机会便向他的心腹们暗示，他希望元老院对他有所感谢的表示，奉上某种特殊的信任状，témoignage éclatant❷。在内心深处，他渴望有自己的玛克·安东尼❸———一个可靠的、忠心的仆人，替他去索取皇

---

❶ 即古罗马政治家屋大维，公元前27年即帝位，先后奉以恺撒和奥古斯都的尊号。

❷ 确凿的证据（法语）。

❸ 恺撒的心腹。

冠；狡黠而机灵的富歇本来可以得到拿破仑的终身铭感。

然而富歇竟拒绝扮演这样的角色，或者说得确切些，他并没有公开拒绝，而是装出热心的样子，暗地里却阻挠这企图的实现。他是拿破仑兄弟们的对头，波拿巴家族的对头，而站在约瑟芬一边。约瑟芬面对着她丈夫走向宝座的最后一步，满心恐惧，忐忑不安。她知道，到那时候，她当他妻子的日子便不长了。富歇警告她别公开反对。"您要坦然，"他劝她，"您阻挡您丈夫是白费力气。您的担心会叫他厌烦，而我的忠谏会被他视为冒渎。"富歇本性难移，企图暗中行事，阻挠拿破仑称帝。波拿巴佯装谦虚，野心没有公开表露，而富歇正利用了这一点。当元老院打算向波拿巴奉上**témoignage éclatant**的时候，富歇和另外几个人在元老院议员们的耳朵边吹风：这伟人是始终不渝的共和主义者，他只是想把执政期延长十年。议员们深信这样便算表达了他们对拿破仑的敬意，会使他高兴，沾沾自喜地通过了相应的决议。但波拿巴对这鬼把戏一目了然，看透是谁的花样；当元老院向他奉献这份他用不着的、菲薄的礼物时，他怒不可遏。元老院议员代表团受到的接待十分冷淡。在想象中，额头上已经感觉到凉飕飕的金质皇冠；相形之下，这区区的十年好比是空壳的花生，只配鄙夷地扔在地上，再踩它一脚。

最后，波拿巴终于扔掉了谦虚的假面具，明确地表明了他的意旨——终身执政！在这一概念的薄薄一层帷幕后面，每位明眼人都已经看到未来的皇冠在那里闪闪发光。然而，在那年月，波拿巴具有巨大的力量，能够使人民以千百万的多数票把他的愿望化为法律，选举（符合他们和他的意思）他为终身的主宰。共和终于结束，君主政体正在呱呱坠地。

那一帮兄弟姊妹，那个科西嘉家族，没有忘记约瑟夫·富歇曾阻挠渴望登上宝座的拿破仑如愿以偿。他们再也按捺不住，催促波拿巴除掉这讨厌的马夫——眼下他在马背上不是已经坐稳了嘛！他们说，既然举国一致同意认可他当终身执政，一切矛盾都已顺利解决，种种纷争已经消弭，那么，这个过分起劲的督察又有什么用呢？他这个人可是不仅仅督察全国，还注视着他们的阴暗的勾当！把他撤了！搞掉他，把这个一贯要阴谋，老是制造障碍的人撵走！他们喋喋不休地、心急火燎地、锲而不舍地一个劲儿劝说还在犹豫的拿破仑。

拿破仑在内心深处是同意他们的。这个情报过于灵通而且不断扩大情报的人，这个匍匐在他的光辉后面的灰色影子，拿破仑也觉得他碍手碍脚。然而，撤免一个政绩斐然而且国人极其尊敬的部长，需要一个正儿八经的借口。再说，这个人和他同时获得了力量，所以最好别让他成为公开的敌人。他与闻一切机密，他了解科西嘉家族的一切事务，其中包括一些肮脏的隐私，所以不应该粗暴地侮辱他。于是构思了一个巧妙高明的借口，能使富歇的免职不具贬黜的色彩：绝不是撤免约瑟夫·富歇部长，但他履行他的职责是如此出色，以至督察公民的机关刻下成了多余，警务部可以撤销。所以，不是撤免部长，而是撤销部，也就是撤销富歇占有的职位，从而自然而然地撤掉了他。

这猛烈的一击终于把他轰走；为了减轻刺激，免职采取了慎重的方式。任命富歇为元老院议员，以补偿他丧失部长职位。波拿巴写信给免职的部长，通知他的升迁。信里这样说："……在艰难时世出任警务部长的富歇公民，其才能、毅力和对国家的忠诚，一贯符合时势的要求。政府界以元老院内的重任时并未忘记：今后一旦需要警务部长，再无人比他更值得依赖。"此外，波拿巴知道这位过去的共产主义者已和他往日的敌人——金钱握手言欢，似胶如漆，于是为他建造了一座通往卸职的金桥。警务部长处理本部善后事宜时，交出了已裁撤的警务部经费余额二百四十万法郎。波拿巴干脆送给他一半即一百二十万法郎。这还不算，这金钱的老对头，十年前曾猛烈抨击"龌龊的、腐化的金属"，如今除了元老院议员的头衔，还获得了艾克斯庄园；那是一个小小的采邑，自马赛逶迤至土伦，估价一千万法郎。波拿巴对富歇深有研究，知道这狂热的阴谋家有一双不安分的手，很难捆住，不如让他捧着黄金，省得手乱动。历史上的部长大臣们，很少人在解职时能比约瑟夫·富歇得到更多的尊荣，遭遇更多的防范。

第五章　皇帝的大臣

1804年—1811年

　　1802年，由于第一执政坚决的（虽然表达得很委婉）愿望，约瑟夫·富歇——说得确切些，元老院议员约瑟夫·富歇先生阁下——再度下野，告别了十年前开始的政治生涯。这十年是不可思议的十年，是杀人如麻、灾祸迭见的十年，改变了世界的面貌，对人有致命的危险。然而约瑟夫·富歇出色地利用了这十个春秋。如今他再也不像1794年，隐匿在寒碜的、不生火的屋顶阁楼里，而是在契鲁蒂街买了一幢漂亮的、陈设华美的房子，过去大概属于某个"卑鄙的贵族"或"可憎的财主"。在后来罗特希尔德家族❶定居的费里埃，他经营了一个供他避暑的安乐窝。他在普罗旺斯的采邑艾

---

❶　国际金融家族。

克斯庄园，租子按期送到。总而言之，他精通炼金术士的绝技，什么都能炼出黄金来。他所庇护的人在交易所买空卖空，获利同他分红；他的庄园欣欣向荣，不断扩大——再过几年，这个签署了第一份共产主义宣言的人，将成为财产居法国第二位的公民、全国最大的地主！里昂之虎变成了一头地道的铢积寸累的仓老鼠，聪明而节俭的资本家，精明的高利贷者。可是，这位政治暴发户天生的自奉俭约，经过严格的修道院戒律的淬砺，竟没有被他神话般的财富改变。拥有一千五百万法郎的家资，约瑟夫·富歇的生活同他当日在顶楼里栖身，费尽力气张罗每日必不可少的十五个苏❶的时候相比，并没有多大的差别。他不抽烟，不喝酒，不打牌，不把钱花在女人身上，也不用来满足虚荣心。

仿佛一个规规矩矩的乡间贵族，带着孩子悠闲地在草地上散散步（头两个孩子死于贫穷，后来又生了三个），偶尔开开小规模的招待会，听听音乐（朋友们演奏，给他的妻子解闷），看看书，聊聊天，谈些高深的题目，从中获得莫大的乐趣。在这个深明事理的、骨骼粗大的布尔乔亚身上，对政治赌博的可怕的激情，对世界性游戏的紧张危险的激情，隐藏在内心深处别人窥察不到的地方。他的邻居们丝毫没有察觉，他们看到的只是一个正正经经的地主，家庭中的好父亲，温存的丈夫。公事上没有同富歇打过交道的人，谁也不会想到这亲切的沉默后面隐藏着勉强抑制住的激情，将驱使他再度勇往直前，再度到处插手。

---

❶ 法国辅币。

唉，权力好比是墨杜萨！谁要是看了她一眼，目光再也没法移开，从此着迷疯魔。谁一朝领略过权力和发号施令的醉人的滋味，便再也割舍不得。翻开世界史去找找自愿放弃权力的例子吧：除了苏拉和查理五世❶，一千个、一万个人中间未必有十来个，吃腻了，精神没有失常而居然弃绝几乎亵渎神圣的、主宰千百万人命运的激情。有如赌徒戒不了赌，酒鬼戒不了酒，偷猎者戒绝不了打猎，约瑟夫·富歇也离不开政治。他不甘寂寞，看起来很快活，模仿着扶犁的辛辛纳图斯❷，像煞有介事地装出一副恬淡的样子，其实一心再抓起政治纸牌，急得手发烫，神经直颤。他虽然已经退隐，却自愿干些警务工作，做些书面练习，每周给第一执政寄去秘密情报，以免彻底被人遗忘。这是他的消遣，能使这个阴谋家散散心，同时又不必承担什么义务，不过并不能使他得到真正的满足。他表面上远离红尘，实则热切地期待着终有一天将重新大权在握，陶醉于主宰众人命运、主宰世界命运的权力！

波拿巴从许多迹象看出富歇热衷仕进之心，但觉得不如假装没有察觉。这个人聪明得叫人害怕，精力充沛得叫人害怕，只要能让他离自己远一些，就让他在那偏僻的角落里待着去吧。这个深藏不露的人，自从他身上那种恣肆的力量被人发现之后，谁也不愿意用他，除非极端必要，除非用于万分危险的工作。第一执政对他青睐有加，在许多事情上借重过他，也感谢他的出色的情报，偶尔还

---

❶ 苏拉是古罗马政治家；查理五世是16世纪西班牙国王。

❷ 古罗马政治家。

请他出席国务会议，主要的是给他挣钱发财的机会，好让他安分守己；只有一件事波拿巴是尽可能坚决抵制的：那就是重新任命他并且恢复警务部。波拿巴只要自己还有力量，只要不犯错误，他是不需要这种叫人担心、过于聪明的仆人的。

算是富歇的运气，波拿巴竟犯了错误，首先是那个不可原谅的、具有世界历史意义的错误：他不再满足于做波拿巴，除了对自己的信心，除了他的超凡入圣的胜利，居然还贪求世袭权力的黯淡的光辉和煌煌尊号。这个人靠了他自己的力量，靠了他那份独一无二的强大的个性，本来是没有人足以叫他畏惧的，如今却惧怕起过去的影子——被放逐的波旁王室可怜巴巴的光环。他听了塔列朗的怂恿，破坏国际法，命令宪兵把当甘公爵从中立地区劫持过来❶，然后枪毙了他——关于这桩事，富歇说了一句名言："这可比罪行严重，这是个错误。"处死当甘，在波拿巴周围造成了一片真空，只有恐惧和畏怖、愤怒和仇恨弥漫其间。不久，他便感到必须重新依靠千眼阿耳戈斯❷的保护——依靠警察的保护。

其次（这是最主要的原因），1804年，波拿巴执政为了他最高的一次升腾，需要一个机灵的、肆无忌惮的仆人。他再度需要一个执镫挽缰的马夫。两年前觉得终身执政便算功成名就，于愿已足；如今他被胜利之翼托起，凌空翱翔，终身执政已经不能使他满足。他不愿意混同于其他公民，只当个第一公民；他想成为统治臣民的人主和君

---

❶ 1804年3月14日法国宪兵闯入巴登，逮捕了法国王室成员当甘公爵，后处死。

❷ 希腊神话中的巨人，有一百只眼睛。

王。他热望用皇冠的金箍来冰他发烫的额头。但，要当恺撒，就得有安东尼；虽然富歇长期来扮演勃鲁托斯❶的角色（再早甚至扮演过卡提林纳❷，但如今他在政治上吃斋两年，饿坏了肚子，甘心情愿从元老院变成的沼泽里为波拿己钓起皇冠。鱼饵是钱和甜甜蜜蜜的诺言。于是世人得以一饱眼福，目睹过去的雅各宾俱乐部主席。而今的元老院议员阁下在元老院走廊里形迹可疑地同人握手，磨嘴皮，咬耳朵，最后终于有几个攀龙附凤的拜占庭人提议"建立这样一种体制，它能保证'权力'体现者身后改柄绵延不绝，从而使阴谋分子的希望永远破灭"。这个句子，如果去掉它藻饰的外壳，便会发现它的核心是企图把终身执政波拿巴变成世袭皇帝拿破仑。元老院低三下四、奴颜婢膝地请波拿巴完成他"一生的大业，使之不朽"——这劝进表想必是富歇的手笔（这支笔蘸血蘸橄榄油，一样地管用）。南特的约瑟夫·富歇，这位往日的国民公会议员，过去的雅各宾俱乐部主席，Mitrailleur de Lyon，同暴君斗争过，一度是共和派中最坚定的共和派，如今，没有几个人比他更热心地致力于促成共和国的彻底灭亡。过去，富歇公民从执政波拿巴公民手里得到了任命；1804年，经过弥足珍贵的两年放逐，元老院议员富歇先生阁下又被拿破仑皇帝陛下任命为大臣。约瑟夫·富歇第五次宣誓效忠：第一次是向国王的政府宣誓，第二次向共和国，第三次向督政府，第四次是执政府。富歇可是年方四十五，今后还有许多年月可以一再宣誓，一再表忠，一再叛

---

❶ 勃鲁托斯是古罗马政治家，恺撒的反对派，后刺死恺撒。

❷ 古罗马政治家，曾一再搞阴谋夺取政权。

变！他向新皇宣了誓，但只忠于他那不安生的激情，焕发出新的力量，回到他心爱的天地，纵身跳入激浪。

十年间，世界史的舞台上，或者不如说是在这舞台的后景中，拿破仑和富歇互相对峙着，却违逆他们双方彼此本能的反感，被命运捆在一起。拿破仑不喜欢富歇，富歇也不喜欢拿破仑。他们靠异极相吸的作用维系着，尽管暗中彼此嫌恶，却互相利用。富歇十分了解拿破仑伟大而危险的独断专行的禀性；他知道今后几十年内，世间不会再出一个这样的天才、一个值得为之效力的天才。至于拿破仑，也知道富歇能够极其迅速地领会他的意图，在这方面，没有人及得上这个冷静清醒、目光如炬的间谍，这个勤奋的、既可用于伟大的善举也可用于万恶的勾当的政治干才；他要做一个十全十美的仆人，欠缺的只是绝对的忠诚孚信。

富歇永远不会去做任何人的仆人，更不会做一个俯首帖耳的听差。他永远不会为了别人的利益而完全牺牲他的精神独立和他的个人意志。恰恰相反，那些过去拥护共和而今改头换面成了贵族的人，他们越是屈服于皇帝闪射的光辉，他们越是迅速地从顾问变成阿谀奉承之徒和食客，富歇越是挺直了腰。不消说，如今已不可能公开反对，不可能直截了当地向固执的、专制君主气派越来越足的皇帝提出不同意见：在杜伊勒黎宫，同志间推心置腹、公民间随便交换意见的气氛早已荡然无存。拿破仑皇帝对他的老战友，甚至对他的亲兄弟（他们可该高兴了吧），都规定他们只能叫他Sire❶；除

---

❶　皇上（法语）。

了妻子，哪个凡人都不准对他说"你"❶；他的大臣们的忠告，他再也听不进去。过去，富歇部长公民有时穿着皱巴巴的衬胸、敞着领子入见波拿巴执政公民；而今景象全非——约瑟夫·富歇大臣朝觐拿破仑皇帝时，穿着华丽挺括的朝服，高高的绣金领子紧箍着头颈，黑丝袜，亮锃锃的鞋，佩戴着勋章，一手捧着帽子。富歇"先生"先得恭恭敬敬地在他的故人、阴谋反督政府的同党面前鞠躬，然后才能开口，敬一声"陛下"。进来得鞠躬，退出也得鞠躬。亲密无间的谈话已成绝响，他得聆听语气生硬的命令，绝不能反驳。拿破仑的刚强在所有硬汉子中间首屈一指，他的意见绝无反驳的余地。

至少不能公开反驳。富歇太了解拿破仑了，所以一旦意见或意图发生分歧，是不会硬要拿破仑采纳他的看法的。他接受驱策和指挥，同帝国时期其他一切阿谀奉承、卑躬屈膝的大臣一样，但有一点小小的不同，那就是他对皇帝的命令并不件件照办。如果他接奉逮捕某某人的命令而他本人对此项命令并不赞成，他便悄悄地同逮捕对象打个招呼，或者，尚若不得不执行的话，他到处扬言逮捕某人不是他的意思，而完全是奉旨办事。相反，褒赏和恩典总是被他一个劲儿地吹成出自他的享爱。拿破仑越是专制（随着他的权势日益扩大，他那天生爱发号施令的气质日益抑制不住，日益专横，变化的过程值得人们瞠目结舌），富歇便越是温良恭俭让。就这样，

---

❶ 法语中，单数第二人称"你"表示亲密或轻蔑，一般用复数第二人称"您"。

对皇帝一无微词，只是含蓄的暗示，微笑，不吭气，他单枪匹马在奉天承运的新君驾前构成了一个明显而抓不住辫子的反对派。他自己早就不再冒险去说真话；他知道，任何帝王，哪怕生而为波拿巴，都是不喜欢别人向他们说真话的。只有用走私夹带的办法，他有时恶狠狠地在他的每日例行报告中偷偷塞进他的心里话。他不说"我以为"或"我认为"，免得为他独出心裁的见解和论断被申斥；他在报告中用的是"据说"或"一位公使说"。用这样的办法，他的每日报告在一堆娓娓动听的新闻之中捎带刺了几下皇室，仿佛在美味的馅饼中掺了点辣椒。拿破仑读到作为"居心叵测的谣言"引用的姊妹们丢人现眼的秽行，读到人们对他的恶毒尖刻的评论以及富歇那支生花妙笔故意加进报告的一针见血的俏皮话，必定是气得嘴唇发白。放肆的仆人默默无言，偶尔给他粗暴的主人捧上难堪的真情，在他主人披览时彬彬有礼、不动声色地站在一旁，窥察严厉的主人艰难地咽下肚。这是富歇对波拿巴中尉小小的报复，谁叫他黄袍加身之后让他昔日的谋士们在他面前发抖、直不起腰杆呢。

明摆着，这两个人彼此之间殊无好感。富歇不是拿破仑很称心的仆人，拿破仑也不是富歇很称心的主人。披阅呈上御案的警务报告，拿破仑没有一次是心平气和、坚信不疑的。他以他那鹰隼般的目光审察每一行字，再小的疏忽，再微不足道的错误也不放过。一发现讹舛，立刻对他那位大臣大发雷霆，控制不住的科西嘉火暴脾气发作起来，把富歇当成小学生那样大骂一顿。阁僚们以及所有在门外偷听、从锁眼里偷看的人，一致肯定地说，富歇回话时的那种冷静使皇帝火冒三丈。这一点，纵使没有他们的证词（当时的回忆录全得拿着放大镜去看），也十分显而易见，因为从信函里都能听出皇帝的严厉的、刺耳的、盛气凌人的声音。"我认为警方对报刊审查不够严格。"——拿破仑这样教训久经历练、精通业务的老专家，或者申斥他一通："警务部里简直没有人识文断字——全都无所用心。"或者是："我警告你，你不得超出你的职权范围去干涉别人的事。"拿破仑对富歇无情的责骂，是为几百个人的叙述证实了的，甚至当着不相干的人，当着副官或者在国务会议上，也不给他留些面子，火头上甚至会提到里昂，提到他的恐怖行为，骂他是弑君的凶手和叛徒。富歇作为一个冷峭如寒冰的观察者，十年内把这种发火的机制研究透彻；他十分清楚，拿破仑的怒火有时确实是情不自禁地发作，是这个急性子人的血气使然，但有时是在演戏，完全是故意的，而富歇不管风暴是真是假，不听他的吓唬，和奥地利大臣科本泽尔迥然不同。那个科本泽尔，当拿破仑把一个贵重的瓷花瓶摔到他脚跟前的时候，竟吓得浑身发抖。至于富歇，管他假装发火还是真的大发雷霆，都不会因此而狼狈。听凭滔滔不绝的刻薄话劈头盖脑而来，他那煞白的、假面具一般的脸兀自神色不惊：没有一个动作，没有一根神经显露他的激动。富歇只是在走出房门时，薄薄的嘴唇上才浮起一丝讥嘲的或狞恶的笑。即便皇帝对他大吼："你是叛徒，我本来该命令枪毙你的。"——即便在这当口，他仍然以平常那种公事公办的语调，嗓门不比平时高，回答道："Sire，您的意见我不敢苟同。"有几百次，他当面听到皇帝要把他斥革、流放、撤职，然而他退出房间时仍然十分坦然，深信皇帝第二天还会召见他。他的料想一贯正确。所以，拿破仑尽管对他不信任，尽管发火，尽管暗中憎恨他，可是整整十年内，一直到最后一刻，都没法彻底摆脱他。

富歇这种对皇帝的影响力，他的所有同时代人都觉得是个谜，其实并没有什么奇异的、邪门的成分。富歇获得这种影响力是靠他本人的锲而不舍、灵活机智和不断的观察。富歇了解的事情很多，甚至是太多了。他了解皇帝的一切秘密，不仅是靠皇帝的开诚布公，同时也靠那些拂逆圣意的做法。他以他无比灵通、近乎妖术的情报，掌握了整个国家和他的主人。他从皇帝的配偶约瑟芬那里打听到他合欢床上最最隐秘的细节；从巴拉斯那里探悉他在成功的螺旋梯上登进的每一步；富歇通过他同财主们的私人关系控制着皇帝的全部私人财务；波拿巴家族各成员的秽行详情，拿破仑诸兄弟的赌博伎俩，妹妹波林娜的腐化放荡，一概瞒不过他。他的主公本人的外遇对他同样不成其为秘密。如果拿破仑在晚上十一点钟，裹着别人的斗篷（叫人难以认出）从杜伊勒黎宫的暗门出去，同他的情妇幽会，早上富歇就会知道皇帝的马车驶到了哪里，他在哪幢房子里待了多少时间，什么时候回的宫。有一次，他居然得到机会把世界霸主羞辱一番：富歇告诉他，他的心上人欺骗了他——竟欺骗了拿破仑！——同一个潦倒的戏子胡搞。御书房里每一份重要文件都由被收买的秘书录了副本交给富歇。御前人员（其中有达官贵人，也有仆役）每月从警务大臣的金库里挣些外快。这是富歇对他们的犒赏，酬谢他们关于宫中五花八门的闲话送去可靠的报告。白昼黑夜，吃饭睡觉，拿破仑无时无刻不处在他那过分热心的臣仆的观察之下，没有一桩秘密能避开他的耳目，结果皇帝不得不倚重他。富歇的无所不知，生发了他那叫巴尔扎克不胜惊异的对人们的控制力。

富歇千方百计侦伺皇帝的一切事务、意图和言论，同样千方百计地隐瞒他自己的计划，不让拿破仑知道。富歇从来不把他的意图和活动向皇帝或其他任何一个人披露。他占有大量情报，但只有那些他愿意公开的东西他才公开，其余的统统锁在警务大臣办公桌的抽屉里。这抽屉是他最后的堡垒，不许任何人翻检：他唯一的嗜好，他的最高的享受，便是叫谁也猜不透，看不透，捉摸不透——这本事谁也没有他那样纯熟。所以，拿破仑派几个暗探混到他身边完全是枉费心机。富歇愚弄了他们，甚至利用他们把纯属伪造的、迷惑人的情报交给蒙在鼓中的主公。年复一年，这种间谍及反间谍游戏越来越诡谲，在相互憎恶中越演越烈，他们之间的关系露骨地越来越僵。这两人周围的气氛当真变得十分紧张——一个太想当主人，另一个压根儿不想当仆人。拿破仑越是强大，越觉得富歇不顺心；富歇越是强大，越觉得拿破仑可恨。

这两个不同类型的个性，他们交恶的背景是那几年弥漫全国的紧张状态不断地、极度地激化。在法国，两种对立的意向一年年越来越鲜明地显露出来：全国人民希望和平终于来到，而拿破仑渴望打仗，一场接着一场。1800年，波拿巴作为革命的继承人使革命具有了法制的形式，这是同全国、同民众和各部长完全一致的；1804年的拿破仑成了未来十年间的皇帝，早就不再考虑他的国家和他的人民，一心只想着欧洲，想着全世界，想着不朽。他高明地解决了一项他面临的任务之后，由于精力过剩，又向自己提出了一连串越来越艰巨的任务；原先变乱为治，如今却葬送着手创的事业，又变治为乱。绝不是说他那钻石般明彻敏锐的心智已经衰退。绝不是。拿破仑尽管刚愎自用，他的智力仍然是数学般的精确，直到最后一息仍然保持了不起的清晰：弥留之际，用颤抖的手写下了他最出色的作品——遗嘱。但他的心智早就丧失了分寸感，也不可能不是如此：不可能办到的事他却不可思议地办成了嘛！他在世界大赌博中大赢特赢，简直闻所未闻，超越了赌博的一切规则；一个习惯于如此巨额赌注的心灵，怎么能不产生新的愿望要以更加不可思议来超越不可思议呢！拿破仑即使在举动最最疯狂的时期，也绝无内心的慌乱，一如亚历山大、查理十二❶或科特斯❷。拿破仑同他们一样，由于获得空前的胜利而对自己的能力失去了现实的分寸感。一方面头脑十分清楚，一方面又发生疯狂的冲动。这种理性王国中壮丽的自然现象，像大晴天骤起风暴一般地蔚为壮观，结果成就了独特的事业，既是一个人残害数十万人的罪行，同时又神奇地充实了人类。即使到今天，每当指头在地图上点点画画，遥想当年亚历山大自希腊远征印度的壮举，仍然恍若神话；此外如科特斯的航行，查理十二自斯德哥尔摩直捣波尔塔瓦的进军，拿破仑自西班牙蜿蜒至莫斯科的六十万大军——凡此种种都是英雄气概同时也是睥睨一切的伟大表现，在近代史上的意义等于希腊神话中普罗米修斯及巨人们同诸神的战争；凡此种种都兼是罪行和伟业，不管怎么说，总是

---

❶　18世纪初的瑞典国王。

❷　16世纪西班牙贵族、墨西哥的征服者。

体现了人力所能企及的、几乎压倒天神的极限。拿破仑刚刚感觉到他的头上有了皇帝的冠冕，便一往无前地追求这极限。成就日新月异，他更是壮志凌云；胜利接踵而来，他越发豪情满怀；战胜了命运，便想对命运发出更加大胆的挑战。因此，他的臣僚中那些没有被胜利的军号声震聋了耳朵，被成就照花了眼睛的人，聪明而审慎如塔列朗和富歇之辈，自是不寒而栗。他们考虑的是当代，是当代的现实，是法国；而拿破仑的脑子里只有子孙后代、传奇和历史。

这种理智与激情的矛盾，顺应事理和刚愎自用两类性格的矛盾，在历史上屡见不鲜，在一个新的世纪开始时的法国表现得淋漓尽致，历史人物的活动就是以此为背景展开的。战争使拿破仑成为伟人，以寒微而登大位。理所当然，他始终一心要打仗，一心要同强大的对手交锋，胃口越来越大；即使用数式表示，他的赌注的增长也万分惊人。1800年他在马伦哥指挥一万三千人，一举战胜；五年后他麾下有三十万人；再过五年，他强要失血过多、被战争拖得疲惫不堪的国家提供几乎百万兵员。像证明二乘二等于四一样容易，他军中最最微末的辎重兵，最最愚笨的农夫，都能明白这样的 guerromanie u courromanie[1]（这话是司汤达发明的）最后一定会酿成大祸。在远征莫斯科前五年，富歇一次同每特涅谈话时，曾说过一句预言："他把你们打败之后，只有俄国和中国能幸存下来。"唯独一个人不明白这一层，或者是有意闭眼不看，那便是拿

---

[1] 战争和征伐狂。

破仑。先后经过奥斯特里茨、马伦哥和艾劳的瞬间——压缩到两个钟头里的世界史——他对琐事意兴索然；举凡在宫廷舞会上接见身穿朝服的马屁鬼、临幸张灯结彩的歌剧院、听议员们枯燥无味的演说等等，一概不能使他满足。许久以来，他热衷于率领他的军队作强行军，占领异邦，歼灭敌军，漫不经心地动动指头，把国王们当成小棋子般地挪来挪去，废掉一些人，把别的人扶上王位；荣军院陈列虏获的敌军旗帜如林；新成立的国库署里，从欧洲各国抢来的金银宝贝堆积如山——他只有在这种时候，神经才会兴奋。他念念不忘团、军、集团军，他早就把法国、全法国、全世界看成是他的赌注，看成是属于他一人的私产："La Frane c'est moi" ❶。但他的一些亲信在内心深处认为法国首先属于她自己，她的子民、她的公民并没有义务让科西嘉家族的成员一个个都当上国王，把整个欧洲变成波拿巴的世袭领地。他们日益不满，眼见征兵名册年年张贴在城门，各家各户十八、十九岁的青年被征发一空，毫无意义地战死在葡萄牙国界或波兰和俄国白雪皑皑的莽原，死得毫无意义，或者是为了一桩意义令人茫然的事业。于是，那个眼睛只注意着他的指路星的人以及那些清醒地看到国家疲惫而焦急的人之间，矛盾日益激烈。因为他那刚愎专横的心智连亲信的忠谏都听不进去，所以亲信们开始悄悄考虑如何促使这个发疯似的转动的车轮停下来，否则它必然坠入深渊。有朝一日，理智与激情终将彻底分手，成为公开的敌人，拿破仑与他的一些最聪明的臣

---

❶　"我就是法国。"（法语）

属之间终将爆发一场斗争。

拿破仑的两位谋士——富歇和塔列朗，本来是水火不相容，却由于都秘密抵制拿破仑漫无止境的战争瘾，终于携起手来。拿破仑驾前这两个最有才干的大臣，从心理学的角度说，是拿破仑时代最有意思的两个人，彼此之间素无好感，大概是因为他们在许多方面太相似的缘故。头脑都很清醒而现实，玩世不恭，百无禁忌，都是马基雅维里的门徒。两人都是教会出身，两人都在革命这所最高学府受过训练，两人在金钱问题和荣誉问题上都是一般的由他人笑骂的过分冷静，两人对共和国、督政府、执政府、皇帝和国王都是一般的不忠，一般的不择手段。这两个演员一而再、再而三地在同一世界史舞台上相遇，作为典型的风派角色登场，以或革命家或元老院议员或大臣或国王臣属的外貌出现，而正因为这两人属于同一精神种类，都是一样的权术家，他们以内行里手的冷静和同行是冤家的暗恨互相憎恶。

他们属于同一类不道德的人，但，如果他们的相似是由于他们的性格相近，那么，他们出身的不同造成了他们的差异。彼里戈尔公爵兼鄂坦大主教塔列朗生而为世袭贵族，贵为公侯；当他作为法国一省的宗教首领而身御紫色法衣的时候，卑微的商人儿子约瑟夫·富歇还只是区区一个小教士，为了每月几个苏，向十来个教会学生讲授数学和拉丁文。塔列朗任法兰西共和国驻伦敦全权代表且是国民议会内知名演说家的时候，富歇还在各俱乐部里讨好巴结，拼命想把议员证书搞到手。塔列朗是自上而下投身革命的，俨然一位老爷从马车里出来，走下几级，来到第三等级中间，受到尊敬而兴高采烈的欢迎；而富歇则是从下面通过形形色色的阴谋艰难地钻进第三等级的。由于出身的不同，他们两人共同的主要品质获得了不同的色彩。塔列朗作风细腻，处理公务有一种大贵人的冷漠、无动于衷的宽厚；而富歇则出以一个机灵而野心勃勃的官吏的勤勉。即使他们那些相似的地方，也存在着相异之处。如果说他们两人都爱钱，那么，塔列朗的爱钱带着一种贵族派头——他喜欢在赌桌上一掷千金，在女人面前挥金如土；而富歇，他是商人的儿子，喜欢把钱变成资本，牟取利润，精打细算地积攒起来。在塔列朗，权势只是得到享受的手段，能给他提供最好最合适的机会去享受人间的乐趣——豪奢的生活、女人、艺术、精美的饮食。而富歇，即使家资万贯，仍然自奉甚俭，一毛不拔。他们俩都未能彻底摆脱本人社会出身的烙印：任何时候，甚至在恐怖行为最猖獗的日子，彼里戈尔公爵塔列朗也没有能够成为真正的人民之子和共和派；而暴发的奥特朗托公爵约瑟夫·富歇尽管身着绣金朝服，也没能够成为真正的贵族。

他们两人之中，以塔列朗更为光彩夺目，更有魅力，也可能更有分量。对典雅的古代文化颇有造诣，头脑灵活，洋溢着18世纪的精神，他把权术作为生活中许多迷人的游戏之一来喜爱，但嫌恶工作。他懒得亲笔写信：活脱一个真正的好色之徒和骄奢淫逸的风雅之士，把一切粗活都推给了别人，他只是伸出他那纤细的、戴满戒指的手漫不经心地摘取果实。他以他的直觉便能应付裕如，不管是多么扑朔迷离的情势，他的直觉都能闪电一般迅速地深入事态的本质。他是天生而久经历练的心理学家，照拿破仑的说法，他能轻而易举地洞察别人的思想，能使每个人发现自己内心向往的到底是什么。大胆偏离常规、迅速领悟，在危险关头灵活的转变——这些都是他的拿手好戏；对于细枝末节，对于细致的、汗臭味的工作，他则鄙夷不屑地嗤之以鼻。他这样对极端精简的偏好，对智力游戏最凝练的形式的偏好，生发了制造俏皮话和警句的能力。他从来不写冗长的报告，用一个精心推敲的字眼便说明了某种情势或某个人的特点。富歇则恰恰相反，完全没有这种迅速领悟的本事。像勤勤恳恳、兢兢业业的蜜蜂，他将几十万件观察材料收集到不计其数的小格格里，然后累积综合，得出可靠的、推翻不了的结论。他的办法是分析，塔列朗是见微知著；他的长处是勤奋，塔列朗是脑子快。历史创造了如此惊人的对立面，是任何一位艺术家望尘莫及的。历史创造了这两个人——一个是懒惰而才华横溢的即兴表演家塔列朗，一个是千耳千目、警觉的、计算器般的富歇，把他们安排在拿破仑的身旁，而拿破仑的完美的天才则兼有两人之长：开阔的眼界和细致的分析，激情和勤奋，知识和洞察力。

　　但，同一种类的不同变种之间互相仇恨，其激烈狠毒，莫此为甚。所以，塔列朗和富歇彼此间的嫌恶起因于他们彼此间本能的、深刻的了解。从第一天起，大贵人就讨厌这个勤快而好小题大做的能吏，炮制小报告的笔杆子，流言蜚语的集大成者，冷酷的暗探。而富歇，眼见塔列朗的轻率和奢靡、令人齿冷的贵族派头及女人般慵懒的大大咧咧，不由得愤愤不平。他们彼此的评语都极为恶毒。塔列朗微笑着说："富歇所以对人类如此蔑视，是因为对自己看得太透了。"至于富歇，听到塔列朗升了副首相，开了一句玩笑："Il ne lui manquait que ce vice-là." ❶他们只要有可能，便千方百计地叫对方不痛快，一旦有机会使坏，决不轻易放过。这两个人，一个伶俐，一个勤快，互补短长，相得益彰，是拿破仑恰当的大臣；而他们之间疯狂的仇恨也可为他所用，因为他们彼此监视，胜过一百个虎视眈眈的密探。塔列朗每有受贿、腐化、疏失等情事，富歇立刻起劲地报告拿破仑；而富歇每有勾当和阴谋，塔列朗也赶紧密奏。这奇怪的一对在拿破仑左右，既侍奉他，保卫他，同时又窥伺他。作为优秀的心理学家，拿破仑出色地利用了这两位大臣的钩心斗角，煽风点火，同时又予以遏制。

富歇和塔列朗之间顽梗的敌视，好几年内逗得全巴黎十分开心。巴黎人注视着这出喜剧以无穷无尽不同的版本在金銮殿上演出，仿佛是观看莫里哀喜剧中的场景，欣赏着这两个人互相嘲弄，互相用刻薄话阴损对方，而他们的主公以天神般的威仪对这些有利于他的吵嘴听得津津有味。正当大家等着他们来一出猫狗打架的闹剧，这两位高明的演员却突然改变角色，合作演出正剧。他们俩共同对主人的愤怒，第一次压倒了他们的争衡。时逢1808年，拿破仑再次揭开战幕，这是他历次战争中最无谓最无利可图的一场战争——征讨西班牙之役。他在1805年战胜了奥地利和俄国，在1807年打垮了普鲁士；他征服了德意志和意大利各国，而同西班牙开衅却毫无口实。但，他那愚鲁的哥哥约瑟夫（几年后拿破仑自己也承

------

❶ "他独缺这个毛病"（法语）。系文字游戏：vice有"副"和"毛病"的意思。

认他是"为了傻瓜做了自我牺牲")也想弄一顶王冠戴戴，既然所有王冠都已有归属，只好决意破坏国际法，干脆把西班牙王室的夺过来。军鼓再度敲响，部队重新开赴前线，好容易聚敛起来的金钱再度从国库源源流出，拿破仑再一次陶醉于他那危险的对胜利的激情。这一发不可收拾的战争热，连最最迟钝的人都渐渐觉得过于疯狂。富歇和塔列朗都不赞成这场毫无道理的、将使法国再流七年血的战争，而因为皇帝对这两个人的意见都不采纳，他们不知不觉地接近起来了。他们知道皇帝把他们的信、他们的奏章揉成一团，气呼呼地扔到角落里；他们早就抵制不了将军、元帅、军人集团，更无法同科西嘉家族抗衡（这家族的成员个个都想用衮服来掩饰他们微贱的出身）。他们想公开抗议，却没有机会在大庭广众之间讲话，于是设计了一出政治哑剧，名副其实地演了一场戏：示威似的成了盟友。

　　谁是这出好戏的导演，是塔列朗还是富歇，我们不得而知。事情的经过如下：当拿破仑在西班牙打仗的时候，巴黎笙歌不辍，一片歌舞升平的景象。人们对连年的战争已经习以为常，像冬天的雪和夏天的雷雨一样无足为奇。1808年12月的一个晚上（其时拿破仑正在巴利亚多利德一处肮脏的民房里草拟下达全军的命令），圣弗洛伦腾街的塔列朗首相府邸灯火辉煌，乐声大作。头面人物、塔列朗那么喜欢的漂亮女人、公卿和外国使节欢聚一堂。众宾客聊天跳舞，寻欢作乐。蓦地，处处响起了嗡嗡的声音，人们交头接耳，跳舞停了下来，惊奇的客人三三五五地围成了堆：原来是进来了一个谁也没有料到的人——富歇；大家知道塔列朗极端蔑视憎恨这个精瘦的卡修斯❶，他的脚从来没有踏进过塔列朗家的门。可是，真是奇迹呀！——首相兼外交大臣一瘸一拐然而温文尔雅地走去迎接警务大臣，把他作为贵宾和朋友来欢迎，亲切地挽起他的胳膊。在众目睽睽之下，塔列朗公然对富歇殷勤备至，陪他穿过整个大厅进了隔壁的房间，在安乐椅上就座，低声谈了起来，引得所有参加舞会的人万般好奇。次日早晨，全巴黎都已经知道了这耸人听闻的大新闻。人们到处在议论他们两人突如其来的、蓄意张扬的和解，而且人人都明白他们的用意。猫和狗突然你恩我爱，那肯定是冲着厨子来的；富歇和塔列朗之间的友谊表示大臣们公然不赞成主人拿破仑的政策。全体密探急急忙忙地动了起来——得搞清楚他们的勾结到底意味着什么。各国使馆都在奋笔疾书，撰写紧急报告；梅特涅通过急递快邮向维也纳禀报："他们的结盟符合一个极度疲惫的民族的意愿。"皇帝的兄弟姊妹立即告警，派出急使把这叫人难以相信的消息送往皇帝行在。

　　信使急旋风般地把消息送到了西班牙，而拿破仑以更快的速度拼命赶回巴黎，仿佛后面有人用鞭子赶他。皇帝收到信后，退入他的房间，哪个心腹都没有召见。把嘴唇都咬出了血，他立刻下令回銮：塔列朗和富歇的交好，比一次战事的失利对他的刺激更为强烈。回国十分神速：17日他从巴利亚多利德启程，18日到布尔戈斯，19日抵达巴约纳；哪儿都没有停留，只是匆匆忙忙地换下疲竭的马。22日，他一阵风似的进了杜伊勒黎宫；23日，他用戏剧性的场面回报了塔列朗那出巧妙的喜剧。一大群绣金铺银的内廷官

---

❶　古罗马将军，与勃鲁托斯合作反恺撒。

员、各部大臣和众将领都作为群众演员出场：得彰明较著地叫大家看看，稍有违抗皇帝意旨，便会遭到皇帝毁灭性的镇压。头天晚上，拿破仑召见富歇，当面把他骂个狗血喷头，他对这样的淋浴早已习惯，不动声色地听了下去，陈说了一些巧妙而迎合皇帝心意的理由，恰到好处地奉承几句。皇帝思忖，这个奴颜婢膝的人，顺便给他一家伙就行了，至于塔列朗，正因为公认他更强有力更炙手可热，得在大庭广众之间惩罚他。这场戏被许多人描述过，确实是历史上最富于戏剧性的场景之一。一开始，皇帝笼统地批评某些人在他出征期间奸恶的表现；随后，看到塔列朗漫不经心地呆立在大理石壁炉旁边，一手扶着炉架，一副无动于衷的样子，不由得心头火起，干脆冲着塔列朗说了起来。皇帝原来想当着满朝文武给他一个喜剧式的教训，预先设计得好好的，而今突然真的大发雷霆，叱喝这个年岁比他大、比他有经验的人，极其粗暴地把他大骂一顿，拿破仑骂他是贼，是违背誓言的小人，变节者，为了钱能出卖亲爹的叛徒，指责他谋害了当甘公爵，挑起了西班牙战争。拿破仑谩骂彼里戈尔公爵、革命老前辈、法国首屈一指的外交家，言辞的恣肆超过任何一个洗衣妇当着全院子人谩骂她的女邻居。

在场的人目瞪口呆，人人都很不自在，都觉得皇帝的态度很不得体。只有对辱骂无所谓、满不在乎的塔列朗（据说有一次，在别人诵读一篇攻击他的杂文时，他居然睡着了）原地站着，并不以为这谩骂是种侮辱，仍然是神情倨傲，面不改色。风暴停止后，他默默地、一瘸一拐地走过光滑的细木地板来到门厅；当侍仆给他披上斗篷的时候，他神色不动地说了一句比拳头猛击更厉害的刻薄话——"真遗憾，那么伟大的人，教养却是那么差劲。"

当天晚上，塔列朗被褫夺了侍从长的官衔。一切不怀好意的人好奇地翻阅后来几天的《Moniteur》，想在政府通告栏内找到富歇卸职的消息，但他们想错了：富歇继续留任。他照老规矩，进攻时躲在更强有力者的背后，让那个人当他的避雷针。大家想起：他的里昂屠杀事件的合伙人科洛被流放到疟疾猖獗的海岛，而富歇却安然无事；他的反督政府同谋巴贝夫被枪毙，而富歇却安然无事；他的恩人巴拉斯被迫出国，而富歇却安然无事。这一次，也只是站在前面的塔列朗倒台，而富歇依旧安然无事。政府、国体、舆论、人物——一切都会改变，一切都会破灭，一切都会消失在世纪更替的疯狂的旋涡之中，唯独一个人听凭政体和政治情绪变幻无定，兀自岿然不动。此人就是约瑟夫·富歇。

富歇得以留任。不但如此，因为拿破仑驾前最聪明、最机智而最具独立人格的谋臣塔列朗罢职而代之以一个只知唯唯诺诺的官僚，富歇的影响反而有所加强。更重要的是，除了竞争的对手塔列朗，叫人厌烦的主子也得离开一段时间。拿破仑每年要发动一场新的战争，1809年也不例外，这次是同奥地利打仗。每当拿破仑离开巴黎不问国事，富歇心情最为舒畅。拿破仑离得越远，富歇越称心，时间越长越痛快——到奥地利、西班牙、波兰都不坏；最好是他再去一趟埃及。他发出的光太强烈，使他周围的人黯然失色；他的创造性活动型的个性超群绝伦，远过于众人，以其威严的优势摧毁了每个人的意志。如果他在几百英里之外指挥作战，制订讨伐计划，富歇就可以偶尔也来演演主宰命运的角色，而不仅仅是这残酷而有力的手中的木偶。

富歇终于初次有了这样的机会。1809年，拿破仑流年不利。尽管表面上成就辉煌，拿破仑的军事地位却是空前的岌岌可危。在战败的普鲁士，在异心未去的整个德国，孤零零的法国驻军几乎是坐以待毙，几万法国人看管着的几十万德国人只待信号一发便将拿起武器。一旦奥地利再来一次阿斯珀恩之捷那样的胜利，从罗讷河到易北河，整个民族将揭竿而起。意大利的情况也不妙：因为粗暴地侮辱了教皇，得罪了全意大利，一如凌虐普鲁士便是凌虐全德国。再说，法国本身已经疲惫。帝国军队分布在整个欧洲，从埃布罗直至维斯瓦❶，再给它一次打击，兴许会打垮这个摇摇欲坠的钢铁巨人。同拿破仑势不两立的冤家对头英国已经在筹划这样的打击。皇帝的军队一部在阿斯珀恩，一部在罗马城下，一部在里斯本附近；英国人企图趁着以上各部首尾不能相顾，直捣法国的心脏，首先占领敦刻尔克，攻克安特卫普，在比利时发动起义。他们指望拿破仑和他麾下能征惯战的精锐部队、元帅们和众多的大炮不及回师，法国门户洞开，由他们长驱直入。

但，法国有富歇在。富歇在国民公会时代的1793年学会了在两星期征发一万士兵。1793年以来，他的精力并未衰退，只是被迫在暗处活动，消耗在鸡零狗碎的阴谋诡计上。富歇热火朝天地干了起来，想让全国全世界看看，他不单纯是拿破仑手中的木偶，必要时，举措能像皇帝本人一样的果断而一往直前。终于有了绝妙的机

---

❶ 埃布罗河在西班牙，维斯瓦河在波兰。

会——简直是天赐良机！——一举证明并不是全部精神力量和军事力量都集中在一个人的手里。他以咄咄逼人的勇气，在他的告示中强调指出拿破仑并不是那么缺少不得。"我们将向欧洲证明，虽然拿破仑的天才给法兰西增添了光辉，但，驱逐敌人决不是非他亲临不可。"他在致各地市长的通告中如是说，并且用行动证实了这大胆而庄严的言辞。8月31日获悉英军在瓦尔赫伦岛登陆，他立刻以警务大臣兼内政大臣（他暂摄此职）的身份，要求征集自从革命时期以来在乡间优哉游哉，成了裁缝、铜匠、鞋匠和庄稼汉的国民警卫军。别的大臣吓坏了。怎么，未经皇帝的准许，擅自采取这样逾分的措施？陆军大臣更是极力反对。他愤愤不平：一个没有任何资格过问的文职人员居然侵入他的神圣的领域。他力主先得派人去申布伦宫❶请旨批准动员；要把全国搞乱，总得先等等皇帝的圣旨吧。可是，信使连去带回，骑驿马得驰行十四天，才能赍来皇帝的批复；而富歇并不担心在国内引起骚乱。拿破仑不就是这样干的吗？！富歇在内心深处，正是想激起骚乱和公愤，所以才自作主张地措置一切。敲着军鼓，以皇帝的名义，号召面临入侵的各省居民立即起来捍卫祖国，以皇帝的名义，然而皇帝对这些事却毫不知情。另外一件事办得也很狂妄。富歇任命贝尔纳多特为临时组建的北方集团军的总司令，而贝尔纳多特虽然与拿破仑的兄弟是连襟，却在众将领中最为拿破仑所憎恨，当初曾获罪遭遭，流放在外。富歇存心同皇帝、各部大臣及贝尔纳多特的一切敌人作对，把他从流放地召还。他不管他的

---

❶ 在维也纳。

种种措施是否会得到皇帝的赞同，只是力争成功，以便在众人面前证明自己的正确。

在紧要关头这样的敢作敢为，富歇确实显露了真正的伟大。这个神经质的、勤奋的人，对丰功伟业心向往之，却始终只有小打小闹的份儿，不啻是牛鼎烹鸡。剩余的精力自然要寻找出路，只好空耗在恶毒的、多半毫无意义的阴谋上。但这个人一旦遇到真正具有世界历史意义而又同他的才具相当的任务，比如当年在里昂，拿破仑垮台后在巴黎，他总能胜任愉快。几天后，拿破仑在信中曾说成固若金汤的弗利辛恩，为富歇所料中，沦陷于英军之手。但富歇自作主张组建的集团军在此期间得以在安特卫普设防。结果，英军的来侵以失败告终，损失至巨。自从拿破仑当政以来，他的大臣中第一次有人独立行动，高举战旗，扬起风帆，决定自己的航线；而正是这种独立行动的应变措施，在危急存亡的关头拯救了法国。从此，富歇晋升了官秩，而在自己的眼里形象也更为高大了。

此时，申布伦收到首相和陆军大臣的奏章，指责富歇，怨声不绝，非议这位文职大臣的狂妄。他征集国民警卫军，宣布全国进入战时状态。大家都希望拿破仑惩罚富歇的越权行为，把他免职。然而，叫大家十分惊异，皇帝还没有得悉富歇的措置取得辉煌的成果，便力排众议，赞成他那神速而坚决的举动。首相受到申斥："我很难过：在这种特殊情况下，你竟然如此吝于使用你的主权；你本来应该在接获警报后立即征集两万、四万、五万国民警卫军。"皇帝致陆军大臣的信中有这样一句话，原文照录："我认为只有富歇先生已尽力而为，只有他明白可耻的无所作为的危险性。"于此可见，富歇使他那些无能的、谨慎而怯懦的同僚出丑露乖，同时得到皇帝本人的支持。尽管塔列朗和首相耍手腕玩花招，富歇终于在法国领袖群伦。唯独他表现特别出色，证明他不但能够服从，而且还能发号施令。

不久，又有一次机会可以证实富歇在危险关头是善于行动的。把最艰巨的任务交给他吧，他大胆机变，精力充沛，准能完成；把最复杂的问题交给他吧，他准能解决。但，不管他起手是多么了不起，相关的另一门艺术却同他无缘，那是最高级的政治艺术：及时退却的本事。他一旦插手什么事情，便再也拔不出来。他刚刚解决哪个复杂的问题，可怕的对赌博的激情促使他又故意把事情弄得十分的错综复杂。这遭也是如此。靠他的行动迅速、紧急征集部队和反击的本事，凶险的侧翼进攻终于击退。英军兵员弹药损失惨重，威信受创更巨，部队重新登上舰艇，起锚回国。如今可以放心地宣布解除警报了，感谢国民警卫军官兵的用命，给一些人颁发荣誉军团勋章，以资奖励，然后把他们遣散回家。但，虚荣心已经被激发。扮演皇帝的角色，把三个省发动起来，发布命令，起草文告，发表演说，吓唬胆小的同僚，——这有多美！这些都该结束了吗？正当他飘飘然于他那充沛的力量，并且感受到他的力量每日每时都在增长——正当这个时候，一切都将告终了吗？不行，富歇不干！宁愿继续玩攻守的游戏，哪怕为此必须虚构一个敌人。但求能够继续敲响军鼓，惊醒民众，散布恐慌，引起激烈的行动。于是他发布一项命令，说是预料英军将在马赛登陆，所以再一次实施动员。虽然内地或沿海都没有发现一名敌兵，皮埃蒙特全省、普罗旺斯甚至巴黎，却都下令征集国民警卫军，叫人们十分诧异。其缘由无非是富歇作为一个行动型的人，对组织动员的激情蓄积已久，长期以来强自抑制，憋足了劲，现在由于皇帝出征，终于有了大显身手的机会。

但这些军队去打谁呢？——全国军民越来越纳闷，暗自问。英军并未露面。渐渐地，连富歇同僚中最无恶意的人也不禁起了疑心：这个捉摸不透的家伙这般疯狂地进行动员到底是为了什么？他们不明白，富歇无非是爆发了秘密的狂热的激情，越干越忘乎所以。他们在周围看不到敌军的刺刀，看不到敌人，而召集的民团日见其多，因此不由自主地怀疑富歇另有深谋远虑，有的人以为他在准备起事，另外有些人以为他想恢复昔日的共和国，等待皇帝再吃一次阿斯珀恩那样的败仗，或者再出一个弗里德里希·施塔普斯❶，谋刺得逞。于是乎，申布伦大本营里奏章雪片而至，报告富歇不是发了疯便是有所图谋。这一回，拿破仑纵无恶意，也不免困惑莫解。他看到富歇一味蛮干，觉得需要制止。圣旨陡然变了腔调。皇帝斥责富歇，把他说成是"同风车作战的堂吉诃德"；拿破仑恢复过去那种严厉的语气，说："凡我收悉的消息，均提及皮埃蒙特、朗格多克、普罗旺斯、多菲等地征集国民警卫军。纯属多余，且未奉我的命令，所为何来？"这一来，富歇只好强压怒火，停止扮演主人的角色，离开内政部，仍然只当他的警务大臣，侍奉他那位荣归法国（可惜回来得太早）的主公。

---

❶ 1809年10月，拿破仑在申布伦遇刺，凶手名施塔普斯，是图林根人。

你还是继续当你那

肮脏污秽的扫帚吧！

　　不管怎么说，富歇虽然做得过了头，但是在危急存亡的关头，在人人惊慌失措的当口，毕竟唯有他为了拯救祖国及时而明智地采取了行动。拿破仑不能不赐给他以许多人都得到了的荣宠。刻下，在大量鲜血灌溉的法国土地上，形成了一个新的贵族阶级，所有的将领、大臣和亲信都得到了爵位；这次该轮到富歇，轮到这个贵族阶级的老对头加入贵族阶级了。

　　早些时候他已经不声不响地受封为伯爵。但这老雅各宾党人在爵秩阶梯登攀得更高了。1809年8月15日，在奥地利皇帝陛下的皇宫、申布伦宫的大殿，那个科西嘉籍的前中尉在一张羊皮纸上签名盖章，前共产主义者和逃亡的修道院教师约瑟夫·富歇从此——请注意！——叫作奥特朗托公爵。他虽然没有在奥特朗托城下打过仗，压根儿没有见过这座意大利南部城市，但这样响亮的外国贵族名字特别适宜于给前超级革命者装点门面。如果这头衔念得不走样，倒是能叫人忘记这位公爵其实就是里昂屠夫，"人人都吃一样的面包"和抄家籍没财产时代的老富歇。为了让他觉得自己是货真价实的骑士，还赐给他公爵的爵徽：崭崭新、铮铮亮的纹章。

　　只是有一点叫人纳罕：这纹章是拿破仑故意塞给富歇，挖苦地暗示他性格的特点呢，还是纹章局官员的心理玩笑？奥特朗托公爵的纹章中央是一根金柱——对于这位热烈的拜金者倒是个贴切的象征。金柱上盘绕着一条蛇，委婉地说明这位新公爵的权术机变。看

起来，拿破仑手下的纹章局官员十分聪明——对于约瑟夫·富歇，

很难设计出比这更为相宜的纹章了。

第六章　反对皇帝的斗争

1810年

伟大的榜样能影响整整一代人，或使人沉沦，或使人崇高。历来如此。每当出现一个像拿破仑·波拿巴那样的人，他周围的人都面临着抉择：或是甘拜下风，卑躬屈膝，拜倒于他的伟大，或是仿效他的榜样，把自己的力量发挥得淋漓尽致。他的左右必然成为他的奴隶或他的竞争对手，如此杰出的个性决不容忍模棱两可。

拿破仑使许多人失去了平衡，富歇也是其中之一。贪得无厌，穷凶极恶地不断要求升腾。拿破仑以这危险的榜样毒害了富歇的心灵。富歇同他的主公一样，不断渴求扩大他的权力范围，他也做不到太太平平、恬然自得地过日子。拿破仑自申布伦凯旋归来，重掌政柄，富歇怅然若失。那几个月多带劲：他可以自行裁夺，发号施令——征集军队，发布文告，不管那些犹豫迟疑的同僚，做出大

胆的决定，控驭全国，在世界命运大赌台上决一胜负！而如今，约
瑟夫·富歇只得回过头来当他的警务大臣，监视心怀不满的家伙和
在报纸上胡说八道的歹徒，根据间谍的秘密汇报撰写枯燥的每日公
报，侦查鸡毛蒜皮的小事情，例如查明塔列朗同哪个女人私通，昨
天交易所里公债行情下跌是谁干的好事。不行，自从富歇接触到世
界性事变，处理过军国重事以后，他那不安生的、追求刺激的心智
觉得什么都不值一提，无非是白白糟蹋纸张。谁一旦大赌过一场，
便不能满足于小打小闹。得叫人瞧瞧，即使与拿破仑并世也能建功
立业——这样的念头老是叫他不得安宁。

　　但，拿破仑已经攀登到了顶峰，战胜了俄国、德国、奥地利、
西班牙和意大利，娶了欧洲最古老的皇朝的公主，推翻了教皇和
千百年来不可动摇的罗马势力，立足于巴黎建立了一个欧洲的世界
性帝国，在这样的人旁边，又能有什么作为呢？野心勃勃的富歇神
经质地、狂热地、醋劲十足地左顾右盼，一心寻找适当的任务：
世界霸权大厦确实还没有落成，还差一个雉堞——顶上面的一个雉
堞，那便是同英国媾和。约瑟夫·富歇想撇开拿破仑，违背拿破仑
的意愿，独立完成这最后一项全欧性的功业。

　　1809年的英国，一如1795年，是法国最凶恶的敌人，最危险的
对头，在阿卡❶城下，在里斯本的工事前，在世界各地，拿破仑的意
志都遇到了盎格鲁撒克逊人的镇静自若、深思熟虑、有条有理的力
量；当拿破仑征服欧洲全部陆地的时候，英国人攫取了世界的另一

---

❶　在摩洛哥。

半——海洋。他们无法彼此理解；二十年来，他们不时鼓起劲，极力想消灭对方。双方在这场无谓的斗争中都是损失惨重，并且都有些厌倦情绪，虽然自己并不承认。法国、安特卫普和汉堡，自从英国人开始扼死他们的贸易以后，银行已停止付款；而在英国的泰晤士河，蚁集了众多商船，满载着卖不出去的商品，——英法两国的物品都一天天跌价，两国的商人、银行家和聪明的实业家都怂恿本国政府同对方和解，怯生生地企图开始初步谈判。然而拿破仑非得让他愚鲁的哥哥约瑟夫和他的妹妹卡罗琳娜分别保住西班牙和那不勒斯的王位，觉得这比贸易更要紧。他阻止了好不容易开始的英荷和谈，他的铁拳强迫各盟邦禁止英国的商船进入它们的海港，把英国商品扔到海里；几次写信给俄国威胁恫吓，要求它参加大陆封锁。激情再度战胜了理智。如果要求和平的人在最后关头勇气不足，不能迅速而坚决行动，战争有拖延下去的危险。

那场夭折了的英荷谈判，富歇也是参与其事的。他为皇帝和荷兰国王觅了一个中间人——一位法国金融家，而这位法国金融家求助于一个荷兰人，这个荷兰人又找到一个英国中间人。通过这样的屡试不爽的金桥，政府之间秘密地试图达成和解（每次战争期间以及任何时代莫不如此）。但皇帝突然命令停止谈判。富歇很不满。为什么不继续谈判？拖延蘑菇，讨价还价，午愿承诺，欺骗瞒哄——那都是他的拿手戏。富歇制订了一个大胆的计划。他决定继续进行谈判，由他本人承担风险，却装着是在执行皇帝的指示，让他的代理人和英国外交部都深信他们斡旋和平是得到皇帝关怀的，其实只是奥特朗托公爵一个人在那里撮弄。这是不顾死活的蛮干，大胆放肆地乱打皇帝的旗号，滥用自己的职权，史无前例的恣意妄为。但天生的、无可救药的阴谋家富歇一贯酷好这一类的秘密，酷好这种暧昧而错综复杂的游戏（他在这样的游戏中不是愚弄一个人，而是愚弄三四个人）。仿佛小学生在老师背后吐舌头，他在皇帝的背后装神弄鬼；也活像一个大胆的孩子，仅仅是为了大胆和欺骗带来的乐趣，甘冒受斥遭谴的危险。他过去曾几百次拿政治私通来解闷，然而，违背皇帝的意旨却打着他的旗号去同英国外交部谈判法英媾和，这样放肆、任性、危险的事情可还从来没有干过。

这件事构思绝妙。富歇为了实现他的想法，借重一位暧昧的生意人——几次险些锒铛入狱的银行家乌弗拉尔。这个暧昧的人物声名狼藉，拿破仑很看不起他，而在交易所里同他合作的富歇却不以为意，对这个人很相信，因为过去曾屡次搭救过他，并且牢牢地控制着他。富歇派乌弗拉尔去见炙手可热的荷兰银行家德·拉布舍，而德·拉布舍又去找他的岳父——伦敦的银行家伯林。伯林为乌弗拉尔及英国内阁牵线撮合。荒唐的游戏就此开始。乌弗拉尔自然以为富歇是奉旨办事，于是正式向荷兰政府提出建议。而英国人也因此而认为有了充分的根据，可以对谈判采取严肃认真的态度。英国以为是在同拿破仑谈判，其实是在同富歇打交道。至于富歇，不消说，得小心翼翼地把磋商过程瞒过皇帝。他想把困难一个个排除，让事情水到渠成，然后像 Deus ex machina❶，突然站到皇帝和法国人民面前，得意地说："瞧，这不同英国媾和了！你们所追求的事

---

❶　从机关里跳出来的神（拉丁文）。

情，哪个外交家都没有办成，我奥特朗托公爵却办成了！"

多扫兴！一件愚蠢的、偶然的小事打断了绝妙的、叫人兴奋激动的这局棋。拿破仑偕同他年轻的妻子玛丽·路易丝到荷兰探访他的弟弟——荷兰国王路易，受到盛大的欢迎，暂时忘却了政治。路易国王同众人一样，并不怀疑秘密谈判是皇帝批准进行的。一次他偶然问到谈判是否顺利。拿破仑警觉了。他立刻想起在安特卫普见到过那个可恶的乌弗拉尔。怎么回事？英荷接触意味着什么？拿破仑没有流露出他的惊异，只是顺口说了一句：让他弟弟在方便的时候把那位荷兰银行家的来往信件给他看看。路易当即满足了皇帝的要求。拿破仑从荷兰回巴黎的途中，抽暇披览一过。果不其然，他对这谈判一无所知。皇帝赫然震怒，马上猜到这是奥特朗托公爵的"偷猎"把戏，猜到富歇再一次潜入别人的地盘打猎。拿破仑把这个滑头的诡诈的手法还施其人，心里猜忌，表面上却不露声色，礼貌周全，以免引起这机灵的对手怀疑，溜之乎也。他只是原原本本告诉了他的宪兵司令罗维戈公爵萨瓦里，命令他迅速而鬼不知神不觉地逮捕银行家乌弗拉尔，拿到他的文档。

6月2日，下旨以后三个小时，拿破仑把他的大臣们召到圣克卢。他粗暴而开门见山地质问奥特朗托公爵，他知不知道乌弗拉尔的荷兰之行，是不是他把乌弗拉尔派往阿姆斯特丹的。富歇很惊奇，但还没有想到他已落入圈套。他的态度一如既往，过去，每逢他有什么事情被人揭发，例如当初革命时期的肖梅特案以及督政府时期的巴贝夫案，他都极力滑过去，老实不客气地牺牲他的同党。唉，他解释道，乌弗拉尔这个胡搅蛮缠的家伙到处乱插手，不过这件事压根儿不是当真的，无非是寻寻开心，幼稚无知。但拿破仑为人精明峭刻，不好对付。"不，这不是什么无足轻重的花样，"他回答说，"这是闻所未闻的越权行为——背着自己的君主同敌人谈判，谈判的条款君主一无所知，将来也未必能答应。这是渎职，即使最宽厚的政府也是不能容忍的。乌弗拉尔必须立即逮捕。"富歇很狼狈。逮捕乌弗拉尔，这还了得！他会统统招出来的。富歇想尽理由，千方百计地劝阻皇帝采取这样的极端措施。但，皇帝知道私人卫队已经出动逮捕乌弗拉尔，只是冷笑着听那露出了狐狸尾巴的大臣说话。这场嚣张的把戏，到底是谁的主谋，他已是了然于心，从乌弗拉尔那里搜来的文档即将把富歇的花招彻底揭露。

凝聚已久的不信任的乌云终于迸发出雷电。第二天是星期日，拿破仑望罢弥撒（他几年前逮捕过教皇，如今成了一位天主教皇帝的女婿，再次信了神），上午举行招待会，邀了全体大臣和显贵。唯独奥特朗托公爵，虽然位列大臣，却未被邀。皇帝请谋臣们入席，立刻问他们："一个大臣滥用职权，背着君主同外国勾勾搭搭，根据他臆想的理由进行谈判，从而使本国的政策遭到威胁——你们对这样的大臣做何看法？对这样的渎职，我们的法典规定给以何种处罚？"皇帝提出这个严峻的问题之后，环顾全场，无疑是在等待他的股肱和心腹立即建议下旨贬谪或采取诸如此类叫人身败名裂的手段。然而，唉！大臣们猜到皇帝此箭的靶子是谁，尴尬地沉默着。他们内心是同情富歇争取达成法英媾和的，并且作为真正的仆人，遇到有人同专制君主放肆地开玩笑，心里总是高兴不过。塔列朗（已经不担任大臣之职，但因为是显贵，奉召来与闻此事）

暗自窃笑；他回忆起他自己两年前的屈辱，如今拿破仑和富歇都碰到了棘手的问题，他觉得十分有趣——这两个人他也都不喜欢。宰相康巴塞雷斯打破了沉默，委婉地打了个圆场："这肯定是错误，理该严厉惩罚，除非他犯错误是因为履行职责过于热心，才能够原谅。""履行职责过于热心！"拿破仑愤怒地高声说道。康巴塞雷斯的答复令他大为不满。他不愿意别人为富歇开脱——他要好好教训教训富歇，惩罚他的擅专，以儆效尤。拿破仑气呼呼地把前前后后的经过说了一遍，要求在场的人提名，由谁来接替富歇的职务。

众大臣依然懒得插手这件麻烦事。他们惧怕富歇不亚于惧怕拿破仑。最后，塔列朗开腔了；他遇到尴尬的场面一贯爱说些俏皮的笑话，这回也是如此。他说："富歇先生肯定是犯了错误；但，如果我不得不找人接替他的话，我肯定还是找富歇自己来接替。"拿破仑对他的众大臣颇为气恼（虽然是他自己把他们变成哑巴奴隶的），宣布闭会，把宰相召进御书房。"其实没有必要找这些先生来商量。瞧他们出了些什么好主意！不过，希望你别以为我找他们来商议以前对这个问题一无主见。我已经选定了——由罗维戈公爵担任警务大臣。"皇帝根本不给罗维戈说话的机会，叫他无从表示他对此项令人厌恶的职务是否感兴趣，当天晚上便生硬地命令他："你是警务大臣，宣誓就职吧！"

富歇的卸职成了轰动一时的新闻，舆论一致同情他。革命中涌现的拿破仑，他的专制已臻于极致，叫法国习惯于自由的一代人大为苦闷；这两面派的大臣竟敢反抗他的专制，比什么都更得人心。企图同英国媾和，即便违反穷兵黩武的皇帝的意旨，为什么算是犯罪，该受到处分？——其中奥秘谁也不想去搞个明白。各党各派——保王党、共和派、雅各宾党，以及外国的使节，都把拿破仑最后一位具有自由思想的大臣被谪一事看成是和平主义的彰明较著的失败；甚至在拿破仑的寝宫里，他的第二位妻子玛丽·路易丝一如当日的约瑟芬，也替约瑟夫·富歇说话。她腼腆地说，这个人她的父亲奥地利皇帝提到过，认为是法国朝廷上唯一值得信赖的人，如今却被撤免了。皇帝的不满，恰恰提高了一个人在公众心目中的身价，还有什么能比这更清楚地表露了法国人的情绪！新任警务大臣罗维戈公爵萨瓦里这样描述富歇免职所引起的震惊："我以为，宣布发现鼠疫的消息也不会比我被委任为警务大臣引起更大的惊惧。"确实，这十年来，约瑟夫·富歇和皇帝同时站稳了脚跟。

不知通过什么途径，反正这些反应对拿破仑有影响，因为他撵走富歇后，急忙设法冲淡不愉快的印象。像上次1802年那一回一样，事后做了些掩饰，任命新职以掩人耳目。奥特朗托公爵被免去大臣职务，但作为补偿，获得国务顾问的荣衔，且被任命为帝国驻罗马大使。拿破仑把免职一事通知富歇的便函，再好不过地说明了皇帝的犹豫，混合着他的恐惧和愤怒、责备和感激、心情激愤和心平气和。皇帝写道："奥特朗托公爵先生，我珍视你对我的效劳，相信你对我尽心竭力。但我不能再让你留任大臣，否则有损我的尊严。警务大臣一职，要求充分的、完全的信任，而自从你在十分重大的事情上以我的安宁和国家的安宁做赌注之后，即无信任可言；此事即或你动机至为可嘉，我也无法谅解。你对警务大臣的职责自有你奇特的想法，同国家的福祉相悖，我纵然不怀疑你的忠诚，却不得不对你进行经常的、无聊的监督，叫我不胜其烦。监督之所以有必要，是由于你无视我的旨意和意图，擅自采取了不计其数的行动……我无法希望你改变你的行为方式，因为几年来我明显地流露出我的不满，你的行为却并无改变。你以存心清白为理由，不愿意明白良好的动机也可能为害甚烈。我对你的能力和忠诚有坚定的信心；我希望不久你便能有机会发挥你的能力而在为我效劳中证明你的忠诚。"这封信是一把秘密的钥匙，能说明拿破仑内心深处对富歇的感情，值得把这短小精悍的杰作再看一遍，领略一下每句句子中交织着的接受和拒绝、感激和恶感、恐惧和暗暗的尊敬。专制君主想要一个奴才，却碰到了一个具有独立人格的人，于是满腔愤恨。他一心摆脱他，但又怕他翻脸成仇。他对他恋恋不舍，但又因为摆脱了这样一个危险的家伙而满心喜悦。

但，随着拿破仑的自信的增长，他那位大臣的自信也膨胀到惊人的地步，而普遍的同情使约瑟夫·富歇更加死硬。不行，奥特朗托公爵再也不能让人家一脚踢开算数。让拿破仑欣赏欣赏他撵走富歇之后警务部成什么样子，让胆敢顶掉他的继任者感觉是进了马蜂窝，而不是坐上了大臣的交椅。他花了整整十年的工夫制造精巧的工具，可不是为了迟钝蠢笨的大胡子老头萨瓦里这样的玩权术的新手，不是为了让愚蠢而不学无术的家伙接手他的工作，霸占他多少个日夜辛勤劳动的心血。不行，他的卸职可不能像他们设想的那么便当。得让拿破仑和萨瓦里他们俩知道知道，约瑟夫·富歇不光会点头哈腰，还会咬人呢。

富歇决意在离去时给他们点颜色瞧瞧。他不想要勉勉强强撑门面的和睦，不愿意太太平平地投降。当然他也不会蠢得公开反抗——这不合他的脾性。他只想开个小小的玩笑，俏皮的、快活的玩笑，逗巴黎笑一阵，叫萨瓦里看看，奥特朗托公爵的森林里布置了出色的陷阱。我们不能忘记约瑟夫·富歇的奇异的、魔鬼般的性格特点。他每到愤怒已极，便渴望开个残酷的玩笑，他的勇气陡然增长，但不是变成无畏，而是化为怪诞变态的傲慢。谁侮辱了他，他决不饱以老拳，而总是开个恶毒的玩笑，把他的敌人愚弄一番。这时候，他口吐白沫，嘟嘟囔囔，在虚假的快乐的一瞬间，这个城府极深的人内心一切秘密的动机都冒了出来，深藏不露的炽热的激情和他天性的强悍都暴露无遗。

总之，得跟继任的大臣开个恶毒的玩笑。想出个玩笑并不难，特别是同这种天真的傻瓜打交道。奥特朗托公爵穿上朝服，装出万般殷勤亲切的样子，欢迎他的继任者到部就职。罗维戈公爵萨瓦里刚进门，富歇立刻对他说了一大堆客气话。他不仅祝贺萨瓦里荣任此职，同时还感谢萨瓦里使他得以卸下重担，从繁重而使他困惫不堪的工作中解脱出来。他言之谆谆，说他总算有了摆脱冗杂的工作而得到休息的机会，以此喜不自胜。因为，他说，管理这个部实是吃力不讨好，对于一个没有干惯的人尤为如此，罗维戈公爵很快便会体会到。不管怎么样，他表示能对罗维戈公爵有所帮助，以便警务部稍稍有些紊乱的事务（他的免职是突如其来的嘛）能够早日上轨道。他补了一句，这自然需要一些时日，但，如果罗维戈公爵同意的话，他富歇愿意趁奥特朗托公爵夫人迁往新居之际把这微不足道的工作担当起来，憨厚的罗维戈公爵萨瓦里没有察觉富歇的口蜜腹剑。这个人公认奸猾阴险，萨瓦里却觉得他极其亲切，为之欣喜不已，甚至谦恭地向奥特朗托公爵感谢他的鼎力襄赞。当然可以啰，富歇在部里想待多久都行；萨瓦里告辞的时候，感动地同这位最最正派却背了黑锅的人紧紧握手。

他的上当的继任者迈出了门，约瑟夫·富歇那会儿的脸色没有人看见更没有画下来，真是十分遗憾。他冷笑了：你这个大笨蛋，难道你以为我会把警务部的事务理出个头绪，有条有理地把卷宗归档，把十年来辛辛苦苦收集来的机密交到你的那双笨手里？我精心创造的机器，它的大大小小的齿轮悄悄地把全国各地送来的情报吸入加工，难道我会替你把这机器加油清洗？笨蛋，有你目瞪口呆的时候！

富歇立刻开始没命地工作。请了一位忠心耿耿的朋友帮忙；办公室的门关得严严实实，一切重要的机密文件都急忙从档案中抽出。凡是将来可能用得着的揭发性的和告密的文件，约瑟夫·富歇都另外放起来，以备他个人使用；其余统统无情地烧掉。住在圣日耳曼区的哪些显贵、哪些乏人、哪些内廷官员充当过间谍，何必让萨瓦里先生知道呢？不能便宜了他。于是把这些名单付之一炬！那些压根儿无足轻重的情报员和告密者、看门人和妓女，他们的名字就留着去吧，反正萨瓦里从他们嘴里打听不出什么重要东西来。档案闪电般地清理了一遍。载有国外保王党人和秘密通信员名字的重要名单不见了，一切都巧妙地弄得一团糟，登记门类打乱了，档案编号故意标错，密码重新编过，新任大臣部下最重要的工作人员吸收为间谍，以便暗暗把任何事情报告给前任的、真正的主人。富歇把庞大的机器上的螺丝一个个拔出来，拆下来，以便在那轻信的继任者手里，各个齿轮咬合不住，机器转动不灵。好比俄国人在拿破仑兵临城下的时候烧掉了神圣的城市莫斯科，不让拿破仑得到舒适的住处，富歇破坏了他平生最心爱的创造，还埋了钉子。壁炉烧了四天四夜，他的惊心动魄的工作继续了四天四夜。谁也没有想到国家机密已经移入费里埃堡的书柜，或者已经化为轻烟随风而去。

然后又是极其谦恭极其客气地在丝毫没有疑心的继任者面前点头哈腰：请坐！紧紧握手，微笑着接受继任者的感谢。按说奥特朗托公爵应该坐上特快马车赶往罗马履新，就任大使，但他还想在他的费里埃堡待几天。在那里，他暗暗急不可耐而喜滋滋地等待着上当受骗的继任者终于明白富歇的玩笑而勃然大怒。

这出小戏构思挺精彩，演技很细腻，而且大胆地演到了底，是不是？可惜约瑟夫·富歇在这快活的骗局中有个小小的疏忽。他想着他是在拿没有经验的暴发的公爵、初出茅庐的大臣寻开心，但他忘了他的继任者是那位容不得人家开玩笑的主子任命的。拿破仑本来就已经对富歇的所作所为很不信任。警务部交接迟缓，富歇迟迟不去罗马，他大为不满。此外，富歇的主要助手乌弗拉尔的活动经过调查后，查明了一件出人意表的事情：敢情富歇过去便曾托另一个中间人向英国内阁转交过文件。迄今为止，还没有任何人敢同拿破仑开玩笑。6月17日，费里埃堡收到了拿破仑的信，语气尖刻得像是用鞭子抽打：“奥特朗托公爵先生，你曾通过某个法冈先生提出建议，以便同韦尔斯利勋爵❶举行谈判，而此人又把英国的复信带交

----

❶ 当时的英国外交大臣。

给你。此项建议及答复我均不曾获悉，兹请你交我一阅是荷。"这一声狮子吼，能把死人惊醒。可是富歇不信拿破仑会同他过不去，且在兴头上，忘乎了所以，不急着复旨。此时杜伊勒黎宫火上又加了油。萨瓦里发现警务部许多材料不翼而飞，尴尬地报告了皇帝。第二封信和第三封信飞快送到，命令把"大臣的公文包"立即全部交出。指示把奥特朗托公爵非法据为己有的文件收回的命令，由内阁秘书当面交给富歇。玩笑到此结束，斗争从此开始。

玩笑确实已告结束：富歇该明白这一点了。但他好像中了邪，打算同拿破仑这个世界上最强有力的人较量一番。他对使者表示十分遗憾，说他没有皇帝所说的文件。他已全部焚毁。这种说法谁也不信，最不相信的是拿破仑。他再一次去信通知，严厉而坚决——皇帝的急性子是人所共知的。但，轻率变成了固执，固执变成了嚣张，嚣张变成了公然的挑衅。富歇重弹旧调，说他手边一份文件也没有；为了说明他所谓的焚毁皇帝部分文件的动机，他竟敢要赖。他歉然地说：皇帝当初对他至为信任，每逢御兄御弟有事引起陛下的不满，都由他提醒他们毋忘各自的职责。而拿破仑的兄弟人人都向他诉过苦，所以他认为他不应让这些信件留在世上。陛下的妹妹们也时时招致物议，皇帝本人责成他把详细情形上奏，要他探悉御妹们有哪些不谨慎的行为叫人议论。显而易见，昭然若揭，富歇是在暗示皇帝，他知道的事情很多，决不答应人家把他当成奴才看待。使者明白富歇是在威胁恫吓，这样嚣张的回答自然很难上达天听，不管用什么形式都很难。这当口，皇帝已经怒不可遏，震怒已极。马萨公爵只得力劝皇上息怒，为了了结这重公案，建议由他面见那位执拗的大臣，催他交出不翼而飞的文件。新任警务大臣罗维戈公爵也再度向富歇提出了要求。但富歇的答复是同样的谦恭而斩钉截铁：非常非常之遗憾，他谨慎过度，已经把文件全部焚毁。法国第一次有人公开反抗皇帝。

然而，富歇做过了头。拿破仑十年来对富歇没有看准，而富歇也小觑了拿破仑，以为他威胁着要把几桩秘密宣扬出去就能把拿破仑吓倒。这个人，俄国的亚历山大皇帝、奥地利皇帝和萨克森国王都有意把女儿嫁给他，德国和意大利的王公在他面前像小学生那样吓得发抖，而富歇竟敢当着全体大臣反抗他！这个干瘪枯瘦的木乃伊，这个渺小的阴谋家，公爵的袍服还没有穿破，居然就不愿意服从那个全欧的军队都招架不住的人了？不行，不能同拿破仑开这样的玩笑。拿破仑立即召见他的私人警察首脑迪布瓦，尽情发作，大发雷霆，戳穿这个可恶的、卑鄙的富歇。他迈着坚定而响亮的步子，愤怒地前前后后踱来踱去，突然喊了起来："他别痴心妄想！他卑鄙地背叛出卖了天主、国民公会和督政府，别以为对我也能玩这一手。我眼睛比巴拉斯尖，同我耍心眼不那么容易，我劝他小心点。我知道他手里有文件和我给他的指令，我坚决要他还给我。如果他拒绝，立刻把他交给十来名宪兵，押往监狱，我当着天主发誓，我得叫他瞧瞧，我是能够迅速采取措施收拾人的。"

空气里有了焦煳味儿。富歇的鼻子闻到了刺鼻的、叫人害怕的气味。当迪布瓦来到后，富歇不得不让他过去的部下查封前警务大臣奥特朗托公爵的文档——要不是小心谨慎的大臣事先把至关紧要的文件藏起，查封这一招确实很危险。富歇终于明白他这回是遇到了克星。他慌忙写了许多信，一封给皇帝，其余几封给几位大臣；信内埋怨皇帝不信任他这个最正派最诚实最坚定最忠心的大臣。其中一封信里有这样一句妙文，弥足珍贵："Il n'est pas dans mon caractère de changer"❶（是的，是的，白纸黑字，这几个字确实是变色龙富歇亲笔写的）。十五年前同罗伯斯庇尔发生冲突时，他希望赶紧和解以避祸，如今也是如此。他坐上马车去巴黎，想当面向皇帝解释清楚，或者不如说，当面向皇帝道歉。

但已经晚了。他寻开心，开玩笑历时太久，如今已不可能和解，不可能讲和，谁敢公开向拿破仑挑战，谁就得公开予以贬抑。富歇收到了一封信，极其严厉而尖刻，拿破仑以往大概从来没有给他的大臣们写过这样的信。信极短，像是短促而猛烈地踢一脚："奥特朗托公爵先生，我不再需要你的效劳。你必须在二十四小时内动身去你的领地。"一字不提驻罗马大使的任命；公开而粗暴的撤免，再加上流放。与此同时，警务大臣奉命监督富歇立即执行敕令。

气氛过于紧张，游戏过于大胆，结局来得突兀：富歇被打垮了。他像个梦游症患者，无所畏惧地在屋顶上乱跑，但猛喝一声把他惊醒，为自己疯狂的勇气吓得毛骨悚然，一跤跌到深渊里。这个人当日几乎被押上断头台而犹自神色不惊，头脑清醒；如今在拿破仑的打击下却可怜巴巴地缩成一团。

这一天——1810年7月3日，是约瑟夫·富歇的滑铁卢。神经吃不消了。他去见大臣要出国护照。他一路不停，逢驿换马，急若星

---

❶ 反复无常可不是我的脾气（法语）。

火地去了意大利。在意大利，他驱车乱跑，像热锅上的蚂蚁。他奉旨去领地，却没有照办，一会儿在帕尔马，一会儿到佛罗伦萨，一会儿去比萨，一会儿又在里窝那出现。他张皇失措已极。但求逃离拿破仑的势力范围，叫他的手够不着。甚至意大利他都觉得不够保险，还是在欧洲嘛，而整个欧洲都听命于这个可怕的人。于是，他在里窝那租了一条船，想去安全而自由的美洲，但风暴、晕船以及对英国巡洋舰的恐惧使他中途折回，又昏头昏脑地坐上马车，迂回曲折地在各港口之间、各城市之间奔驰，向拿破仑的妹妹们、王公们、朋友们哀求援手，或销声匿迹，或再度抛头露面；警方官员不时失去他的踪影，十分为难。总而言之，富歇活像个吓破了胆的疯子；这个没有神经的人，第一次可以做神经震荡极度严重的病例。拿破仑一举手一挥拳便把这个最大胆最冷静的仆人打倒在地，他打击对手以这次最为果决。

富歇继续没命地乱跑，忽而不见，忽而重新出现。几个星期过去了，谁都搞不明白（连他那杰出的传记作者马德仑都不知道，兴许连他自己也不清楚），他在那些日子想达到什么目的，想赶往哪里去。看来，只是在马车里他才感到安全，以为能逃脱他想象中的拿破仑的报复；其实拿破仑早就没有把他这桀骜不驯的仆人放在心上，没有当真要他的命。拿破仑只是坚持他的要求，要找回他的文件。这个目的他是达到了。当昏头昏脑的富歇发疯似的在意大利境内把驿马赶得精疲力竭的时候，他的妻子留在巴黎，行事要明智得多：她替他举手投降了。奥特朗托公爵夫人为了救她的丈夫，肯定把居心叵测地藏匿起来的文件暗中交给了拿破仑，因为富歇恫吓拿破仑时暗示的那些黑材料后来从未披露过。富歇保存的涉及拿破仑个人的文件，以及其他有损皇帝令名的文件，日后都不知去向。不知是拿破仑本人还是拿破仑三世，反正有人彻底销毁了那些同人们奉若神明的拿破仑形象不相符合的文件。

最后，皇帝终于恩准富歇回到他的艾克斯庄园。雷雨过去了，闪电只打击了神经，而放过了脑袋。9月25日，走投无路的富歇来到他的庄园，"面容苍白，疲惫不堪，精神恍惚，前言不照后语，说明他神经已经崩溃"。但他有充裕的时间可以让他的神经恢复正常，因为谁要是哪怕有那么一次反抗拿破仑，便会长时间地离开任何公共事务。这野心家得为他的恶毒的玩笑付出代价。浪潮再次把他打翻在地。约瑟夫·富歇丧失了地位和职务，历时三年。他的第三次放逐开始了。

第七章　被迫息影

1810年—1815年

　　约瑟夫·富歇的第三次放逐开始了。卸职的大臣奥特朗托公爵居住在美轮美奂的夏克斯堡，宛若封建诸侯。他年已五十二岁，备尝政治生涯的酸辣苦甜、寒暖炎凉，经历过命运的汹涌澎湃的涨潮和退潮。他身受过权势者的恩典，也体验过入另册者的绝望；他曾经穷得为吃饭发愁，刻下却家资巨万；他受人爱戴，也被人恨之入骨，他显赫过一时，也几度被放逐。如今，他阁下贵为公爵、元老院议员、大臣、国务顾问和百万豪富，不必听命于任何人，不妨随心所欲，终于可以在黄金的河滩上休息了。他安闲地坐着豪华的马车兜风，拜访当地的各家贵族；本省人士对他极其敬重，巴黎也有人偷偷向他表示同情。他再也不用折磨神经，同愚蠢的官吏和刚愎的君主打交道。看他那惬意的神色意态，奥特朗托公爵似乎充分体会到无官一身轻的闲适。但，从他的回忆录（大体上不大可信）中这样一段话（此话肯定可信）来看，他那恬然自得的样子显然是骗人的："我身上根深蒂固的、什么都想知道的习惯并没有改变，所以，虽很愉快却寂寞单调的放逐生活使我十分苦恼。"❶他自己承认，不是普罗旺斯的秀丽的景色，而是首都来的消息和报告，使他charme de sa retraite（在孤寂中得到乐趣）。"通过忠实的朋友和可靠的使者，我同巴黎保持着秘密的通信关系，定期得到各种互相补充印证的消息。总之，我在艾克斯有私人的情报网。"这个不安生的家伙为了自娱，如今干开了他在任内被禁止干的事情；即使再也不能亲身去各个部署衙门，他总想至少通过别人的眼睛从锁孔里偷看，通过别人的耳朵偷听各种各样会议的情形，主要是摸摸行情，看看到底有没有机会报效，重新跻到当代的赌台上去。

然而，奥特朗托公爵还得赋闲多时，因为拿破仑用不着他。拿破仑的权势如日方中，征服了欧洲，是奥地利皇帝的女婿，罗马王的父亲（他最热切的愿望实现了）。德意志和意大利各邦王公服服帖帖地在他面前阿谀奉承，感激涕零，因为他开恩保全了他们的大大小小的冠冕。他的最后一个也是唯一的敌人英国已经岌岌可危。这个人法力无边，以至可以微笑着谢绝富歇这样机灵而不大可靠的

---

❶ 我在本书中，绝未引用1824年出版的奥特朗托公爵回忆录，因为此回忆录系出自他人之手，虽然其中也有真实的材料。在任何事情上都要耍两面派的富歇对炮制此书出了多少力，此问题学术界至今尚未解决。亨利希·海涅的俏皮话目前还能适用。他谈到富歇的"著名的虚假"时说道："他的虚假太绝，甚至死后还出了一本虚假的回忆录。"——原注

家伙帮忙。他是世界上最强大的人，而富歇竟狂妄得昏了头，要同他较量，如今只好让公爵先生第一次有了闲暇，可以安安静静地把自己的行为思索一番。皇帝甚至都不恨他——连这样的荣幸都不给富歇。由于命运的垂青，拿破仑扶摇直上，眼里再也看不见一度在他皮袄里做窝、后来被他使劲抖掉的小小的、恶毒的虱子。他既没有看到这失宠者的死乞白赖，也没有注意到他的不存在——对于他，从此再也没有这个人了。富歇获准迁往离巴黎两小时车程的费里埃堡居住，此事再也清楚不过地叫这下台的大臣明白了自己的处境：拿破仑如今既不尊敬他也不怕他。不过，再近皇帝就不答应了。对于一个曾经胆敢反抗拿破仑的人，巴黎和杜伊勒黎宫是关着门的。

　　在这百无聊赖的两年内，约瑟夫·富歇只有一次奉召入宫。拿破仑准备打俄国，众人劝谏，于是叫富歇来，让他这回谈谈他自己的看法。如果相信富歇的话，他倒是力谏过，并且呈上他的回忆录里提及的那个条陈（只要不是他 post factum❶伪造的）；但拿破仑早就只有顺耳的话才听得进去，谁附和他的主张他才听，他只需要人家奴颜婢膝地证实他的高见。他觉得，那些劝他勿开战衅的人是在怀疑他的伟大。所以拿破仑冷冷地把富歇打发回他的城堡去优游林下，而皇帝则率领了六十万大军去建立他最大胆最疯狂的功业——浩浩荡荡地杀向莫斯科。

　　约瑟夫·富歇令人惊异的、变化无常的一生，有一种奇特的节

---

❶　事后（拉丁文）。

律性。每当他出山，他无往不利；每当他下台，便事事晦气。如今他失宠遭贬，住在远离城市的偏僻的城堡里，被迫游手好闲，等待事态的发展，苦闷而满腔怨恨，悲观失望，正需要精神上的支持、同情和温柔的安慰，他却失去了二十年来唯一始终热爱他，耐心地支持他，伴随他度过任何险阻的人——富歇失去了他的妻。第一次放逐时，住在顶楼里，他死了两个大孩子——他最喜欢的两个孩子；在第三次放逐中，他的终身伴侣离他而去。丧妻之痛，使表面上似乎没有感情的他五内俱裂。这个捉摸不透的人背叛过各党各派，背叛过各种理想，对他丑陋的妻子却忠贞不渝，令人感动；他是最体贴的丈夫和慈爱的父亲。他看起来是个枯坐办公室的干巴巴的官僚，在这假面具下，隐藏着一个神经质的阴谋家，狂热的政治赌徒；同样，他的个性看起来奸诈卑鄙，内心里却怯生生地、悄悄地隐藏着一个规规矩矩的布尔乔亚、法国内地小地方的好丈夫、一个只有在家庭的亲密气氛中才自在而放心的孤独者。这狡黠的权术家内心深处的善良和正经，被他怀着默默的爱全部奉献给了他的伴侣；而他的伴侣只是为了他才活着，从来没有参加过宫廷的庆典、宴会和招待会，从来没有参与过他的危险的赌博。在这里，在旁人无法涉足的私人生活避难所，隐藏着一种抗力，足以抵消富歇政治生涯中一切危险而动荡的烦扰。这支柱在他最最需要的时候摧折了。这冷酷无情的汉子第一次让人感到他确实是悲恸欲绝，第一次在他的书信中听到温情的、老老实实的、有人情味的音调。朋友们劝富歇再次谋营警务大臣之职：一个神经不大正常的家伙搞了一次滑稽可笑的政变，富歇的继任者罗维戈公爵居然束手就擒，成了全巴黎的笑柄。但富歇谢绝同政治活动发生一丝一毫的牵连："我对此种尘世的纷扰已经心如枯井。权势再也引不起我的兴趣。以我目前的状况，宁静不仅为我所希望，而且为我所必需。我觉得国务活动是一种乌七八糟、危险重重的营生。"这个聪明人第一次让人觉得他在痛苦的经历中真正学得聪明了。徒然地追求尊荣二十年之后，在垂暮之年，失去了这可怕的二十年来形影不离的伴侣，他深切地感到需要休息，需要内心的宁静。他对阴谋的激情似乎永远地熄灭了，这颗那么不安生、那么恣肆、那么贪婪的灵魂终于对权力彻底断念。

但命运弄人。正当素来不安生的富歇终于第一次也是唯一的一次盼望安静，谢绝出山的时候，他的对手拿破仑却偏偏强要他东山再起。

拿破仑召还富歇并不是出于爱宠、好感或信任，而是由于猜忌，由于对自己的力量突然丧失了信心。皇帝第一次吃了败仗回国。他不是率领着大军，骑在高头大马上，被招展的军旗簇拥着，经过凯旋门进入巴黎，而是在夜间，用大衣掩面，不叫人认出他，像个逃犯似的回来。他的精锐已冻死在俄国的冰天雪地，常胜不败的声名已经隳败，所有的朋友也离他而去。各国帝王昨日还在他面前俯首称臣，一看见战败的皇帝以令人痛心的匆遽逃窜，便想起了自己的尊严。全世界都拿起武器反抗严厉的霸主。俄国来了哥萨克，瑞典来了老对头贝尔纳多特；他至亲的岳父弗朗茨皇帝在波希米亚集结了部队，被奴役的普鲁士一心报仇，揭竿而起——当日无数次轻率的战争，像是毒龙的牙齿，像是可怕的种子播种在烧焦的、赤地千里的欧洲大地，结出了果实，这一年的秋天将在莱比锡城下的田野收割。独特的世界性权力十年来建造的大厦到处震动，摇摇欲坠。

波拿巴的兄弟们被人从意大利、威斯特法利亚、荷兰和西班牙驱逐出来。如今要求拿破仑背城借一。他以令人惊异的审慎和十倍的精力准备最后一次决战。在法国，凡是还能使唤得动武器或骑得了马的人征召一空；从意大利和西班牙，到处抽调了精锐部队。那被俄罗斯严冬的冰牙嚼烂了的，要靠他们去恢复原状。成千上万的人在工厂里夜以继日地锻冶马刀，铸造大炮，用秘密储藏的黄金熔制货币，从杜伊勒黎宫的秘密库房里取出了历年来的积蓄，各要塞准备应战，当军队迈着沉重的脚步从东西两面开赴莱比锡的时候，匆匆地把外交网撒遍四面八方。法国用铁丝网围了起来；这铁丝网不得有一个薄弱的、不牢靠的地方，不得有一个漏洞，各种可能性都得估计到，前线和后方都得有妥实的屏障，不能像远征俄国期间那样，让愚蠢或仇恨再度动摇甚或破坏了民众对拿破仑的信仰。一切值得怀疑的人都要撵走，一切可疑分子都得严密监视。

这次决战前，皇帝想考虑到每一个偶然因素，防患于未然。当下他想起了那个可能有危险的人——约瑟夫·富歇。看来拿破仑并没有忘记他，只是当时觉得自己有力量，没有去管他。但是现在，他没有信心了，希望消弭隐患，不能把任何一个潜在的敌人留在自己的后方，留在巴黎。拿破仑既然不把富歇归入他的朋友之列，就得把富歇撵出巴黎。

拿破仑没有明显的理由可以逮捕这个不安生的阴谋家，把他囚禁在某个城堡，以免被他的阴谋诡计所害。拿破仑不能这样做，但也不能让他自由。不如用什么职务把这个狂热的赌徒捆住手脚，任职地点尽可能离巴黎远一些。拿破仑在德累斯顿的大本营里，军国重事不知凡几，备战忙碌，还要替富歇找一个风风光光、能使他规规矩矩的职务，真算是挖空了心思。这样一个职务不太好找。但拿破仑急不可耐地要把这居心叵测的家伙弄出巴黎。如果无法替富歇找到一个合适的职务，那就得新设一个。于是富歇获得了一个十分离奇古怪的官职：普鲁士占领区行政长官。真是个出色的、一等一的职务，并且肯定极为风光，但有一个小小的缺陷——它取决于一个"如果"；如果拿破仑占领了普鲁士，富歇才能出任此职。然而从当前的战局看，希望不大：布吕歇尔❶在萨克森侧翼部迫使皇帝大步后退，所以，富歇的任命悬在半空，几乎是开玩笑。5月10日，皇帝写信给奥特朗托公爵："我曾命令通知你，我打算一攻进普鲁士国王的疆土便立即召你来此，以便任命你为该国政府的首脑。此项任命不得在巴黎透露。事事都应装成你是离巴黎去你的庄园，你抵达此地后，大家都还以为你在家里。唯有皇后一人知道你的去向。我如今能够重新起用你，并且得到新的证据说明你的忠诚，有此机会我颇为欣喜。"皇帝给约瑟夫·富歇写这样的信，正是因为他根本不相信富歇的"忠诚"。而富歇立刻猜破了主子的隐秘的意图，疑虑重重地、不情不愿地首途去德累斯顿。他在回忆录中写道："我马上明白，皇帝害怕我留在巴黎，想叫我去他那里当人质。他

---

❶ 普鲁士元帅，此时指挥普鲁士萨克森军队。

召我去行在，唯一的目的便在此。"未来的普鲁士行政长官不那么急着去德累斯顿参加国务会议，因为他知道那里其实并不是需要他出主意，无非是想拴住他。他于5月29日才抵达德累斯顿。皇帝接见他时说了一句："公爵先生，你来得太晚了。"

关于委任富歇治理普鲁士的可笑的意图，德累斯顿自是不再说起——局势严重，不宜再开这样的玩笑。但如今已经把他牢牢地捏在手里；而且，幸喜还有一个极好的职位可以使他远离动乱。这个职位固然不像原先那个上不着天、下不着地的虚无缥缈，可也离巴黎几百公里。那便是伊利里亚总督一职。拿破仑的老战友、治理此地区的朱诺将军发疯了，于是给不驯服的人腾出了地方。皇帝带着几乎掩饰不住的讥讽，把这个寿命不长的职位委任给约瑟夫·富歇；而富歇一如既往，没有反对，毕恭毕敬地鞠躬，表示准备立即赴任。

"伊利里亚"这个名称听起来有些滑稽。确实，根据上一次武力强迫签订的"和"约，由弗留利、卡林西亚、达尔马提亚、伊斯的利亚和的里雅斯特各割一部分拼凑起来的大杂烩，算个什么国家呢！一个没有一统思想的国家，没有意义，没有目的，由一个农民聚居的小镇莱巴赫做什么首都，是个畸形的、活不长的早产儿，是得意忘形的专横和鼠目寸光的外交的产物。富歇到那里后，遇到的只是几乎空空如也的国库，几十个无所事事的官吏，寥寥无几的兵和不信任的、急切盼望法国人滚蛋的百姓。这个人为的、匆匆修补粉刷的国家已经千疮百孔，只要几声炮响，这摇摇欲坠的建筑便会倒塌。不久，拿破仑的岳父奥地利弗朗茨皇帝一声令下，炮声便会响彻大地；届时伊利里亚的升平便将结束。富歇根本不考虑作认真的抵抗——手下只有几个团，主要由克罗地亚人编成，炮声一响便会投到老伙计那边。所以他到任第一天就开始准备撤退；同时，为了尽量掩人耳目，装出一副无忧无虑的样子：开舞会和招待会，白天举行盛大的阅兵，晚间偷偷地把金钱和文件送往的里雅斯特。他作为总督采取的措施仅止于小心翼翼地、一步步地撤退，尽量减少损失。这次战略退却，再一次出色地表现出他那一贯的冷静、一往无前的坚决和精力。他步步为营，毫无损失地从莱巴赫退到赫尔茨，从赫尔茨退到的里雅斯特，从的里雅斯特退到威尼斯。他得以从这个寿命不长的伊利里亚总督辖区撤出几乎全部官吏、国库和许多珍贵的材料。任，这个可怜巴巴的地区，沦陷了又有什么了不起！就在这几天，拿破仑打输了这场战争中最重要的一次也是最后一次大规模的战役——各国人民的莱比锡之役，从而丧失了世界霸权。富歇极其漂亮地完成了任务。如今，他已经再也不必治理伊利里亚了，脱卸了责任，自然希望回到巴黎。但拿破仑另有想法。正是这个当口，无论如何不能让富歇回巴黎去。皇帝在德累斯顿的时候就说过："在当前这种情形下，像富歇这样的人是不能让他留在巴黎的。"现在，在莱比锡一役战败后，这句话的意义更是重要了二十倍。得把富歇打发走，越远越好。皇帝在绞尽脑汁考虑如何击退兵力五倍于己的敌军时，急急忙忙地为这个叫人不安的人想个新的任务，仍然是那种能让富歇在整个战争时期无法兴风作浪的工作。得给他机会去搞外交阴谋，但不让他把贪婪的爪子伸向巴黎。于是拿破仑把富歇派往那不勒斯（可远啦），去见皇帝的妹夫那不勒斯王缪拉。缪拉这一晌心心念念考虑他的王国，而不大关心帝国的事业。富歇的任务是提醒他别忘了自己的职责，促他率军来援。富歇是如何执行任务的，我人不得而知——是劝这位拿破仑麾下的骑兵老将忠于拿破仑，还是恰恰相反，支持他叛变，历史学家们尚无定论。不管怎么说，皇帝的目的反正是达到了：富歇在阿尔卑斯山的那一边，远在千里以外，四个月内没完没了地谈判。奥地利人、普鲁士人和英国人已经向巴黎进军，而他只能不断地、毫无意义地在罗马与佛罗伦萨及那不勒斯之间，在热那亚与卢卡之间来来去去，实在是无谓地浪费时间和精力去执行一项无法完成的任务。奥军已经向这里杀来，所向披靡；他继伊利里亚之后，又丢掉了意大利——交给他负责的第二个国家。最后，到3月初，拿破仑皇帝已经没有一个国家可以把这个叫人担心的人打发去；再说，拿破仑在法国本土也已经不能令行禁止了。于是在3月11日，由于皇帝天才的先见之明而在四个月内同法国的任何政治勾当全然隔膜的约瑟夫·富歇，越过阿尔卑斯山回国。然而，当他终于挣脱束缚他的锁链，发现他还是晚了四天。

富歇在里昂听说三位皇帝已挥军直趋巴黎。这一来，拿破仑几天后即将垮台，法国将组织新政府。不消说，富歇野心勃勃，迫不及待地 dávoir la main dans la pâte❶，想分得一杯羹，还得是最肥美的一杯。但，到巴黎去的捷径已经被进攻的军队截断，他不得不取道图卢兹和里摩日，吃力地绕了好长时间的圈子。4月8日，驿

------

❶ 拱到众人的馅饼跟前（法语）。

车终于驶入巴黎。富歇一眼就明白他来迟了。谁来迟，谁倒霉。拿破仑毕竟有远见，把他打发走，时间卡准不让他浑水摸鱼，这样总算对富歇的阴谋和玩笑报了仇。巴黎已经投降，拿破仑下野，路易十八被遴选为国王，政府彻底重新组织，以塔列朗为首。这个该死的瘸子及时赶到现场，立刻倒戈，抢在富歇的头里。俄国的沙皇驻跸在塔列朗的府邸，法国的新王向塔列朗做了种种表示以证明他的信任；塔列朗独断专行地分派大臣职位，居然什么都没有留给战时曾经百无聊赖地治理伊利昙亚及在意大利进行外交谈判的奥特朗托公爵，真是可恶至极。没有任何人等着富歇，没有任何人对他感兴趣，没有任何人想知道他的情况，没有任何人想得到他的忠告和帮助。富歇平生屡次一败涂地，如今又落到这样的下场。

富歇久久不能相信众人会那么冷漠地听任他一垮到底。他可是拿破仑的伟大的对头啊！他明里暗里毛遂自荐；在塔列朗府邸的门厅里，在国王的弟弟那里，在英国使馆，在元老院的会议上，处处都能见到他。但谁也没有理会他。富歇到处写信，也给拿破仑写了信，劝他移居美洲；同时，为了巴结，又把这封信抄了一份寄给路易十八。但没有得到回信。他在各位大臣门下奔走，想谋得相当的职务——到处，人们对他彬彬有礼而冷淡、对他的事袖手旁观。富歇想靠女人的力量腾达，也一无成效：他犯了一个最最不可原谅的政治错误——迟到了。所有的职位都有了人，没有一个达官显宦愿意站起来，把位子拱手让给奥特朗托公爵。这个野心家毫无办法，只好收拾好他的箱子，重返费里埃堡。他妻子死后，只剩下了一个臂肘——时间。迄今为止，时间是一贯帮他忙的，这回也准定如此。

果不其然，时间这回又帮了他的忙。富歇不久便嗅到空气中又有了火药味。一个听觉灵敏的人，即使远在费里埃，也能听到国王的宝座咯吱咯吱地响。新君路易十八接二连三地犯错误。他把往事忘得干干净净。他想把革命抛到九霄云外，法国经过二十年来的公民平等，已经不愿意重新俯首听命于二十家名门贵族，他却悍然不顾民意。他小觑了帝国军人阶级的危险——帝国军队的将校改拿半薪，心存怨望，对温吞水国王的咨啬议论纷纷。但愿拿破仑回来，那时就会重新开战，打一场漂亮的、出色的仗，可以再度出征，抢掠异邦，升官发财，把权柄牢牢地抓在手里。已经发现某些地方的驻军之间有可疑的联络，军队内酝酿着阴谋。富歇在任何情况下，从来没有同他苦心经营的警察系统完全断绝联系，此时他潜心倾听动静，探悉了某些迹象，叫他好好动了一番脑筋。他暗暗冷笑：哼，如果仁慈的国王叫奥特朗托公爵当警务大臣，那他早就能够获悉某些有意思的事情了。如今，何必去关照那些宫廷的马屁鬼呢！历来只有政变，只有风云变幻，才使富歇青云直上。所以他若无其事，矜持自重，不动声色；他慢慢地、深深地呼吸，仿佛摔跤运动员面临着搏斗。

1815年3月5日，急使冲进杜伊勒黎宫，带来了惊人的消息：拿破仑离开了厄尔巴岛，于3月1日率领六百名士兵在弗雷居斯登陆。廷臣们听到这新闻不禁纷纷嗤笑。他们一向认为，这个被人捧到天上的拿破仑·波拿巴神经不正常。Parbleu！ ❶太可笑了！这疯子想率领六百

---

❶　见鬼（法语）。

名士兵同国王打一仗，而国王的背后有一支大军和整个欧洲！没有必
要惶惶不安，有那么几个宪兵就能把这个渺小的冒险家制服。拿破仑
的老战友内伊元帅奉命去抓他。他向国王夸下海口，保证把这个作乱
的家伙缴械，而且要把他"关进铁笼里巡回全国"。在第一周，路易
十八和他的亲信们公开地向巴黎显示他们的高枕无忧，《Moniteur》
报以戏谑的口气报道这场变乱。但不久，便传来坏消息。拿破仑所到
之处，都没有遇到抵抗；派去迎击他的一团团兵，不是削弱了他的兵
微将寡的军队，反而扩大了他的兵力；而那位保证要把他关进铁笼巡
回全国的内伊元帅打着军旗倒向了他旧日的主公。拿破仑已经到了格
勒诺布尔，刻下在里昂——再过一个星期，他的预言即将应验：皇帝
的雄鹰将落在巴黎圣母院的钟楼上栖息。

朝廷上惊恐万状。怎么办？有什么办法力挽狂澜？国王和他的
显贵的谋士们迟迟才明白了他们的狂妄——对人民避之若蛇蝎，极
力假装忘记了1792年至1815年在法国好像发生过一场革命。这么
说，如今应该立即争取民心！好歹得叫愚蠢的人民看看，朝廷确实
是爱他们的，是尊重他们的意愿和权利的；得立时三刻采取共和派
的手法，采取民主的手法来治理国家！国王们和皇帝们一贯到为时
已晚的时候才急急忙忙地打扮成真正的民主主义者。但，如何赢得
共和派的爱戴呢？挺简单——邀请一位共和派人士，随便哪位真正
的革命者入阁，他多少能带来些红色，点缀王室百合的白旗❶！但到
哪儿去找这样一位共和派呢？这时突然想起了一个叫约瑟夫·富歇

---

❶　百合是波旁王室的王徽，王旗为白色。

的人。那个人在几星期以前曾泡在各处的接待室里，给国王和列位大臣上过条陈。对，要的就是他，独此一人什么时候什么事情都可以利用他。赶紧把他从冷板凳上请过来吧！历来，不管是哪个政府，无论是督政府、执政府、帝国还是王国，一遇到困难，需要一个货真价实的中间人，能够折冲樽俎，安定局面，便来找这个打红旗的人，找这个为人最不可靠然而却是最可靠的权术家——约瑟夫·富歇。

奥特朗托公爵颇为得意。那些公爵和伯爵前不久还冷冷地拒绝他的投效，掉头不理，如今恭敬而坚决地请他出任大臣，简直要把大臣的公文包硬塞到他手里。但前任警务大臣对当前真实的局势一清二楚，不愿意在这个当口，在紧要关头，为波旁王室背黑锅。他感觉到，如果人家那么苦苦请他来治病，那只能说明刻下已是弥留之际的挣扎，所以他婉言谢绝，多方饰词，暗示他们本该早些来找他的。随着拿破仑军队的逼近，国王宫廷的狂妄自大也日渐收敛。众人一个劲儿地劝说恳求富歇出山，路易十八的胞弟亲自请他出席秘密会议。这一次，富歇之坚定不移，并不是出于他的信仰，而是他压根儿提不起劲来收拾波旁王室的烂摊子，觉得在路易十八和拿破仑之间荡秋千甚是惬意。他劝慰御弟，说是如今为时已晚，只能让国王出狩至安全的地方。拿破仑的冒险行将破产，他富歇保证竭尽全力遏抑皇帝。只是要信任他。于是，富歇博得了波旁王室的好感，一旦国王获胜，便能以国王的拥护者面貌出现。另一方面，如果是拿破仑胜利，他也能够骄傲地夸耀他拒绝了波旁王室的拜命。他两头讨好的次数太多了，这回一仍旧贯：一仆二主，皇帝和国王两位主子都将把富歇当作忠心的仆人。

但，这次情况发生了更加欢愉的变化：富歇一生，每逢紧要关头，悲剧场面往往变成喜剧。波旁王室从拿破仑那里学到了些东西，知道在危急的时刻不能把富歇这样的人留在自己的后方。国王出狩前三日（拿破仑已逼近巴黎），警方奉旨逮捕富歇，把他作为可疑分子押离巴黎，因为他拒绝出任大臣。

当时，奉命执行这一不愉快的任务的警务大臣是（历史确实喜爱出人意表的效果）——布里央；此人是拿破仑青少年时期最亲密的朋友，是他的军校同学，参加过远征埃及，多年来任皇帝的秘书，对皇帝的各位近臣深有了解，富歇自然也在其内。所以国王命令他逮捕奥特朗托公爵，他不免有些忐忑不安。这合适吗？——他斗胆进言。国王斩钉截铁地重申了此项命令，布里央摇摇头：这命令可不大容易执行：富歇是老油子了，光天化日之下，用一般的办法是抓不住他的；捉这样一个大家伙，需要时间，还得特别巧妙。话是这么说，布里央还是下达了命令。1815年3月16日上午十一时，一群警察果真围住了奥特朗托公爵的马车，宣布奉布里央的命令逮捕他。从来不张皇失措的富歇鄙夷不屑地冷笑着说："在大街上逮捕前任元老院议员是不行的。"长期隶属他部下的警探还没有回过味来，他便大声叫车夫快马加鞭驶到家门口。不知所措的警探呆立在街头，大张着嘴，把绝尘而去的马车轮子扬起的灰土咽到肚里。布里央说对了：这个人从罗伯斯庇尔、国民公会和拿破仑的手里都能安然无恙地滑脱，要抓住他不是那么容易的。

上了当的警察报告布里央，说富歇逃脱，警务大臣决定采取严厉手段：如今他拿他的威信押一记宝，他可不能叫人家拿他来开玩笑。布里央立即命令部下，团团围住契鲁蒂街上的富歇府邸，把守住大门。一队武装警察上楼去捉逃犯。但富歇又给他们开了一个玩笑，玩了一个漂亮的、别出心裁的诡计，历来，正是在最棘手最紧张的情势下，富歇几乎总是能搞出这种花样。我们已经不止一次地指出，富歇在危险的时刻会产生一种热切的愿望，想把他的敌人捉弄一番，以豁出去的胆气牵着他们的鼻子走。这个故弄玄虚的老滑头谦恭地迎接上门来逮捕他的官员，仔细地看了逮捕的命令。是的，毫无问题。不用说，他压根儿没有违抗国王陛下圣旨的念头。他只是恳请诸位官员在客厅里稍等片刻，让他把身上收拾一下，把一些鸡毛蒜皮的小事情料理停当，然后他马上跟他们走。富歇用最最谦和的口气把他的请求说了出来之后，便去了隔壁一个房间。官员们恭而敬之地等他梳洗打扮——一位达官贵人、前任大臣和元老院议员，总不能把他像小偷似的，一把揪住他领子或者给他戴上手铐。他们恭候了一会儿，最后官员们疑心了起来，感到等得太久了些。而富歇还没有回来，于是官员们闯进隔壁房间，到那里一看——确实是政治动乱如火如荼之际的喜剧场面——敢情富歇已经逃跑了。完全同当时还没有发明的电影里一模一样，这个五十六岁的老头把一架梯子靠到花园的墙头上，当警察在客厅里恭候的时候，以他的年龄而言十分惊人的身手敏捷，翻到相邻的属于戈姐丝雅王后❶的花园，从那里顺利地脱逃了。到傍晚，全巴黎都为这巧妙的玩笑大笑不已。自然，这玩笑是开不长的——奥特朗托公爵在

---

❶ 荷兰国王路易·波拿巴的妻子，拿破仑三世的母亲。

全市太出名了，不可能长时间隐匿起来，但富歇这次也打对了算盘——刻下，赢得几个小时的时间也是好的。国王和他的亲信们面临逼近的拿破仑骑兵的进攻，眼前只顾逃命。杜伊勒黎宫急急忙忙地收拾打点箱笼。所以，国王的严旨仅仅是使富歇如今有了公开的证据证明他对拿破仑忠心耿耿（其实根本不是这回事）。话说回来，皇帝是绝不会相信的。不过，拿破仑听说了这政治杂技演员出色的表演，也忍俊不禁，说了一句不无赞赏味道的话："Il est décidemeint plus malin quéux（他们所有人中间自然数他最滑头）"。

第八章　最后一次同拿破仑斗争

1815年—"百日"

1815年3月19日深夜，偌大的广场一片漆黑，空阒无人。十二辆马车驶进杜伊勒黎宫的院子。王宫的一扇暗门开了，一名侍仆一手擎着火把从门里出来；随后，由两个忠实的近臣搀扶着，步履维艰地出来了一个肥胖臃肿、身患哮喘、气喘吁吁的人——路易十八。在场的人看到孱弱的国王，无不深感怜悯：国王出亡十几年之后才回国，如今又在这晦暗的茫茫黑夜逃出自己的国家。当他被扶上马车的时候，大多数人都屈膝下跪，——他虽然由于羸弱，尊严扫地，但他的处境的悲惨却叫人感动而震悚。辕马起步了，其余的马车紧随着第一辆。护驾的马队蹄声嘚嘚，马蹄踏在硬砾石上的声音响了几分钟。然后，宏伟的王宫周围又是一片寂静和黑暗，直至黎明，直至3月20日的清晨莅临——3月20日是拿破仑从厄尔巴岛回到巴黎一百日的第一天。

最先露面的是好奇。好奇洋溢着快感而翕动着鼻翼，在王宫周围嗅个不停，想知道惊弓之鸟似的国王是否已逃脱皇帝的围猎。来的是商人和游手好闲的市井之徒。有的担心，有的高兴，全看各人的气质和信仰；他们在那里交换着新闻。到十点钟，已经聚集起密麻麻、闹哄哄的人群。因为只有人多才能鼓起某些人的勇气，所以有人开始清清楚楚地喊出："Vive l'Empereur！"和"A bas le Roil！"❶此时突然驰来一队骑者——是一批王国政府只发半薪的军官。他们感觉到战神将与皇帝俱来，从此他们又有了用武之地，可以得到全薪、褒奖和升迁；在艾克赛尔曼的率领下，他们大声欢呼着，顺顺当当地占领了杜伊勒黎宫（由于政权嬗替和平，未曾流血，交易所里的有价证券行情上涨），到中午，古老的王宫上升起了三色旗；自始至终，没有开过一枪。

来了几百位势利骑士、皇帝朝廷的"忠臣"——宫廷命妇、听差、内廷侍从、厨师、前国务顾问和典礼官，凡是在白百合统治时期丢掉了工作及薪俸的，凡是拿破仑从革命的废墟中援手汲引并且授以宫廷职衔的新封贵族，一体到场。将校仕女，人人穿着礼服；钻石、军刀和勋章光彩夺目。寝宫打开了门，准备迎接新君；匆匆拆去王徽；安乐椅上的绸面子重新闪烁着拿破仑的金蜜蜂，代替了王室的百合花。每个人都急着不失时机地赶到他应该待的地方，能叫皇帝一眼看出他是"忠臣"。夜幕既降，仿佛是举行舞会或盛大

---

❶ "皇帝万岁！"和"打倒国王！"（法语）。

的招待会，穿号衣的听差点燃了枝形的和单个的烛台；远远地，从凯旋门都能看到重新归属皇帝的杜伊勒黎宫窗口通明；辉煌的灯火招引大批好奇的人踏进了杜伊勒黎宫的花园。

晚上九点钟，终于有一辆马车疾驶而来，前后左右簇拥着身份职位千差百异的骑士，又像是保卫又像是随驾，兴奋地挥舞着军刀（不久他们即将拔刀抗击欧洲联军）。稠密的人群绽出一声春雷，高声欢呼："Vive l'Empereur！"群众不约而同，激动地冲向马车，宛如一股强大的浪潮，军刀出鞘的士兵不得不挺身保护皇帝，以免群众的激动危及皇帝的生命。他们把皇帝抬了起来，穿过疯狂的人群，虔敬地把他们神圣的偶像、伟大的战神抬上台阶，进入古老的皇宫。二十天以前才离开流放地厄尔巴岛的拿破仑，被他的士兵抬在肩上，由于幸福洋溢而闭着眼睛，嘴角上浮起梦游病患者的奇异微笑，重新登上了法国皇帝的宝座。这是拿破仑·波拿巴的最后一次凯旋。最后一次，他领略到如此不同寻常的热情，体验到自放逐的黑暗飞到高插云霄的权势顶峰的神奇的翱翔。最后一次，在他的耳边响起心向往之的汹涌澎湃的欢呼声："皇帝万岁！"一分钟，十分钟，他闭着眼睛，心里乱糟糟，享受着权力的令人心醉的甜美。然后，命令关上宫门，把军官们打发走，下旨召见大臣：开始处理国务，命运给他的厚赐，他得负起捍卫的责任。

挤满大殿的密密麻麻的臣属等着回銮的皇帝出来。但第一眼他便失望了。始终忠于他的并不是那些最出色、最聪明、最需要的人。他看到的是内廷官员和殷勤的宾客、谋干者和好奇的人——朝服富丽而才智贫乏。伟大的元帅们、他破壁腾骧时期的真正的战友们，几乎全都没有来而未曾说明原因；他们留在自己的城堡里或者投靠了国王，顶多保持中立，许多人甚至抱着敌对的态度。大臣中缺了最聪明最机智的塔列朗，新封的各国国王中缺了他的同胞兄弟姊妹；他的妻子和儿子首先就没有到场。他放眼看去，在场的人许多是谋事钻营之徒，值得尊敬的人却寥寥无几；成千人的欢呼使他的血液沸腾，但拿破仑高瞻远瞩的才智已经在凯旋中预感到危险。

蓦地，在较远的厅堂里响起惊奇和欢愉的喊喊喳喳声，越来越响，穿制服和绣金燕尾服的人们恭恭敬敬地向后退，让出了一条路。驶来了一辆马车，虽然晚了一些；车门开处，下来了一个枯瘦苍白的人，大家都很熟稔的奥特朗托公爵。他赶来了，没有等待徘徊，他来投效，却不像那些渺小的廷臣那样死乞白赖。他无动于衷地，半闭着他那双不可捉摸的眼睛，缓步走过人们让出的路，没有向人们答礼，正是这大家都很熟悉的、他独有的沉着，叫人们十分高兴。"奥特朗托公爵到！"听差们喊道。对他了解稍深的人也喊了出来："富歇到了！皇帝眼下最需要的就是这个人！"皇帝还没有做出决定，舆论便选择了他，任命了他，荐举了他。他来不是为了钻营，而是以权势者出现，威严而气派十足。果不其然，拿破仑没有让他等候，立即召见他的大臣中资格最老的一员，他的敌手中最忠实的一人。他们俩谈了些什么，我人知之甚少，一如当日富歇帮那位离开埃及的将军成为执政并且结成靠不住的依靠关系时的那次谈话。一小时以后富歇步出拿破仑的寝宫时，已经再度当上了他的大臣——第三次出任警务大臣。

《Moniteur》报道了奥特朗托公爵出任拿破仑的大臣，但油墨未干，君臣两人都已经为他们的勾结暗暗感到遗憾。富歇是失望：他所望甚奢。吃相难看的警务大臣一职早就不能满足他那虚荣心的冷冷的火焰。1796年出任此职，对于失意的、饥饿的前雅各宾党人约瑟夫·富歇，是一条生路、一种荣宠；而在1815年，对于已经有了名望、家资巨万的奥持朗托公爵，却是个何足道哉的小差使。他的自信心膨胀了。如今，只有大规模的世界性赌博，只有刺激强烈的、狂热的欧洲外交，以欧洲为赌台，以列国的命运为赌注，才能使他动心。十年前，唯一能同他互争雄长的外交家塔列朗挡住了他的路，而今日，这个最危险的竞争对手把赌注下在反拿破仑的一方，正在维也纳调集全欧洲的刺刀来攻打皇帝。由此富歇自以为唯有他才有资格承乏外交大臣。然而拿破仑不信任他（并非没有道理），拒绝把这最关紧要的职位交到这样机灵、过于机灵因而不可靠的人手里。他仅仅把警务部给了富歇，连这都有些不情不愿。他知道，为了叫富歇收敛起危险的虚荣心，只好给他一点权力。即使在这小小的衙门的范围内，拿破仑也安插了间谍，监视靠不住的大臣；还任命富歇的死对头罗维戈公爵为宪兵首脑。总之，在他们恢复同盟的第一天，昔日的游戏也随之而开始：拿破仑建立了他的私人警察以监视警务大臣，而富歇背着拿破仑，在拿破仑的政策之外，贯彻他自己的政策。两个人互相欺骗，却又亮着自己手里的牌，又得决一雌雄，看是谁占上风：是这个更强大的，还是那个更机灵的。是热情还是冷静。

富歇悻悻地接管了警务部。不管怎么说，他到底接管了。这位出类拔萃的、狂热的赌徒有一个悲惨的毛病：他闲不得，一个钟头也不能仅仅当个世界性赌博的看客。他手里老是得拿着牌，得发牌、洗牌、偷牌、吃牌、出王牌。他老得盯着牌桌，哪张牌桌倒无所谓，国王的，皇帝的，共和国的，什么都可以——只要能够参加赌，只要能 "avoir la main dans la pâte"，离馅饼近一些，什么样的馅饼都行。只要当上大臣，管它是哪个政府——是右派还是左派，是属于国王还是属于皇帝，只要能混进政权。他从来没有足够的精神力量或道德力量，没有足够的傲骨甚或一般的毅力，以拒绝人家扔给他的权力的残羹剩饭。人家塞给他的职务，他总会同意接受；什么人什么事他倒不太计较，他的全部兴趣在于赌博本身。

拿破仑也是悻悻然地任用了富歇。他认识这个一贯不走正道的家伙已有十年之久，深信这家伙不会替任何人出力，而只是沉湎于他自己的激情和狂热。他知道这个人会抛弃他，像扔掉死猫的尸体一样无动于衷，在最危险的关头会背叛他，一如当日背弃吉伦特党人、恐怖主义者、罗伯斯庇尔和热月党人，叛卖了恩人巴拉斯、督政府、共和国和执政府。但是拿破仑需要富歇，或者仅仅是他自以为需要——正如拿破仑以他的天才吸引了富歇，富歇也以他的才能吸引了拿破仑。排斥他有致命的危险：在这样动乱的日子，连拿破仑都不敢把富歇变成敌人。所以他选择了害处最小的做法：让富歇把精力用在工作上；给他权利和权力，防止他成为不可靠的仆人。"唯有从叛徒嘴里，我才听到了真实情形。"——失败的皇帝后来在圣赫勒拿岛上回忆起富歇时如是说。即使在肝火极旺的时刻，他仍然尊重这个恶魔般的人所具有的卓荦不凡的才能，因为在天才眼里，最叫人受不了的是平庸；拿破仑纵然知道富歇欺骗他，同时却也意识到富歇是理解他的。仿佛渴得要死的人伸手去拿鸩酒，拿破仑宁愿任用虽不可靠然而聪明的大臣，不愿要忠实然而愚鲁的大臣；十年的激烈敌视，有时比平淡的友谊更加不可思议地把人们结合在一起。

富歇为拿破仑效劳十年有余；他们之间的关系是君臣的关系，天才和理智的关系；十余年来，富歇被拿破仑压服，听他的指挥，是失败的一方。但在1815年，在他们的最后一战中，拿破仑从一开始便是弱方。拿破仑再一次，最后一次把醉人的光荣之杯一饮而尽；仿佛长出了雄鹰的翅翼，命运把他从遥远的海岛送上了皇帝的宝座。国王派去堵击他的军队，兵力超过他几百倍，一看见他的斗篷，便纷纷放下武器。放逐归来的拿破仑，征途开始时只有六百名士兵，二十天内便率领一支浩浩荡荡的大军攻进巴黎，在欢声雷动中，重新躺到法兰西历代君王的御床上睡觉。但几天后一觉醒来，景象又是多么残酷！离奇的梦幻一遇到清醒的现实，多么迅速便失去了光辉！他又是皇帝了，但这仅仅是个空洞的名号，因为一度被他奴役、匍匐在他脚下的世界，再也不承认自己的主宰。他写信写文告，信誓旦旦地保证他爱好和平；人们看到他的大作，微笑着，耸耸肩膀，连信都不回。拿破仑派去觐见各国帝王和大公的使者简直被人当作走私贩子，拦截在边境上，不客气地遣送回来。只有一封信兜了一个大圈子送到了维也纳——梅特涅拆都不拆，把它扔到会议厅的桌子上。拥护者越来越少，老朋友老伙计天各一方。贝蒂埃、布里央、缪拉、欧仁·博阿尔纳斯、贝尔纳多特、奥热罗、塔列朗，或待在各自的领地，或成为他敌人的股肱。他徒然地巴望自欺欺人，命令把皇后和罗马王的寝宫布置得美轮美奂，似乎他们打算第二天回来；实际上，玛丽·路易丝正在同她的侍臣内依佩特调情，而拿破仑的儿子正在申布伦宫玩奥地利的锡制玩具兵，由弗朗茨皇帝严厉地监护着。甚至法兰西也不再承认三色旗。南方、西部都发生了暴动：农民对没完没了的征兵已经厌倦，开枪射击又来向农户征发炮兵用马的宪兵。大街上贴出了模仿拿破仑敕令的讽刺标语："第一款：每年需三十万人供朕屠戮。第二款：一旦需要，朕得将此数扩大至三百万人。第三款：牺牲品将经由驿站送至主要屠场。"毋庸置疑，人人渴求和平，归来的君主如果不能保障和平，每个头脑清楚的人都要叫他滚蛋。如今，穷兵黩武的皇帝生平第一次渴望安宁，但求人家保全他的政权，然而——他的命运真悲惨！——却无人相信他的诚意。战战兢兢地为公债的安全提心吊胆的规规矩矩的布尔乔亚，并没有分享领取半饷的军官和职业军人的热情；对于军人来说，和平意味着万事停滞。当拿破仑出于不得已而把选举权赐给布尔乔亚之后，他们立刻打了他一嘴巴，偏偏选举了他十五年来一贯迫害、不予重用的人——1792年的革命者拉法耶特和朗热内。盟友在各地都已绝迹，坚定的拥护者在法国本土也很少了。没有一个人可以促膝谈心，商量计议。怨气冲天、忐忑不安的皇帝在空落落的皇宫里徘徊。神经出了毛病，意志不如以前坚强：他时而丧失自制力，大喊大叫，时而浑浑噩噩地昏睡。他如今白天也常常睡觉：不是肉体的疲倦，而是精神上的疲倦，像一块大石头，白昼黑夜压得皇帝透不过气。有一次，卡尔诺发现他在他儿子罗马王的画像前泪流满面。他向他的亲信倾诉，说他的吉星已经陨落。他内心的指针指示着他的事业的极盛时期已经过去；而他的意志的指针忽忽闪闪地由一极向另一极摆动。虽然不再指望成功，准备作出任何妥协，被历次胜利宠坏了的皇帝终究不得不开战。但，胜利之神不再护佑雄心全消的英雄。

拿破仑在1815年的精神面貌便是如此：徒有其表的君主，徒有其表的皇帝，命运给了他虚幻的权力的外衣。然而，同他站在一起的富歇在这个时期，力量却是如日中天。他的理智的利剑一向藏在奸诈的剑鞘里，不像奔驰不息的激情，没有用钝。富歇的灵活、诡计多端、机变百出而大胆果敢，在百日事变期间，在帝国复活随即崩溃的时期，达到登峰造极的地步。人们盼望他救世济人，满怀希望注视着他，而不是眼睛盯着拿破仑。各党各派一致（罕见的现象）对这位大臣比对皇帝寄予更大的信任。路易十八、共和派、保王党、伦敦、维也纳———一致认为富歇是唯一可以认真与之谈判的对手；而他的工于心计的、冷静的理智，比拿破仑的忽而勃发、忽而在骚乱中黯淡的天才，给予疲惫的、渴望和平的人类以更多的信任感。拒绝给"波拿巴将军"奉上皇帝尊号的人，却都尊重富歇的个人声望。同样那些国界，对法兰西帝国的使者缯以闭门羹甚至逮捕，对奥特朗托公爵的秘密代表，却仿佛魔杖一挥，立即开放。威灵顿、梅特涅、塔列朗、奥尔良公爵、俄国沙皇和各国国王，人人都痛痛快快地、礼貌周全地接待富歇的密使。这个迄今欺骗过所有人的家伙突然成了世界赌博中唯一规矩老实的赌徒。他只要一动指头，他的意志便会变成现实。旺代暴动了，眼看是一场腥风血雨，富歇派去了一名使者偃了却了这件事；他通过谈判制止了一场内战。"眼下何必叫法国人流血呢？"他坦率地说出他的算盘，"再过几个月，皇帝不是胜利便是垮台；你们要争取的东西，大概不用流血也会到手，那又何必为它打一架呢？放下武器等着吧！"保王党的将领们信服了这清醒的、绝不感情用事的论据，当即签订了令人满意的协议。国内外任何人首先都是同富歇打交道，国会任何一项决议案的通过都有富歇的参与；拿破仑茫然失措地看着他的臣子到处坏他的事，他想进行打击，而富歇却使他的手失去打击的能力；拿破仑眼睁睁地看着富歇利用选举来反对他，通过有共和思想的国会破坏他那神明独运的意旨。拿破仑想摆脱富歇，却枉费了心机——当初可以把奥特朗托公爵作为不合意的仆人撤免，给他千百万法郎的退休金补偿，这样的专制时代已经过去；如今，大臣把皇帝拉下宝座倒比皇帝扳倒奥特朗托公爵更加容易。

这几个星期恣肆的、同时经过深思熟虑的、目的明确的政策，构成世界权术史上最完美的篇章。连他的仇人——理想主义的拉马丁，都不得不对富歇的马基雅维里式天才说了公道话。"应当承认，"他写道，"在那些日子里，富歇起了他的作用，表现出罕见的英勇和坚强的无畏。他要了那么些花招，每天都有掉脑袋的危险，每分钟都有可能成为拿破仑胸中勃发的骄傲或愤怒的牺牲品。国民公会时期以来的幸存者中，唯有他一人依然精力旺盛，没有丧失他的勇气。富歇由于他那英勇的游戏，身受越演越烈的专制与复活的自由两者猛烈的夹攻，身受为了一己之私利而牺牲祖国利益的拿破仑和不愿意为了一个人而走向灭亡的法国两者猛烈的夹攻；他于此际恫吓皇帝，奉承共和派，安抚法兰西，同欧罗巴眉来眼去，对路易十八笑容满面，与欧洲各国宫廷举行谈判，同塔列朗先生搞政治赌博，以自己的所作所为保持了总的平衡。这角色是非凡地难演，既崇高而又卑贱，至少是十分重要，而历史至今没有给予它以应有的注意。这角色并不特别高尚，却不乏爱国之心和英雄气概。这角色使臣子升到了主公的水平，大臣超越了君王。富歇扮演着这角色，靠他的两面手法而成了帝国、王政复辟和自由三者的仲裁法官。历史在谴责富歇的同时，必定会承认他在百日事变中的勇气、他高出于各党各派的独到之处以及他的阴谋的了不起；这份了不起必定会使他跻身于本世纪最杰出的政治家之列，只要世上能够存在那样一种缺乏优良本性和美德的真正政治家。"

拉马丁，诗人和政治家，生活的时代直接呼吸着那年月的气息，他的评论是这样的鞭辟入里。关于拿破仑的传奇，是五十年之后创造的。其时一千万死者的遗骸已化为灰烬，一切伤残者都已物故，欧洲的创伤已经痊愈，对富歇的评论自是较为严酷苛刻。每一部英雄传奇都是一种历史的精神后方，像任何后方一样，把它自己没有身受其害的一切都看得很轻巧：对无数条人命，对盲目的自我牺牲，甚至对英勇牺牲的勇敢者的疯狂，对他们的无谓的忠诚，概莫能外。拿破仑的传奇，只有黑白两色，只承认"忠心的战友"和背弃英雄的"叛徒"；把拿破仑执政和后来那个拿破仑混为一谈，不加区分。拿破仑执政通过明智而有力的措施在国内奠定和平和秩序，而后来的那个拿破仑却成了独裁政治的狂人，好战成癖，为了个人的权力把世界卷入流血的冒险，居然对梅特涅说出只配出之于帖木儿❶之口的话："像我这样的人，百把万人的生命根本不放在我眼里。"每一个理智健全的法国人企图以合乎理性的温和去同盲目走向灭亡的魔鬼附体的皇帝漫无止境的野心相对抗，不愿意忘掉世界上的一切，奴颜婢膝、低三下四地把自己绑在他的战车上——凡是这样的人，如塔列朗、布里央、缪拉之流，都被英雄传奇以但丁式的严酷打入了地狱，而富歇是作为罪大恶极的叛徒、advocatus diaboli❷在这传奇中出现的。照这传奇的说法，富歇在1815年重新入阁，只是为了日后投靠路易十八和欧洲列强，只是为了接近皇帝，好伺机在他背后捅一刀。据说，3月20日国王逃离巴黎时，富歇吩咐别人转告保王党人："你们救国王，我来救王政。"在接受大臣之职时，向他的桑乔·潘萨❸吐露心曲："我的主要责任是抵制皇帝的一切计划；三个月以后我将比他强大，如果在这期间他没有下命令枪毙我，那么，我将迫使他屈膝。"这预言可惜把日子算得太准了，所以不可能不是 posteriori❹虚构的。

倘若设定富歇入阁时便已是路易十八的拥护者，是被国王收买的内奸，那是太小觑了这个人，是不理解他那复杂得令人叹为观止的心理和神秘莫测的恶魔般的性格。倒不是说富歇这样一个绝对不道德的马基雅维里主义者遇到机会不会干出这一类或任何一类的背

---

❶ 14世纪中亚政治家、统帅，以残酷著称。

❷ 魔鬼的辩护士（法语）。

❸ 堂吉诃德的侍从。

❹ 后来（拉丁文）。

叛行为。不是这个意思。但对于这个狂热的胆大妄为的赌徒来说，这样的卑鄙太简单了，太没有味道了。简简单单地欺骗一个人，哪怕那个人是拿破仑，也不符合他的天性：欺骗所有人——那才是他唯一的乐趣，不给任何人十足的把握，却给每个人许愿；既站在各党各派的一边，又站在各党各派的对立面，两边下赌注；从来不事先制订计划，而是一贯凭直觉行动，做个普洛透斯❶——变幻无常的神。这个狂热的权术家，他醉心的并不是直来直去的阴谋家角色，如弗朗西斯·莫尔或理查三世等人，而是出色当行、能叫他自己都吃一惊的翻手为云、覆手为雨。他为障碍而喜爱障碍，甚至人为地把障碍扩大两倍、四倍。但背信弃义不是一次，而是多次；他是天生的叛徒——任何时候任何事情上都是叛徒。最了解他的拿破仑在圣赫勒拿岛上回忆到富歇的时候，说了一句确实深刻的话："我只知道一个真正十足的叛徒，那便是富歇。"他是十足的而不是偶一为之的叛徒，是背叛的天才；在他，背叛与其说是政策和策略，倒不如说是他为人的主要特点。我们如果把富歇同上次大战❷中名噪一时的两面间谍作一比较，可以更深入地理解他。那些两面间谍把同一件秘密卖给几个敌对的国家，以便从中探得更加珍贵的其他秘密。他们进行着这种向交战双方出卖情报的两面间谍活动，到最后自己都搞不清楚自己是为哪个国家服务；他们从双方都拿到报酬，不矢忠于任何一个国家，只忠于赌博本身，只忠于为双方工作的两

---

❶ 希腊神话中变幻无常的海神，又名海中老人。

❷ 指第一次世界大战。

面游戏，在这种两面三刀中发现了几乎超自然的、有致命危险的乐趣。只有天平的一方彻底占了优势，赌徒的激情才让位于患得患失的理智。只有胜利已经分晓，富歇才会决定他的立场；在国民公会、督政府、执政府时期，在帝国时期，莫不如此。当斗争正在进行，他同谁都不捆死在一起；而当斗争结束的时候，他一贯在胜利者一边。倘若格鲁希增援及时❶，富歇将是拿破仑忠心耿耿的大臣（至少会忠诚若干时日）。但因为拿破仑打输了这一仗，富歇便听任他垮台，并且背离了他。富歇关于他在百日事变中的立场，以他独有的没羞没臊，说过这样一句并不是为自己辩护的话："不是我背叛了拿破仑，而是滑铁卢背叛了他。"

自不待说，拿破仑被他这位大臣的两面游戏气得发疯。因为他知道他目前是在拿他的脑袋孤注一掷。像十年前一样，每天早晨他的御书房里进来一个枯瘦干瘪的人，脸色苍白，没有一点儿血色，穿一身绣有棕榈枝的深色常礼服，向他面奏——对局势的陈述精当明确，无懈可击。没有其他任何一个人能对局势做更出色的述评，没有任何一个人能把世界政治的进程阐述得更加清晰，像他这样参透一切，洞察一切——拿破仑的明察秋毫的心智这样感觉。然而，皇帝同时也猜到，富歇并没有把他了解的情况全部报告他。皇帝知道外国派使者来找奥特朗托公爵，知道他那位大臣早晨、日间和夜晚关起门来接见形迹可疑的保王党代表，知道他和各方谈判，同人家勾勾搭搭，而对皇帝不露一丝口风。富歇想叫皇帝相信他这样做

---

❶　滑铁卢战役中，法军将领格鲁希未能及时增援，贻误戎机。

只是为了获得情报。是这样吗，还是在搞什么秘密阴谋呢？内外交困、被千百敌人围攻的皇帝，因为断定不了而不免心中忐忑。他时而友善地盘问富歇，时而斩钉截铁地警告，时而当面说出他的猜疑，粗鲁地骂一通，但都是徒费了口舌。大臣的两片薄嘴唇依旧闭得滴水不漏，玻璃似的眼睛没有一点表情。富歇这个人十分难弄，他的秘密是套不出来的。拿破仑绞尽了脑汁：怎么把他逮住？怎么彻底搞清楚这个对各家的牌都了然于心的人出卖的到底是谁？是他，还是他的敌人？怎么把这滑得像泥鳅的人当场拿获？怎么把这个捉摸不透的家伙看透？

有了！发现了线索，还不止一条，几乎是铁证如山。4月，皇帝专门责成监视警务大臣的秘密警察探得维也纳来了一个可疑的人，以维也纳某银行职员的身份出现，直接找到奥特朗托公爵。秘密警察背着警务大臣跟踪了这使者，最后逮捕了他，把他送往爱丽舍宫某殿去见拿破仑。在那里，人们不断吓唬他，威胁要立即枪毙他。结果他终于供认他替梅特涅带了一封信给富歇，信是用隐形墨水写的，建议各自委派代表在巴塞尔晤谈。拿破仑赫然震怒。敌国的大臣给自己的大臣写这种性质的信，不啻是叛国。拿破仑的头一阵冲动是十分自然的：立即逮捕叛臣，查封他的文档。但亲信谏阻了他——暂时还没有直接的证据嘛。同时，知道奥特朗托公爵历来谨慎，可以相信他的勾当不会在文档中落下什么痕迹。于是，皇帝决定先试试富歇的忠诚。拿破仑把他请来，异乎寻常地装假作伪（那是向他这位大臣学来的），泛泛地问问情况，然后问他有没有可能同奥地利谈判。富歇没有料到奥地利派来的使者早就一五一十招了出来，对梅特涅的信一字不提。皇帝装着若无其事，让他的大臣走了，心里对他的背叛已有十足的把握。然而为了彻底揭露富歇，他尽管愤怒，却排演了一出精心设计的、有各种莫里哀式机关的喜剧。从那使者嘴里知道了同梅特涅代表接头的暗号。皇帝将把自己的人派去冒充富歇的代表：奥方的代表无疑会把什么话都对他说，届时皇帝不仅能肯定富歇的背叛、而且还能得知他的背叛已经到了什么程度。当天晚上，拿破仑的代表首途去巴塞尔。两天后富歇即将被揭穿，真是自作自受。

然而，对付蛇或者鳗鲡，不管手脚多么麻利，赤手空拳是抓不住那冷血动物的。皇帝排演的喜剧同任何一出真正的喜剧一样，其中自有逆向行动——戏中有戏。拿破仑建立了秘密警察以监视富歇，而富歇也收买了文书和告密者以窥伺拿破仑：他的眼线，机警不亚于皇帝的密探。冒充富歇代表的拿破仑密使才动身去巴塞尔的三王饭店，当天富歇便知道了他面临的危险——拿破仑的一位"心腹"把即将演出的喜剧告诉了他。次日上午，富歇——拿破仑想冷不丁搞他一下子的富歇，在履行例行公事觐见皇帝时，叫他的君主大吃一惊。在谈话中，他突然拍了一下脑门，像是又想起了一桩小事，报告道："对了，皇上，因为光顾着更重要的事情，我忘了向您禀奏：我收到了梅特涅的一封信，但他的使者没有把显形药粉交给我，我开始以为是个骗局，所以直到今天才能向您报告。"

这当口皇帝已经按捺不住。"你是叛徒，富歇，"他喊了起来，"我本来该命令绞死你的！"

"陛下，您的意见我不敢苟同。"富歇冷冷地回答，众大臣中就数他泰然自若，神色不惊。

拿破仑气得发抖。这个魔鬼赶在头里招认，这一来，又从他手里溜走了。至于派去巴塞尔的特务，两天后带来了谈判的情报，但，明确的很少，叫人不痛快的却颇多。根据奥方代表的态度可以推知谨慎的富歇狡猾至极，他并没有明目张胆同敌人勾结，而只是背着主公过他的赌瘾，以便左右逢源。使者还带来了很多叫人心烦的其他消息：除了拿破仑·波拿巴的帝国，法兰西采取任何国体各国都可以同意。皇帝气得直咬嘴唇。他的杀着给破了。他本来想悄悄地，从后面打击躲在暗处的富歇。但在这场决斗中，他自己被人从暗处突袭，创巨痛深。

由于富歇的狡诈，关键时机错过了。这，拿破仑是知道的。"他明摆着叛变了，"他对亲信们说，"我遗憾的是，我没有赶在头里叫他滚蛋。如今他把他同梅特涅通信一事告诉了我。这一来，机会错过了，没有借口整他了；不然他会大事张扬，说我是暴君，因为猜疑而不顾一切。"皇帝清清楚楚地意识到自己的失败，但他继续斗争，坚持到最后一刻，希望把这两面派拉过来，或者打他个猝不及防，把他搞垮。他采取了种种手段：推心置腹，谦和亲切，宽宏大量，小心谨慎。但他的强大的意志碰到这冰冷的、周身琢磨得无隙可乘的石头的棱面，却是无能为力，一筹莫展：钻石可以砸碎或扔弃，但没法在上面钻眼。受尽猜疑煎熬的皇帝终于忍无可忍。

卡尔诺叙述了这样一个戏剧场面，表明皇帝没有力量把折磨他的对头打败。"奥特朗托公爵，你背叛了我，我有证据。"拿破仑有一次在内阁会议上对同往常一样不动声色的富歇恶狠狠地说，接着抄起一把象牙刀子，嚷嚷，"你拿这把刀子捅我的胸膛吧，总比你现在的所作所为光明正大些。我本来可以枪毙你，全世界都会赞成。如果你问我为什么没有这样做，我可以告诉你，我是太看不起你了；在我的眼里，你是太渺小了！"众人都明白，拿破仑的猜疑已经变成了疯狂，苦恼变成了仇恨。他永远不会忘记这个人曾斗胆让他上了个大当。这，富歇是知道的。但他老谋深算，料定皇帝继续当政的可能性极小。"过一个月，这个疯子就会完蛋。"他信心十足地、鄙夷不屑地对他的朋友说。所以他现在根本不考虑同拿破仑结盟——决战过后，他们两人总有一个得下台：不是拿破仑就是富歇。他知道（拿破仑曾经宣布过），战场上一传来捷报，皇帝就会免去他的职务，也可能下旨逮捕他。时针拨回到二十年以前，回到1793年，当时最强大的人罗伯斯庇尔曾断然宣告，两星期后，两人中总有一个要掉脑袋，不是他就是富歇。这些年来，奥特朗托公爵已经有了自信心。他怀着优越感，把罗伯斯庇尔的威胁讲给一位劝他别惹拿破仑生气的朋友听，微笑着加了一句："掉脑袋的可是他。"

6月18日，荣军院前蓦地响起了炮声。巴黎的居民高兴得猛一哆嗦。他们十五年来学会了辨听这铜炮的声音。胜利了，打赢了仗！布吕歇尔和威灵顿全军覆没——《Moniteur》这样报道。欢欣鼓舞的人群满坑满谷，几天前还是人心浮动，如今却是一片欢腾，突然兴高采烈地表露对皇帝的忠心。不过，最最敏感的温度计——公债行情下跌了四个点，因为拿破仑的每一次胜利都意味着战争将旷日持久。兴许唯有一个人听到这铜炮的轰鸣，不禁内心忐忑不安，那便是富歇。暴君的胜利，可能叫他付出高昂的代价。

真是命运的捉弄，多么可悲——正当法国的大炮在巴黎轰鸣祝捷的时候，英国的大炮在滑铁卢已经把拿破仑的步兵和近卫军轰得落花流水，正当一点没有疑心的法国首都张灯结彩的时候，普鲁士的骑兵扬起风暴般的尘土，追赶着溃逃的法国军队可怜的最后一点点残兵败将。

巴黎对真实情形一无所知，陶醉又持续了一天。到20日，噩耗才传到首都。巴黎人脸色煞白，嘴唇直颤，交换着惊骇的消息。在户内，在街头，在交易所，在军营——处处都在交头接耳，谈到大祸临头，尽管各家报纸顽固地不吭一声。最后，在突然人心惶惶的首都，大家议论开了，人人都在怀疑，愤懑，发牢骚而又抱着希望。

只有一个人——只有富歇在行动。他一得到滑铁卢的消息（当然比别人早），便把拿破仑看成行尸走肉，必须赶紧把这绊脚石搬开。他立刻抄起铁锹，要给拿破仑挖墓坑。他当即写了一封信给威灵顿公爵，以便马上同胜利者建立联系；同时，以他无与伦比的心理洞察力，警告议员们，说拿破仑首先会把议员们驱散。"他回来的时候，一定是杀气腾腾，准保要实行独裁。"必须事先破坏他的计划！

到傍晚，已经把议院发动好，已经把内阁调动起来反对皇帝，拿破仑失去了重新祝朝的最后一次机会——而这一切，都是在他踏进巴黎之前完成的。如今，当家做主的已经不是拿破仑·波拿巴；终于，约瑟夫·富歇成了局势的主宰。

　　黎明前，由黑魆魆的夜色仿佛尸布般地掩护着，一辆蹩脚的马车（拿破仑的御马车连同皇帝私人金库、马刀和文档已被布吕歇尔虏获）驶进巴黎，向爱丽舍田园大街驶去。他六天前曾向全军发布命令，唱过这样的高调："每一个有志气的法国人，到了不胜利毋宁死的关头。"而他自己，既没有胜利也没有战死；但为了他，在滑铁卢和林尼又添了六万名阵亡者。刻下他急急忙忙地，像过去离开埃及和俄国一样，回来控驭政权：他有意吩咐减速行驶，以便悄悄地，趁黑抵达巴黎。他不直接去杜伊勒黎，去他的皇宫，不是出现在法国人民的议员面前，而是到小小的、偏僻的爱丽舍宫去放松他那出了毛病的神经。

　　一个筋疲力尽、心力交瘁的人下了马车，咕哝着不相连贯、不知所云的话语，事后聪明地寻找原因，企图为那必然的结果辩解。洗了一个热水澡，拿破仑恢复了镇静，然后他才召集会议。谋臣们激动地，既愤怒又同情，只是表面上仍毕恭毕敬地，聆听着战败的皇帝前言不照后语的、梦呓般的讲话。皇帝再一次做起了梦，幻想征集一支十万大军，征发宝贵的乘马，向他们（他们清清楚楚地知道这个失血过多的国家连一百个人也榨不出来了）证明，在两个星期内他将率领一支二十万人的军队去同各国联军较量。大臣们，其中也有富歇，耷拉着头肃立着。他们明白，这梦呓般的讲话是这个巨人身上尚未泯灭的强烈权欲的最后一次挣扎。富歇的预言果然料中，拿破仑果然要实行独裁，要求由他一个人独揽军政大权，也可能，他要求实行独裁只是为了让大臣们拒绝，以便日后面对着历史，他可以把责任推给他们，说是他们剥夺了他赢得胜利的最后一次机会（现代，在相似的历史转折关头有过这样的例子）。

众大臣发言了，但措辞谨慎，人人都耻于出言不逊，怕尖刻的言辞刺痛这个痛苦的、热性谵妄发作的人。只有富歇觉得没有什么必要说话了。他沉默着，因为早就开始了行动，采取了一切措施，准备反击拿破仑夺权的最后一次进攻。仿佛一个医生事先已计算好垂死者的脉搏何时停止跳动，机体何时停止挣扎，冷静地观察研究这垂死者的弥留状态，富歇怀着同样的一本正经的好奇，毫无恻隐之心地听着拿破仑无聊的梦呓：他那没有血色的两片薄嘴唇没有进出一句话。Moribundus❶，他已注定灭亡，无可救药，他的充满绝望的讲话能有什么意思！他知道，当皇帝陶醉于他那萦绕不去的幻想而且还想叫别人跟他一样醺醺然的时候，离爱丽舍宫一千步路的杜伊勒黎宫里正在开会，以冷酷无情的逻辑，顺从他富歇的命令和意志通过了决议。

他本人，一如在热月9日和6月21日，没有出席议员们的会议。他暗中调集了他的炮火，制订了作战计划，为出击选择了适当的时刻和适当的人——拿破仑的充满悲剧色彩的、几乎怪诞的对头拉法耶特。这样就行了。四分之一世纪前作为美国解放战争英雄回国的青年贵族，在新旧两大陆都享有盛名，是革命的旗手、新思想的先驱，深受本国人民的爱戴，拉法耶特少年得志，过早地尝到了权力的乐趣。但，巴拉斯的卧室里突然钻出来一个小人物，一个矮小的科西嘉人中尉，穿一件破大衣，蹬一双破军靴，却在两年内攫取

---

❶ 必死无疑的垂死者（拉丁文）。

了他拉法耶特盘算过并且已经开始去争取的一切，抢走了权力和光荣。这样的事情叫人没齿难忘。耿耿于怀的贵族，把怨恨藏在心里，归隐自己的庄园；而穿上锦绣皇袍的科西嘉人则接受欧洲各国王公的朝拜，奠定天才的、新的、更严峻的专制，以代替昔日的贵族的专制。这初升的明星不肯把恩宠的光辉照到那偏远的庄园。有一次，拉法耶特侯爵穿着朴素的服装来到巴黎，这暴发户几乎睬都不睬他。将军们的绣金军礼服、在腥风血雨中新出笼的元帅们的朝服，比他的已经蒙上灰尘的声誉更加炫目。拉法耶特被人遗忘了，二十年来没有人提及他的名字。他已白了少年头；过去身材挺拔匀称而有英武气，如今枯瘦干瘪。没有人请他出山；军队和元老院都不用他。当局鄙夷不屑地让他在拉格朗日种玫瑰和土豆。不，一个野心勃勃的人是不会忘记这一切的。1815年，民众回想起革命，重新把他们往日爱戴的人选入国会，拿破仑不得不向他讲话。这时，拉法耶特冷冷地、支吾敷衍地致了答词——他太骄傲，太正派诚实，不会掩饰他的敌意。

现在，由富歇在后面唆使着，他挺身而出。长期蓄积的仇恨，在旁人看来，却不啻是明智和力量。讲台上又响起了革命旗手的声音："经过多年的缄默，我再一次大声疾呼，自由的老朋友们将听出我的声音；我不得不提醒你们注意威胁着祖国的危险。祖国能否得救，完全取决于你们。"若干年来第一次重新提到自由；而在此际，自由意味着摆脱拿破仑。拉法耶特建议提防任何解散议院、再搞一次政变的企图，应防患于未然；议员们激动地通过了决议，宣布议院无限期开会，任何人若要解散议院即系叛国。

这个严厉的警告，不难猜出是针对谁的。拿破仑一听说这决议，马上觉得好似被捆了一记耳光。"我本来应该在我出征前解散议院的，"他火冒三丈地说，"如今晚了。"其实，当时犹有可为，还不算晚。他还可以大笔一挥，签署逊位诏，为他的儿子保全一顶皇冠，为他自己争得自由之身；他还可以迈出一千步，从爱丽舍宫到议院，运用他的个人影响，把自己的意志强加给这群绵羊。但在世界史上，古往今来，一再重复出现一种令人惊讶的现象：偏偏是那些最有魄力的人，在最要紧的节骨眼上却缩手缩脚，生发出奇特的优柔寡断，仿佛得了精神麻痹。华伦斯坦❶在垮台前，罗伯斯庇尔在热月9日的前夜，以及上次大战的统帅们，偏生在那种连匆遽行事都算错误较小的关头表现出致命的犹豫不决。拿破仑同某几位大臣磋商争论，而他们只是漠然地听着他，他在决定他将来的时刻，却无谓地去谴责过去的错误。他指责别人，他想入非非，他榨出自己的热情——有真正的，也有矫揉造作的热情，但他没有表露出一丝一毫的勇气。他高谈阔论，却没有行动。同雾月18日如出一辙——似乎历史能够在一个人的一生中重演，似乎在政治中，类同不一贯是危险的错误——他派他的弟弟吕西安代他到国会去发表演说，企图把议员们拉过来。可是在当初，有虎背熊腰的掷弹兵和英气勃勃的将军们替吕西安撑腰，做他的同党，是他的生龙活虎般的好帮手，促成了他哥哥的胜利。再说，这十五年来牺牲了一千万人（这一点被拿破仑可悲地忘记了）。所以，当吕西安登上讲台，指

---

❶ 17世纪神圣罗马帝国将帅，曾任军队总司令。

责法国人民忘恩负义，不愿捍卫他哥哥的事业，这时拉法耶特突然
爆发了一个失望的民族郁抑已久的对它刽子手的愤怒，讲了一段叫
人永志不忘的话，仿佛火星溅入了火药库，一举毁灭了拿破仑的一
切希望。拉法耶特猛烈攻击吕西安："怎么，你竟敢责备我们为你
的哥哥做得还不够？你莫非忘了我们子弟的骸骨处处证明了我们的
忠诚？在非洲的沙漠，在瓜达尔基维尔河和塔霍河❶两岸，在维斯
瓦河流域，在莫斯科的冰天雪地，这十几年来，为了一个人已经牺
牲了三百万人！为了一个人，而这个人到今天还想叫我们在同欧洲
抗争中流血！对于一个人来说，这是过分了，太过分了！如今我们
的责任是拯救祖国。"暴风雨般的一致赞同声，本来应该惊醒拿破
仑，让他知道现刻已是自动逊位的最后时限。但，世上敢情没有比
自愿放弃权力更难的了。拿破仑拖延着。这一拖延，便使他的儿子
丧失了帝国，他自己丧失了自由。

　　富歇终于忍无可忍。如果这个不识相的家伙不想自动下台，那
就得把他赶走！只要迅速妥善地支好杠杆，连那么强大的魔力也能
掀翻。夜间，他向一群忠于他的议员面授机宜；第二天上午，议院
便以命令的口气要求拿破仑逊位。但，对于权欲熏心的拿破仑，连
这都似乎不够明确。拿破仑还在同各方磋商，直到最后，在富歇的
坚持下，拉法耶特发了话，一言立决："如果他拖着不逊位，我提
议废黜他。"

　　对这个世界霸主，议院给了他一个小时的时间，让他光荣引

---

❶　前者在西班牙，后者流经西班牙及葡萄牙。

退，让他彻底逊位，但他对这个钟头的利用不像个政治家，而活似演员——同1814年在枫丹白露对待他的将领们一般无二。"怎么，"他愤慨地高声说道："强迫我吗？这样我偏不逊位。议院无非是一撮雅各宾党人和野心家，我早该在国民面前揭露他们，撵走他们。不过，失去的时间还可以补救！"其实，他只是希望人家再三再四地求他；这样一来，他做出的牺牲显得更有分量。果然，大臣们恭敬地劝他，一如1814年将领们的劝谏。只有富歇不吭一声。各种消息接踵而至，时针无情地移动着。最后，皇帝看了富歇一眼，据在场的人说，目光充满了嘲讽和极度的怨毒。"写张条子告诉那些先生，"他轻蔑地命令富歇，"让他们放心，我满足他们的愿望。"富歇立刻拿起铅笔，草草写了几个字，给他在议院中的帮手们，通知他们，没有必要再踢他一脚了。拿破仑退入密室，向他的弟弟吕西安口授逊位诏。

几分钟后，拿破仑回到大书房。这份如此重要的文件交给谁？多大的讽刺！偏偏交给那个强迫他签署逊位诏、这时像无情的使者赫耳墨斯❶僵立在他面前的富歇。皇帝默默地把文件递给了他。富歇默默地接过好容易到手的诏书，鞠了一躬。

这是他最后一次向拿破仑鞠躬。

奥特朗托公爵富歇起先并没有出席议院的会议。如今赢得了胜利，他才来，慢吞吞地步上台阶，手里拿着具有世界历史意义的文件。在这一刻，他得意至极，想必连他那阴谋家的干瘦而僵硬的

---

❶ 希腊神话中亡灵的接引神。

手都在微微颤抖——他可是第二回战胜法国最最强有力的人啊！对于他，这一天——6月22日，同热月9日一样重要。方才，众大臣死一般的沉默，他始终冷冰冰地僵立着，仿佛把纸花扔到新挖的墓坑里，匆匆地向旧主人说了几句告别的话。此外没有任何感情的流露！将这位巨人的权力搞掉，并不是为了把权力委弃在地上，让别的机灵鬼捡个便宜。应当充分利用他多年来梦寐以求的时机，把权力控制在自己的手里。富歇提议立即成立临时政府——五人督政府，深信他如今终于能当选。但是他再一次面临危险：他可能失去长期来追求的放手大干的机会。他虽然挫败了最危险的竞争对手拉法耶特——拉法耶特以其率真和共和信仰，曾给他当枪子使唤，帮了自己的大忙，而在投票表决时富歇给他使了坏。然而在第一次统计票数时，卡尔诺得三百二十四票，富歇仅得二百九十三票。因此，新成立的临时政府，无疑将由卡尔诺担任主席。

富歇离他孜孜以求的目标近在咫尺，在这节骨眼上，他作为老练的赌徒，走了他最惊人也最卑鄙的一步棋。根据表决结果，主席一职应该属于卡尔诺，富歇在这政府中只是第二把交椅，但他一心想当一把手，大权独揽。于是他耍了一手巧妙的诡计：五人委员会首次开会，卡尔诺正打算坐上理该属于他的主席位子，富歇装模作样，仿佛是不言而喻的事情，向他的同僚们提议分个工。"你这是什么意思？"惊讶的卡尔诺问道。"我的意思是，"富歇一脸纯真无邪，回答说，"选举主席和秘书。"他假惺惺地加了一句："我当然是投票选你当主席。"卡尔诺堕入了他的彀中，客客气气地说："我可要投你的票。"督政府两位委员已经被富歇暗中拉过去。这一来，富歇以三票对两票当选。等到卡尔诺发觉上当，富歇已经在主席的位子上就座。富歇耍了拿破仑和拉法耶特，接着又耍了卡尔诺。诡计多端的约瑟夫·富歇顶掉了这个最得人心的人，成了法国前途的主宰。

五天之内——从6月13日至18日，皇帝丢掉了政权；五天之内——从6月17日至22日，富歇攫取了政权。从此他再也不是臣下，第一次当上了法国的大权在握的统治者，他可以为所欲为，获得了那么称心如意的自由，可以任意进行他心爱的、复杂的世界政治赌博。

他首先采取的处置是撵走皇帝！甚至拿破仑的影子都会使富歇感到压抑。一如当初拿破仑在台上时，放心不下这个叫人捉摸不透的富歇在巴黎居留；如今，富歇也不能自由自在地呼吸，除非皇帝的灰色斗篷离他几里。富歇避免同拿破仑见面。何必感情用事呢？他把有关安置问题的命令涂上薄薄一层美好的善意，派人送交皇帝。但不久便把这薄薄的礼貌的外衣也撕掉了，无情地让倒台的皇帝明白自己已无能为力。拿破仑想同他的军队告别，写了一篇慷慨激昂的文告，却被扔到字纸篓里。翌日晨，拿破仑翻遍《Moniteur》，一无所见，十分纳闷，敢情是富歇禁止刊登。富歇竟敢禁止皇帝！拿破仑还不能相信他往日的臣子敢对他这般放肆至极，可是那心狠手辣的家伙对他的打击越来越赶尽杀绝，越来越明目张胆，以致拿破仑只好驱车前往马尔梅松。可是，到马尔梅松之后，拿破仑发了拗脾气。他不愿再走，虽然布吕歇尔军的龙骑兵已经逼近，虽然富歇越来越严厉地要他放明白些，继续赶路。拿破仑越是真切地感觉到自己的垮台，越是死命地想抱住政权不放。最后，当旅行马车已经等在院子里，他又忽发奇想，要再来一次漂亮的姿态——他皇帝请求准他作为一名普通的将领率军作战，重新赢得胜利或战死在沙场。但富歇，清醒的富歇不能认真考虑这富于浪漫色彩的建议。"这个人敢情是在揶揄我们！"他气冲冲地高声说道，"起用他率领军队作战！那又是一次对欧洲的挑衅，而且拿破仑也不是那种性格，没法叫人相信他对政权无动于衷！"

富歇粗暴地把送这信来的将军训斥了一顿，说他根本不该把这样的信捎给他，而是应该把皇帝送走。富歇命令立即安排这个人动身。至于拿破仑那里，他压根儿不予答复。在富歇的眼里，失败者不值一滴墨水。

他终于无所拘管，达到了他的目的：挤掉了拿破仑；五十六岁的富歇，奥特朗托公爵，此时生杀予夺，大权独揽。这奇峰迭起的二十五年，他经历了多么迂回曲折的道路走了过来：孱弱苍白的商人之子成了忧郁的、剃度落发的修道院教师，后来登上了国民代言人和特派员的高位，然后摇身一变为奥特朗托公爵和皇帝的臣僚；最后，他再也不是臣仆，而当上了法国唯我独尊的统治者。阴谋战胜了主义，狡猾战胜了天才。他周围，整整一代不朽的仁人志士坠入了深渊：米拉波死了，马拉被刺，罗伯斯庇尔、德穆兰和丹东上了断头台，他当特派员时的同僚科洛被流放到疟疾流行的圭亚那岛，拉法耶特被搞掉——富歇的革命战友，或死或销声匿迹，一无例外。他由各党各派真心推选，得到他们的信任，决定着法国的前途。而世界霸主拿破仑却乔装打扮成穷人，身揣一位不知名的将军的秘书的护照，王在逃窜；缪拉和内伊等着枪毙；拿破仑那些渺小的亲属，蒙他的恩典当上了国王，如今失去了他们的疆土，囊空如洗，到处流浪，寻找栖身的处所。这世界史上绝无仅有的动荡时期中脱颖而出的杰出活动家们，全部倒了下去。唯有他，靠着他锲而不舍的、在黑暗中等待时机、在地下挖掘打洞的耐心，终于出人头地。内阁、元老院和国民议会在他灵巧的手中，像一块软蜡，由他摆布；一度趾高气扬的将军们，为他们的退休金瑟缩不已，以绵羊般的温驯服从新的主席；法国的布尔乔亚和民众都等着他的决定。路易十八接二连三地派使者来见他。塔列朗向他致意。滑铁卢的胜利者威灵顿派人把机密的消息向他通报——破天荒第一次，全世界前途的线索全然公开地、畅通无阻地经过他的手。

他面临着艰巨的任务：从逼近的敌人手里拯救打输了仗的、溃败的国家，避免无益的、破釜沉舟的抵抗，争取有利的媾和条件，确定适宜的国体，选择适宜的国家首脑，从一团混沌中开辟新规范，建立稳定的秩序。为此，需要高超的技巧、极其灵活的应变之才。在这人人发蒙、张皇失措的时刻，富歇的举措确实表现出了不起的魄力；他在两方面甚至四方面同时实施的计划表现出惊人的信心。他同各方交好，但目的只是为了要弄他们，为了做那些他认为正确而有利的事情。富歇在国会里装模作样，似乎拥戴拿破仑的儿子；在卡尔诺面前假装翊赞共和，而对联军则表示支持奥尔良公爵；实际上，他悄悄地把政柄移交给旧日的国王路易十八。鬼不知神不觉地、小心翼翼地、巧妙地转弯子，真实的意图瞒过了最亲密的朋友。他通过贿买的泥潭投靠了保王党：表面上，在内阁和议院里扮演着坚定的波拿巴分子和共和派的角色，暗中却谈判着把国民托付给他的政柄移交给波旁王室的有关问题。从心理学的角度看，问题这样解决才对。只有赶紧向国王投降，才能拯救流血的、水深火热的、外国军队蜂拥而至的法兰西，才能没有痛苦地过渡到新秩序。唯独富歇一人，凭借他的现实感，立即明白局势必须这样发展，于是不顾五人委员会、民众、军队、议院和元老院的反对，师心自用，依靠他自己的力量贯彻他的意图。

富歇在这些日子里显露了非凡的睿智，但——他的可悲便在于此！——他只是缺少一种品质，一种关键性的最崇高最纯洁的品质：为了事业能够忘掉自己，忘掉自己的利益。这种关键性的品质能够提醒他：他这样一个人，五十六岁了，处在光荣的峰巅，拥有一千万或两千万法郎的家资，享有盛誉，得到时人和历史的尊重，如此高明地完成了任务，心愿一了，便该功成身退。然而，他二十年来心心念念攫取政权，二十年来陶醉于权力，至今没有餍饱，又怎么能自动引退呢？富歇同拿破仑并无二致，非得等人家把他们搞下去，连一分钟也不能提前放弃权力。现在，他已经没有主子可以让他背叛，无可奈何，他只好背叛他自己，背叛他的历史。把战败的法兰西还给它的故主，确实能立功于一时，是一个正确而大胆的政治行动。但，做出这决定却要收取小费以犒赏自己，接受王国政府大臣之职，这未免卑鄙，比罪行还过分——这是愚蠢。而虚荣心切的富歇却干了这样的蠢事，只为再磨蹭一会儿，几个钟头也好，"avoir la main dans la pâte"，分沾权力的甘泉。这是他干的第一桩最大的、无可挽回的蠢事，使他在历史面前永远抬不起头来。他灵活麻利、耐心十足地攀登了一千级，但到最后一级，却笨拙地、毫没来由地栽个跟头，直泻而下。

关于把宝座卖给路易十八以换取大臣职位的活动，有文献为证。那是一件侥幸保存下来的、极有特色的文献。富歇一般十分谨慎，能活灵活现地再现他那些权术谈判的文字材料为数不多，而我们在这里提到的文献便是其中之一。在百日事变期间，国王的唯一勇敢的拥护者德·维特罗尔男爵在图卢兹集合了一支军队，同回国的拿破仑作战，战败被俘，解到巴黎，皇帝原想即刻下旨枪毙，但富歇出来说项；他一贯认为应该宽待敌人，对那些将来可能用得着的人更其如此。总之，结果是把维特罗尔关进军人监狱，等待战地法庭作出决定。6月23日富歇成为法国的主宰，维特罗尔的妻子立即赶来见他。她恳求富歇释放她的丈夫，富歇一口答应，因为他亟须博得波旁王室的好感。次日，获释的保王党头子维特罗尔男爵谒见奥特朗托公爵，向他致谢。

由此，共和派选出的国家首脑和死硬的超级保王党人之间进行了这样一次谈话。富歇问维特罗尔："那么目下你打算怎么办？""我准备去根特❶，驿车已经等在门口。""就你来说，这是最明智的决定。你在这里不很安全。""你有没有什么话要叫我转告国王。""唉，真是，没有哇！当然没有喽。不过请你转告国王陛下，我请他相信我的忠诚，遗憾的是，他能否早日回到杜伊

---

❶　在比利时。

勒黎宫并不取决于我。"　"我倒觉得这完全取决于你。"　"同你的推想相去甚远。我难处颇多。不过议院倒把形势变得简单了。你总知道，"富歇微笑着继续说道，"议院已把拿破仑二世立为国王。"　"为什么立拿破仑二世？"　"那自然是应该从这方面做起。"　"可是我认为这件事不能认真对待的，是吧？"　"那当然是。我再三斟酌，越来越觉得议院这项决议十分的不明智。但，你想象不到还有那么多的人对这个名字有好感。我的某些同僚，首先是卡尔诺，深信一选出拿破仑二世，便能否极泰来。"　"这玩笑会持续多久？"　"看起来，我们摆脱拿破仑一世用了多少时间，这回恐怕也得需要这么些时间。"　"然后呢？"　"那我怎么知道？在这种时候，很难预言第二天会出什么事情。"　"如果你的同僚卡尔诺先生那么拥护拿破仑，那你恐怕很难抵制这阴谋？"　"噢，你不了解卡尔诺，只要宣布成立'法国人民'政府，就能叫他扔掉拿破仑二世。法国人民！——你走着瞧，他一听这字眼会说些什么！"这两个人——共和派推选的讥嘲奚落同僚的奥特朗托公爵和保王党代表人物，都笑了起来。他们彼此心领神会。"你说得对，这样一步步搞下去，那就行了。"维特罗尔男爵接着说，"不过我希望在拿破仑二世和'法国人民'之后，你终于能想起波旁王室。"　"那是当然的，"富歇回答道，"到那时该轮到奥尔良公爵了。"　"怎么是奥尔良公爵？"惊讶的维特罗尔男爵高声说道，"王冠卖来卖去，见谁给谁，难道你以为国王会接受这样的王冠？"富歇笑而不答。

但德·维特罗尔男爵已经明白了。富歇在这场狡黠的、带着嘲讽味道的、似乎漫不经心的谈话中，亮明了他的意图。他毫不含糊地暗示，他能够设置种种障碍，不让路易十八登上王位。他可以宣布拿破仑二世为皇帝，或立奥尔良公爵为王，或成立法国人民政府，但富歇他个人对这几种可能的方案并无偏向，为了路易十八的利益可以无动于衷地把这三个方案一笔勾销，只要……这个"只要"包含着什么，富歇并没有说，但维特罗尔男爵领会了他的意思——或许是从他的淡淡的笑容上看出来的，或许是根据他的哪个手势判断的。反正他突然决定不走了，留在巴黎，住在富歇家里，当然有个条件：他可以自由地同国王通信。他也提出了其他条件：首先是索要二十五本护照，给他的代表们，他要派他们去国王驻跸的根特。"五十本，一百本，随你要多少。"心情愉快的共和政府警务部长回答共和的敌人。"其次，请你俯允每天同我谈一次话。"公爵又高高兴兴地回答："一次不够！谈两次——早上一次，晚上一次。"如今德·维特罗尔男爵可以放心大胆地留在巴黎，在奥特朗托公爵的卵翼下同国王磋商，禀报匡王：巴黎的大门向他敞开，只要……只要路易十八接受奥特朗托公爵为王国新政府的大臣。臣下建议路易十八收买富歇，给他一个大臣当当，比如扔给他小费酒钱，用这样的办法打开巴黎的大门。素来肉脾气的波旁，这回勃然大怒。"绝对不行！"他对那些想把这个叫人恨之入骨的名字列入内阁名单的人这样说。这建议实在太荒唐：一个弑君犯，一个在他胞兄的死刑判决书上签了字的人，一个破门的神父，凶恶的无神论者和拿破仑的臣仆，把这样的一个人请进政府！"绝对不行！"——他气昏了，大声嚷嚷。但，我们从史书里知道国王、政治家和将帅们嘴里的"绝对不行"意味着什么：这些个"绝对不行"几乎一贯是投降让步的开始。难道巴黎不值一个弥撒？ ❶ 自亨利四世以降，路易十八的列祖列宗，为了保有政权，难道没有做出过这一类sacrifici de l'inteletto理智和良心的牺牲？

在随銮的将军们、威灵顿，最主要是在塔列朗锲而不舍的劝说下（塔列朗作为还俗结婚的主教，需要朝廷上再来一个声名更加狼藉的人），国王渐渐动摇。大家异口同声地向他陈说，只有富歇一个人能顺顺当当地给他打开巴黎的大门。只有这个同各党各派都有联系、五花八门的意见他都插一脚的人，才是靠得住的、最理想的马倌，谁想戴上王冠，富歇都有办法把他扶上马；只有他才能防止流血。此外，这个老雅各宾党人早就变成了坚决的保守派，对往事追悔莫及，漂亮地背叛了拿破仑。到最后，国王为了减轻良心上的负担，做了一次忏悔。据说，他高叫"我可怜的哥哥，但愿你能看到这一刻我的模样！"然后他表示愿意悄悄在奈里接见富歇——要悄悄地，因为不能让巴黎方面猜到民众选出的领袖正在出卖他的国家以换取大臣的职位，窥伺神器的人正在出卖他的人格以换取王冠。在暗中，只有一个目睹者——还俗的主教在场，悄悄地进行这桩现代史上最可耻的买卖——过去的雅各宾党人和未来的国王之间的买卖。

奈里演出了一场惊心动魄、离奇怪诞的戏，配得上莎士比亚

---

❶　亨利四世原为胡格诺派教徒，为结束宗教战争，改宗天主教，遂登上法国王位。弥撒是天主教仪式。

或阿雷萨诺❶的生花妙笔：圣路易❷的后裔路易十八国王，接见谋弑他胞兄的凶手之一，七次背誓的罪人，国民公会、帝制和共和国时代的大臣和部长富歇，以便接受他的第八次效忠宣誓。昔日当过主教、后来又成了共和派及皇帝臣仆的塔列朗，引导他的同道入内。为了走得稳当些，瘸腿的塔列朗一手扶着富歇的肩——照夏多布里昂❸刻薄的说法，是"恶行依靠着背叛"。这两个无神论者，看风使舵的家伙，以这样的姿态，仿佛两兄弟，走到圣路易的子孙跟前。先深深地一鞠躬。然后，塔列朗承担起难堪的任务，向国王介绍了谋弑他胞兄的凶手——把他作为大臣介绍。这个枯瘦干瘪的人，脸色比往常更加苍白，在'暴君"和昏王面前跪了下来，吻了他的手（这"暴君"血管里流着和他曾经帮助谋划杀害的那个人相同的血），对天主宣誓（这天主的教会曾经在里昂被他率领的团伙抢掠和侮辱）。这样的场面，连富歇都有些受不了。

所以，奥特朗托公爵离开朝觐的房间时，仍然脸色煞白，由一瘸一拐的塔列朗搀扶着，一言不发。那位老奸巨猾、玩世不恭、做弥撒同打牌全然一样的主教奚落了几句。连这都没有能够叫富歇摆脱窘迫的感觉，他继续沉默着。夜间，他口袋里揣着国王签署的委任他为大臣的敕令，回到了杜伊勒黎宫，回到他的丝毫没有起疑的同事们那里。他明天就要把他们撵走，后天就要把他们流放；他身

---

❶ 16世纪意大利文学家。

❷ 即路易九世。

❸ 18世纪至19世纪法国作家。

处他们中间，想必多少有些尴尬。这个最不可靠的仆人刚刚获得了自由，但——命运的矛盾多么叫人惊奇！卑下的心灵受不了自由，他们老是要急急忙忙地逃离自由，回到奴役一边。这不，昨日还是强有力的、独立的富歇，又在主人面前卑躬屈膝，又套上了权力的枷锁（自以为掌握着命运）。可是，他即将被打上耻辱的烙印——他的枷锁的标记。

次日早晨，联军进入巴黎，根据秘密协定，联军占领了杜伊勒黎宫，给议员们一个闭门羹。这一来，假装不胜惊怒的富歇便有了好由头，向他的同僚们建议让出政府权力，以抗议刺刀的威胁。上当的部长们同意了这慷慨激昂的姿态。于是，按照暗中达成的协议，突然社稷无主；整整一天，巴黎没有任何政府。路易十八此时直趋巴黎城下，受到热烈欢迎，俨若救星，闹哄哄的欢呼声不绝于耳，其实是新任的警务大臣掏钱布置的场面。法国从此又成了王国。

到这一刻，富歇的同僚们才恍然大悟，敢情是富歇巧妙地骗了他们。他们还从《Moniteur》上得知富歇卖身投靠的价钱。这时候，十分正直诚实、历来清清白白（只是不大聪明）的卡尔诺火冒三丈。"如今我往哪儿去，叛徒？"他一脸鄙夷不屑地问新任的王国警务大臣。

富歇同样一脸鄙夷不屑地回答他："爱往哪儿去往哪儿去，混蛋！"

这两个老雅各宾党人和硕果仅存的热月党人言简意赅而富有特色的对话，结束了近代最最奇异的戏剧、革命及其光怪陆离而令人目眩神迷的景象——拿破仑在世界史上的行进。英勇冒险的时代成为过眼云烟,世界资产者的时代开始了。

第九章　日薄西山

1815年—1820年

　　1815年7月28日，拿破仑的百日事变已成为明日黄花，国王路易十八坐一辆美轮美奂、金碧辉煌的马车，套着一色白的小走马，再次进入了他的巴黎城。欢迎场面极为壮观。富歇干得十分出色。欢呼的人群簇拥着马车，屋顶上飘扬着白色的王旗；没有旗帜的人，匆匆把手帕或桌布系在手杖上，伸出窗外。入夜，全城一片灯海，火光烛天；妇女们兴高采烈，居然同英国和普鲁士占领军的军官们也跳起舞来。没有一声敌意的喊叫；事前调集准备弹压的宪兵纯属多余；至诚笃信基督教国王陛下新任警务大臣约瑟夫·富歇为他的新君确实卖力之至。在杜伊勒黎宫，一个月以前他还在那里毕恭毕敬地自称是拿破仑皇帝最忠心的臣子，今天奥特朗托公爵在那里恭候路易十八国王的御驾；而二十二年前，也是在这座宫殿，他把路易十八的胞兄——那个"暴君"判处了死刑。如今，他在圣路易的后裔面前低声下气，奴颜婢膝，上书时落款是"赤胆忠心、忠贞不贰之愚臣恭奏"（富歇亲笔缮写的十来份奏章上都是如此，一字不差）。他历来疯狂的杂技式跳跃中，这回是最大胆的一次，但也将是他在政治舞台上最后一次翻筋斗。开始似乎诸事顺遂。国王还没有在宝座上坐稳，他是不会藐忽富歇先生的效劳的。再说，他还需要这个在任何情况下都能玩一手漂亮花样的费加罗❶。首先，得由富歇来搞选举，因为宫里想让保王党在人民的国会中取得可靠的多数席位：这个"久经考验的"共和派和平民出身的人，可以利用来赶牲口，那是再好不过了。此外，还得干几桩麻烦的血腥的勾当，为什么不使唤这只破手套呢？破手套回头就可以扔掉，不会弄脏国王的手。

这一类肮脏的勾当在国王临朝之初就得干。固然国王在放逐中曾信誓旦旦，保证对所有在百日事变期间曾为回国的僭皇服务的人一体赦免。但，人一吃饱了饭，想法便会改变：国王们在追逐王位时许下的诺言，践位后难得依然认为自己有责任去履行。愤恨的保王党人以他们的耿耿忠心自豪，觉得如今国王已经坐稳，要求惩罚所有在百日事变期间离开了百合旗的人。保王党人们的君主主义情绪历来比君主本人更加强烈，路易十八受到他们的怂恿，终于依从廷议，于是警务大臣承担起草拟附逆分子名单的沉重的责任。

奥特朗托公爵满心不愿意。当真要为了区区小事去惩罚人吗？

---

❶ 博马舍喜剧中的人物。

他们无非是采取了明智的行动，投靠了更有力量的人，投靠了胜利者。另外，他这位至诚笃信基督教国王陛下的警务大臣不会忘记，说老实话，这样一份名单，榜首应该是拿破仑时期的警务大臣奥特朗托公爵，也就是他自己。他的处境——天主为证！——十分为难。一开始，富歇想要滑头，推掉这棘手的任务。本来应该拟个首要分子名单——三四十个人——他却叫众人大为惊愕，呈上了几大张纸，开列了三四百人，还有说一千人的，要求一体予以惩罚，或者一体不予惩罚。他希望国王没有勇气大肆株连，这件麻烦事就此了结。但，主持内阁的塔列朗是同他一样的老狐狸，发觉这帖苦药不对他朋友富歇的脾胃，于是更加死搅蛮缠地要富歇喝下去。塔列朗无情地吩咐富歇压缩名单，到最后只剩下四十个人，然后把痛苦的责任加到他头上，让他在判处这四十人死刑或流放的判决书上签字。

就富歇而言，最聪明的做法莫如拿起帽子，走出王宫，随手把门关上。但我们已屡次提及富歇的弱点：这位野心家，他的心智具备各种素质，独缺一项——他不善于及时离开舞台。他宁可遭人家白眼、嫉恨、愤怒，也不愿意自动离开大臣的交椅。激起公愤的黑名单于是出笼，其中包括法国最著名最高尚的名字，而由一个老雅各宾党人签署。名单上有 l'organisateur de la victoire❶和共和国的缔造者卡尔诺，无数次战役的胜利者、撤离俄国时残军的救星内伊元帅，有富歇在临时政府中的全体同僚，有他在国民公会时期硕果仅存的同事，革命时期的同志。这份令人毛骨悚然的、判处死刑和

---

❶ 胜利的组织者（法语）。

流放的名单，把二十年来为法国增添光辉的名字囊括以尽。独独缺

了一个人的名字——奥特朗托公爵约瑟夫·富歇。

　　或者，说得确切些，这个名字并没有漏掉。文件上，奥特朗托

公爵的名字赫然在目。但不是在名单内，不是列在被指控被判刑的

拿破仑众大臣中间，而是作为国王陛下的大臣，作为刽子手，出现

在名单的下方——由他签署，把他昔日的伙伴一个个都送上了刑场

或流放地。

　　这老雅各宾党人如此自己糟践自己，玷辱他的良心，国王不能

不对富歇略表谢意。奥特朗托公爵得到了最崇高也是最后一次的荣

誉。他鳏居五年，如今决定再娶；这家伙一度那么凶狠，酷嗜"贵

族的鲜血"，刻下却一心要同"蓝血"❶结亲。具体地说，他想娶卡

斯特梁伯爵小姐为妻。这位小姐属于门第最高的贵族，从而是"理

应受到正义之剑制裁的罪恶匪帮的一员"，富歇当日在讷韦尔曾经

做过这样的宣传，但此后，嗜血的前雅各宾党人约瑟夫·富歇观点

已彻底改变（例子不少）。今天——1815年8月1日可不是1793年，

他乘车前往教堂可不是去用铁锤砸烂"宗教狂的可耻的象征"——

耶稣受难十字架和祭坛，而是为了同他的出身高贵的新娘一道谦卑

地接受主教的祝福，而主教头上戴的那种法冠，我们记得，曾在

1793年被他套在驴子的耳朵上。按照古老的贵族的习俗——奥特朗托

公爵知道，如果他要娶德·卡斯特梁伯爵小姐为妻，就得如此，——

婚书上应有最显赫的贵人签字。这份世界史上独一无二的文件上，路

----

❶　贵族的别称。

易十八作为第一证婚人manu propia❶签了名——富歇是路易十八胞兄的谋弑犯之一，他的婚礼，路易十八最配也最不配做证婚人。

这太过分了，毫无疑问，确实过了分：Régicide弑君犯如此嚣张，居然请牺牲在断头台上的国王的胞弟做他的证婚人。此事在贵族圈子里激起了极度的愤怒。他们嘟囔，这个反复小人前天才成了保王党，举止却仿佛他当真属于宫廷及阀阅世家。其实，现在谁还需要这个家伙，le plus dégoûtant reste de la révolution，这个革命最后最肮脏的残渣余孽？他以他卑鄙的存在，便玷污了整个内阁。他襄赞国王回到了巴黎，他以他那卖主求荣的手签署了审判法兰西优秀人士的法令。那都不假。但，如今该叫他滚蛋了！当初国王焦急地等待机会回到巴黎时，那些贵族曾力劝他务必任命奥特朗托公爵为大臣，以便不流血地进入巴黎城，如今他们突然再也不认识什么奥特朗托公爵了。他们执拗地只记得一个叫约瑟夫·富歇的，曾在里昂用炮火消灭了几百神父和贵族，并曾要求处死路易十六。突然，奥特朗托公爵发觉他走过国王的接见室时，许多贵族不向他鞠躬致意，甚或摆出一副挑衅的样子，轻蔑地转过身去。突然，出现了反对Mitrailleur de Lyon的传单，辗转流传。在新成立的爱国主义团体"Francs régénérés"❷内，camelots du roi❸和"觉醒的匈牙利"的前辈们召集会议，要求把这可耻的污点从百合旗上除去。

然而，事情涉及权力，富歇不会不战而降：权力他是死抱住不

---

❶ 亲笔（拉丁文）。

❷ "复活的法兰西人"（法语）。

❸ 国王的好汉们（法语）。

放的。从当年一名间谍的报告中，可以看到他千方百计地想巩固他的地位。最后，推翻拿破仑的那些人还在法国；他们能够保护他，不让国王驾前过于热忱的臣仆欺人太甚。他觐见了俄国沙皇，每天同威灵顿及英国公使磋商几个钟头。他发动秘密的外交活动，一方面抗议外国军队在法国胡作非为，企图借此争取民心，同时，拿渲染危险的报告来吓唬国王。他让滑铁卢的胜利者到路易十八面前去替他说项。他还动员了银行家、妇女和仍然忠实于他的朋友。不，他不想下台。他为了这职位付出的代价太大，牺牲了良心，不能不拼命反抗。几星期内，他活似一个游泳能手，忽而侧泳，忽而仰泳，居然没有在政治水池中下沉。还是那个间谍报告，在这一段时间里，他的举动沉着稳当，可能他确实没有丧失信心。二十五年来，他多少次倒而复起！

他曾经打败了拿破仑和罗伯斯庇尔，为那么几个臭贵族，犯得着提心吊胆吗！这个世故极深的老滑头，早就没有什么惧怕的感觉，对人十分藐视——多少世界史上极伟大的人物上过他的当，先他而弃世！

不过，这个见利忘义的老家伙，这个揣摩人的心理精细入微的专家，有一件事他是办不到的。其实谁也办不到：那便是同幽灵斗争。他忘了，国王的宫廷里游荡着一个过去的幽灵——厄里倪厄斯❶似的幽灵：路易十六和玛丽·安托瓦内特的亲生女儿昂古列姆公爵夫人，一家四口中唯独她逃脱了屠戮。路易十八国王还能原谅富歇。归

---

❶　希腊神话中的复仇女神。

根结蒂，他登上王位还得感谢这个雅各宾党人，而即使在最上层的圈子里，这样的遗产有时也能消解丧兄之痛（历史能够证明）。再说，他也很容易原谅人。因为在恐怖时期他并没有亲身受过任何伤害。但，路易十六和玛丽·安托瓦内特的女儿昂古列姆公爵夫人却记得她童年时代惊怖的景象。童年的回忆已在她的心灵中生了根，终生难忘，什么都冲淡不了她的仇恨。她的灵和肉受苦太深，没法原谅这个雅各宾党人，这个可怕的家伙。她小时候，在圣克卢堡，经历了那个恐怖的夜晚，一群无套裤汉党❶打死了司阍，靴上鲜血淋漓，出现在她的父母面前。随后，她又经历了那个黄昏，他们四人，父亲、母亲、弟弟和她——"面包师傅、其妻、其子女"❷被塞到一辆大车上，随时都会被杀死，由一帮大喊大叫、如癫似狂的乱民押回巴黎的杜伊勒黎宫。她也经历了8月10日❸，那一天，乱民用斧子劈开了门，冲进她母亲的寝宫；她的父亲被他们出洋相，一顶红帽子扣到他头上，一支长矛顶住他的胸膛。她在丹普尔监狱经历过可怕的日子和毛骨悚然的时刻，一支长矛穿着一颗血污的人头举到他们的窗口；那是她母亲的女友德·朗巴尔公爵夫人的头颅，披散着被鲜血粘成一绺绺的头发。她的父亲后来被送上了断头台，她的小弟弟在囚室里被乱民虐待致死；她和父亲及弟弟诀别的时刻，她又怎么能忘记？富歇的一群同党，戴着红帽子，日日夜夜鞫问她，折磨她；他们审讯王后，指控王后教唆幼小的儿子腐化堕落，

---

❶　法国大革命时期革命群众的别称。

❷　路易十六在囚禁时，对外的身份是一面包师傅。

❸　1792年。

而逼她这个做女儿的在这案子中提供伪证——这些事情她怎么能不想起？他们把她从母亲的怀里一把推开，然后，车声辚辚，一辆大车把王后载往断头台——这瞬间的印象又怎么能从脑海中驱走？不，她——路易十六和玛丽·安托瓦内特的女儿，前丹普尔监狱的囚犯，对这些恐怖的体会自不同于路易十八。路易十八只是道听途说，只是从报纸上看到这种种情形。而在她，这些恐怖宛如烧红的铁，从小便烙在她惊悸的、阴郁的、受尽磨难的心灵。她对杀害她父亲、折磨她母亲的凶手，对童年时代可怕的形象，对雅各宾党人和革命者，至今切齿痛恨。这仇恨决没有熄灭，深仇大恨尚未得报。

这样的回忆是不会忘怀的。公爵夫人发誓：任何时候，任何地方，决不向参与杀害她父亲的、如今是她叔叔驾前大臣的约瑟夫·富歇伸出手去。她同他不共戴天，决不同他待在一个厅堂。她毫不掩饰地、咄咄逼人地在整个宫廷面前流露出她对这个大臣的轻蔑和憎恨。任何节日庆典和任何招待会，但凡有这个弑君犯、这个背叛本人信仰的叛徒在场，她便决不参加。她对这变节分子赤裸裸的、狠毒的、狂热发泄的蔑视，激发了其他人的荣誉感。到最后，王室的全体成员向路易十八提出要求：他的政权已经巩固，如今他该把杀害他胞兄的凶手撵出杜伊勒黎宫，叫那人丢尽颜面。

路易十八任命约瑟夫·富歇为大臣本来就是不情不愿，只是因为离了他不行。如今已用不着他，国王是愿意甚至高兴让他去职的。"得让可怜的公爵夫人见不到这讨厌的家伙"，他微笑着提到这个一点也没有疑心、落款仍写"忠贞不贰之愚臣"的富歇。另一个变节分子塔列朗，奉旨向他国民公会和拿破仑时期的同事说明，他以不来杜伊勒黎宫为宜。塔列朗挺乐意接受这项任务。时下，保王的风强劲，塔列朗张帆艰难，他指望他的幸运之舟能继续行驶，只需把累赘扔出船外。而他的内阁中最重的累赘自然是那个"弑君犯"兼他的老伙计富歇。这看来很棘手的差使——把他扔出船外，塔列朗干起来有声有色、温文尔雅，机智灵活。他不是鲁莽灭裂地、得意扬扬地通知富歇辞职。不是的。他作为讲究方式的老手，作为世袭的贵族，选择了一个高明的办法暗示富歇，他的末日来临了。塔列朗，18世纪的最后一位贵族，习惯于在沙龙里演出喜剧，玩弄阴谋；粗暴的解职出之以最最文雅的方式。

12月14日，塔列朗和富歇在一个晚会上见面。大家在一起吃晚饭，谈话，聊天。塔列朗心情极佳，身边围了一大群人：美艳的淑媛、高官显宦和青年，人头攒动，都急煎煎地想听听这位讲故事的能手讲点什么。果真，这回他讲得特别 Charmant❶。他讲，很久以前，他为了逃避国民公会的缉捕，出亡美国。他对这个美好的国家赞扬备至。噢，那里多好——难以穿越的森林，林中居住着红种人的原始部落，未经勘查的巨川；汹涌澎湃的波托马克河和茫无涯际的伊利湖。在这个充满英雄气概和罗曼蒂克情调的国家，居民是一种新型的人，饱经风霜，坚强能干，能征惯战，忠于自由，有无限的潜力，创立了模范的法律。那里确实有可资我们学习的东西；那里能强烈地感觉到新的、美好的未来，要比在我们欧洲强烈一千

---

❶ 精彩（法语）。

倍。真该在那里生活和干事业，他热烈地赞美着；他觉得，没有一个职位比驻合众国大使更诱人的了……

蓦地，他控制住似乎偶然迸发的热情的冲动，对富歇说："公爵，你想不想出任这个职务？"富歇脸色煞白。他明白了。内心气得发抖：多巧妙，多机灵，当着大伙儿的面，这老狐狸把他大臣的交椅扔到了门外。富歇没有回答。过了几分钟，他鞠躬告辞，回到家里之后，立即写辞呈。塔列朗满意了，打道回府的时候，冷笑着告诉他的朋友们："这一次我可彻底拧断了他的脖子。"

富歇大臣这次去职，明显是放逐；为了在世人面前稍加掩饰。顾全面子，给了他一个无足轻重的职务。这一来，《Moniteur》没有报道弑君犯régicide约瑟夫·富歇被免去警务大臣，但在该报上可以看到路易十八陛下降恩，任命奥特朗托公爵阁下为驻德累斯顿宫廷的使节。这卑末的职务既不同他的品级相当，又不符合他在世界史上的地位。众人自然预料他会拒绝。但，全不是那么一回事！并不需要特别聪明，都会明白反动政府已彻底地、无可挽回地把他这个弑君犯免职；过几个月，连扔给他的这根可怜巴巴的骨头也会夺走。然而，疯狂的权欲把心灵一度那么强悍的狼变成了狗。拿破仑在末日到来之前已不是为他的地位，而是为他那皇帝的空名拼命挣扎，他的臣仆富歇也同他一模一样，而且还不如他高尚，紧紧抓住一个大臣的名位。像痰涎，他牢牢地粘在政权上。他万般苦恼，然而一辈子做惯了奴仆，这回仍然屈从了他的主子。"皇上，我接受陛下恩赐的使臣一职，感激涕零。"——这个已是垂暮之年，拥有两千万法郎财产的人，写信给那个半年以前才靠他当上了国王的人，口气是那么的驯顺。他打点了箱笼行李，带全家人同赴德累斯顿的宫廷莅任。他安顿了下来，找了一处侯门般的公馆；他的安排俨然是要以国王使臣的身份在德累斯顿度过余生。

但，他多年来惧怕的事情近在眼前。几乎匹分之一世纪，富歇竭力阻挠波旁王室复辟，本能地感觉到：波旁王室到头来会为了la mort❶两个字同他算账——这两个字把路易十六运上了断头台，其中也有他的罪孽。他贸然希望能骗过他们，钻进了保王党人的行列，打扮成国王的忠臣。然而，这一遭他没有能够骗过别人，只是欺骗了自己。在德累斯顿的住处，他还没有来得及吩咐裱上新墙纸，还没有来得及布置，法国国会里已经起了风暴，没有人再说奥特朗托公爵；大家都忘记了当日一位冠有此爵号的公卿把他们的新王隆重地接回巴黎。众人挂在嘴上的只是富歇先生，régicide，南特的约瑟夫·富歇——这个富歇曾在1792❷年判处国王死刑，曾是Mitrailleur de Lyon。国会以压倒多数票——三百五十四票对三十二票——拒绝给予此人——此人曾谋弑奉天承运的君主——以任何宽恕，宣布终生流放。不消说，这已意味着丢人现眼地丢掉公使的职务。当局冷酷无情地、幸灾乐祸地、嗤之以鼻地把"富歇先生"一脚踢出门外。他再也不是阁下，不是荣誉军团司令官❸，不是元老院议员，不是大臣，也不是公卿；同时，正式向萨克森国王示意，不宜再把这

---

❶ 处死（法语）。
❷ 原事件发生时间实为1793年1月16日。——编者注
❸ 荣誉军团是拿破仑设立的一种叙勋组织，荣誉军团司令官是高级勋位。

个叫富歇的家伙留在德累斯顿。富歇自己流放过成千上万的人，过了二十年，作为国民公会硕果仅存的斗士，自己也步他们的后尘，失去了栖身之所，成了众人唾骂的流放犯。如今，他被宣布不受法律保护，各党各派的仇恨一致发泄到这位倒台的大臣身上，同仇敌忾，一如过去各党各派一致拥戴这盟主为统治者的同心同德。诡计、抗议、保证，全都无济于事：丧失政权的统治者、下野的政客、惨败的阴谋家——历来是人世间最凄惨的角色。富歇从来没有过什么主义，没有过道德的、人的激情，一贯依靠人和时机的恩典，做他们的奴隶——欠下的债，他该清偿了，还得付出高昂的利息。

如今怎么办？奥特朗托公爵被逐出法国后，起初并不担心他今后的出处。他不是俄国沙皇宠信的人吗？不是滑铁卢的胜利者威灵顿倚重的人吗？不是奥地利炙手可热的大臣梅特涅的朋友吗？贝尔纳多特一家不该感谢他吗？是他把他们捧上了瑞典的王位。巴伐利亚的王公们也是如此。他多年来同各国外交家交好；欧洲各国诸侯和国王都想博得他的欢心。他只要（下野的大臣这样想）稍微暗示一下，每个国家都会抢着接待被放逐的亚里斯蒂德❶，以能够接待他为荣。但，世界史对待下台的人和当权者是截然不同的。尽管富歇多次暗示，俄国宫廷和威灵顿都没有来信邀请。比利时一口拒绝——那里的老雅各宾党人已经够多的了；巴伐利亚小心翼翼地推托了；连老朋友梅特涅公爵，态度也是出奇的冷淡。好，当然行，倘若奥特朗托公爵一定要这样，他可以到奥地利。奥地利豁达大

---

❶ 古希腊雅典政治家和统帅，后被驱逐出雅典。

度，决不反对，但他无论如何不能来维也纳，那是不行的，他没有任何必要到维也纳来，同时，他无论如何不能云意大利❶。必要的话，他可以住到哪个外省的小城市去（建议他循规蹈矩），不过不能在下奥地利，不能离维也纳太近。是啊，这个老朋友好朋友梅特涅不太好客。万贯家资的奥特朗托公爵提出将他的财产投资在奥地利的土地或国家证券上，提出把他的儿子送进奥地利帝国军队服务，连这都没有能够叫奥地利大臣冷冷的口气热乎起来。奥特朗托公爵通知他打算访问维也纳，奥方婉言谢绝：不，他最好悄悄地、不声不响地去布拉格。

于是，其实并不是邀请的，并不风光，人家并不欢迎，只是没法，约瑟夫·富歇从德累斯顿到了布拉格，想在那里定居：他的第四次放逐——最后一次也是最难挨的一次放逐开始了。

布拉格见这位高贵的或者不如说是从高处一跤摔下来的客人来，也不太热情。世袭贵族对这位不速之客更是讨厌。波希米亚贵族是看法国报纸的。法国报纸这些天来连篇累牍都是复仇的、恶狠狠的攻击，同声谴责富歇"先生"：常常详详细细地描写这个雅各宾党人在1793年如何把里昂的教堂和讷韦尔的金库洗劫一空。所有渺小的烂文人原先在警务大臣的铁拳下浑身发抖，强压怒火，如今肆无忌惮地对这个无还手之力的人横加污辱。时间之轮以疯狂的速度转动着。当初他监视着半个世界，现时自己遭到监视；他的发明天才所创造的一切警察手法，被他的学生和部下用来对付昔日的

---

❶ 当时的意大利和捷克都属奥地利的势力范围。

老师。奥特朗托公爵每一封来往信件都要经过信检处，拆开抄录；他每一次谈话，特务都要窃听汇报；他的熟人都被盯梢；富歇的每一步都有人监视，他处处觉得被人窥伺，被人包围，他的说话有人偷听；他自己的艺术、他自己创立的科学残酷地、有效地使用在他的身上——使用在这个高明独到的发明者身上。他寻求保护以摆脱这些凌辱，但劳而无功。他写信给路易十八，但路易十八没有给下台的大臣回信，一如当初富歇没有给下台的拿破仑回信。他找梅特涅，但梅特涅至多通过办公室下级职员答复一个单音节的"行"或者"不"。他得忍受一切侮辱，处之泰然，可别再吵吵别再告状了。过去众人向他表示好感仅仅是出于惧怕，如今人们再也不怕他，他于是遭到了众人的唾弃。最伟大的政治赌徒彻底输光了。

　　二十五年来，他灵活滑溜；多少次，噩运几乎已经抓住他，都被他滑脱。而如今，他最终被按倒在地上，噩运无情地打击了这下野的大臣。不仅是作为政治家，而且作为一个人，约瑟夫·富歇在布拉格惨遭没顶之灾。1817年发生了一件事，事情虽小，但没有一位小说家能创造出比这更妙的象征以说明他的精神上的屈辱。悲剧而外，又添上了对任何不幸的最可怕的丑化——喜剧因素。不仅作为政治家，而且作为丈夫，他受尽了侮辱。毫无疑问，二十六岁美艳的贵族女子同毛发稀疏、脸色死人般煞白的五十六岁鳏夫结缡并不是出于爱情。这不太吸引人的对象在1815年可是法国的第二号大富翁，拥有两千万法郎，人称阁下，是公爵，是至诚笃信基督教国王驾前人人尊敬的大臣。妩媚而家道中落的外省伯爵小姐，能在一切宫廷舞会上以及圣日耳曼区法国最高贵的仕女中间出出风头，这样的机会很诱人，自然合乎这位伯爵小姐的心愿。一开始，确是大有希望：国王赏脸，亲笔在她的结婚证书上签名，贵族和内廷官员纷纷赶来祝贺。巴黎的府邸、两座庄园和普罗旺斯境内的公爵城堡，互相比赛，看谁有幸接待新的女主人奥特朗托公爵夫人。为了这样的气派，为了两二万法郎，一个虚荣的女子是可以接受冷静的、秃顶的、皮肤蜡黄的、五十六岁的丈夫的。但匆忙了些的伯爵小姐把她纯洁的青春换来的却是魔鬼的黄金——蜜月过后不久，她便得悉她的丈夫不是众人尊敬的大臣，而是法国最叫人瞧不起、最被人憎恨的人，遭到流放，丧失了土地，成了全世界唾弃的富歇"先生"。公爵和他的全部气派消失了，她身边只有一个肝火旺、易动怒、萎靡颓唐的老头。所以，这位妙龄女子在布拉格同一个叫蒂博多的青年（父亲也是个被放逐的老共和战士）发生了友谊的情意❶，也就不太出人意料了。这友谊的情意中间有几分是友谊，有几分是情意，人们不太清楚。反正到最后，吵得很厉害，富歇拒绝接待年轻的蒂博多。不幸的是，他们夫妻的不和未能保守秘密。法国保王党的各家报纸一门心思糟践那个叫他们心惊胆战了多少年的人，关于他的家庭纠纷登了几篇报道，尖酸刻薄，还散播了一则粗野的谎话，叫读者们兴高采烈。这则谎话说年轻的奥特朗托公爵夫人已在布拉格同她的奸夫私奔，逃出老王八的家。不久，奥特朗托公爵在布拉格社交场合露面时，发现淑媛们很难掩饰她们的笑容和嘲讽的目光；她们点点戳戳，拿那个花信年华的妇人同他毫无魅力

---

❶ 原文是法语 amitiè amoureuse。

的形貌做比较。这散播谣言的老手，一辈子搜觅流言蜚语和丑闻笑料，如今亲身尝到被人蓄意破坏名誉的滋味。他明白，没法去同恶意中伤的闲言碎语计较，最聪明的办法莫如避开。只是身处现在这样的逆境，他才充分意识到他坠落到多么可怕的深渊；布拉格的生活于是成了他的地狱。他写信给梅特涅公爵，请求准他离开他憎恨的布拉格，在奥地利内地另选一个城市。他等了好久。最后，梅特涅恩准他去林茨：失望而疲惫的他，逃避着昔日听命于他的世界对他的憎恨和嘲笑，低三下四地躲到了那里。

林茨——在奥地利，每当有人把它说成"城市"，人们总是要发笑；完全不是故意的，它同"林子"谐音。农民出身的市民、造船工人、手艺人——大多生活艰难，只有几幢房屋属于当地的地主。这里与布拉格迥然不同，没有光荣伟大的文化传统，没有歌剧院，没有图书馆，没有戏园子，没有热热闹闹的贵族舞会，没有节庆活动，是一个地地道道、相当死气沉沉的外省小镇，是老家伙们隐居的地方。一个老头带着两位差不多年纪的青年女子——妻子和女儿，到这里定居。他租赁了一座漂亮的房子，布置得富丽堂皇，叫包工头和商人们大为高兴——他们的城里从来没有过这样的百万富翁。有几家人家想结识这几个有意思的、因为有钱所以重要的外国人。不过，本地的贵族明显地看重闺名卡斯特梁伯爵小姐的妻子，而贬低市民的贱种富歇"先生"——这富歇，是拿破仑（在他们看来，也是一票货的冒险家）首先把公爵的袍服披在他的瘦骨嶙峋的肩上的。至于官吏，从维也纳接奉秘密的命令，要他们尽量少同富歇来往。因此，一度充满了活力的他，完全是离群索居；几乎人人都回避他。富歇的一个同时代人，在回忆录里十分形象地描绘了他参加一个公开舞会的情形。"很奇怪，我看到人们对公爵夫人非常客气而富歇本人却没有人理睬。富歇中等身材，结实而不显胖，脸很丑。在跳舞晚会上，他老是穿一件蓝色燕尾服，金扣子，佩戴一枚硕大的奥地利列奥波德勋章，穿白色的裤子，白色的长袜。他往往独自站在壁炉旁，观看人们跳舞。这位一度无所不能的法兰西帝国大臣那么孤独那么寂寞地站在一旁，一旦有个什么官员同他谈话或请他下盘棋，便显得喜不自胜。我每当看到这景象，总不禁想到人世间一切权势的无常。"

这个精神痛苦的人，只有一丝希望支持他直至生命的最后一刻。那便是希望有朝一日，哪怕只是一次，重返高层政治的圈子里去。他萎靡不振，精衰力竭，动作慢吞吞，甚至有点发胖；然而摆脱不了幻想，总以为他这样一个功勋卓著的人，还会被请回去搞政治，以为命运以往多次把他从黑暗中找出来，这遭还会这样，还会把他送进绝妙的世界政治游戏。他同他在法国的朋友们保持着秘密通信联系。这个老梭子还在纺线，还在编织他的无形的网。但在林茨的屋顶底下，他的网始终没有能够被人发现。他用假名出版了《同时代人论奥特朗托公爵》，伪托别人颂扬自己，用鲜明的甚至抒情的色彩描写他的天才、他的性格。同时，在私人的信函中，他为了吓唬他的仇敌，几次三番告诉别人：奥特朗托公爵正在写回忆录，将在布罗克豪兹出版，题献给路易十八；他想用这样的办法提醒那些欺人太甚的家伙：前警务大臣富歇的箭袋里还有利箭，甚至是致命的毒箭。但，说来奇怪，没有任何人再在他面前发抖，没有任何东西能帮助他离开林茨，谁都不想找他出主意或者求他帮忙。法国国会后来为了别的一件什么事情，提出了让这流放犯回国的问题；其时，人们回忆起他的时候已经没有憎恨甚至没有兴趣。他离开世界舞台三年。看来，这三年便足以使人忘记这位演出各种角色都出色当行的伟大演员。沉默像一具玻璃棺材笼罩着他。在世人眼里，奥特朗托公爵不复存在，只有一个老头儿，身心交瘁，易怒，孤僻，阴沉而孤独地在林茨单调的街头散步。时不时，这个包工头或那个商人在这伛偻的、病恹恹的老人面前彬彬有礼地举帽致敬。没有人再了解他，没有人再想起他。历史这位永恒的辩护士，狠狠地报复了这个一贯只考虑瞬间的人：它生生地埋葬了他。

奥特朗托公爵被人彻底遗忘了；除了奥地利警方的几位官员，谁也没有发觉梅特涅在1819年终于准许奥特朗托公爵迁往的里雅斯特。梅特涅所以会准许，只是因为他得到了可靠的消息，知道他可以施舍这小小的恩典，反正接受者已经是人命危浅。这个不安生的、一心想干事的人，无所事事比之三十年辛辛苦苦的工作，更叫他衰弱，更戕害他的健康。他的肺不行了，寒冷的气候对他有害，所以梅特涅恩准他去阳光比较明媚的的里雅斯特。在那里，人们偶或还能看到一个垮了的人蹒跚地走去望弥撒，祷告时交叉着手，跪在长椅前。这便是四分之一世纪前亲手砸烂祭坛上耶稣受难像的约瑟夫·富歇。如今他低下头，朝"迷信的可耻的象征"下跪。很可能，他在怀念那古老的修道院、他在那里成长的修道院、斋堂间静悄悄的走廊。他身上，说不出是什么东西，发生了彻底的变化；这个老阴谋家和野心家现在只想同他所有的敌人和解。他的伟大的对手拿破仑的兄弟姊妹，也早已被打倒、被遗忘，有时来看望富歇。他们推心置腹地同他谈往事。这些客人看到疲累把这个人变得真正温顺，都感到吃惊。这凄惨的影子，一丝一毫也不像那个危险可怕的人，看不出他曾在二十年内愚弄过整个世界，曾同当年最伟大的人物捣乱。如今他只盼着和解，和解然后平静地死去。果真，在最后一刻，他同神和人都和解了。是的，这个气势汹汹的老无神论者、基督教迫害者和祭坛破坏者，在最后一刻确实同神和解了。十二月末，他派人去请"卑鄙的骗子"神父（他身为雅各宾党人的时候，曾在某年五月这样称呼过神父）；他把双手交叉在胸前祷告，接受涂圣油礼。他同人也和解了。死前几天，他吩咐他的儿子打开他的书桌，把一切文稿都取出来。壁炉里升起了熊熊的火焰，几百几千封信丢了进去，使得几百个人心惊肉跳的那部回忆录想必也在其内。这是垂死者的软弱还是善良的最后的、姗姗来迟的流露？是对彼岸世界的畏惧还是对世上的一切全然无所谓？——不管怎么说，充溢着新的、几乎十分虔敬的心情，他在临死时销毁了一切可能败坏别人名誉、能够替他向他的敌人报仇的材料；厌倦了人和人生，他破天荒第一遭不是追求光荣和权力，而是企盼着另一种幸福——忘怀。

1820年12月26日，这独特的、经历不同凡响的、开始于北方海港的生命，在南方沿海城市的里雅斯特终结。12月28日，这不安生的风派和流放犯的遗体落葬。著名的奥特朗托公爵逝世的消息，开始没有引起多大的好奇。淡淡的回忆，像一缕轻烟，短暂的一刹那间笼罩了他那被人冷落的名字，随即无影无踪地消失在宁静的时间之天空中。

但，四年后，宁静又被打破。人们传说，那么叫人害怕的富歇回忆录即将问世。某些统治者以及某些争先恐后对那下野大臣投井下石的人，不禁打了个寒战。莫非这张危险的嘴巴又要说话，居然在坟墓里开腔？莫非被富歇藏匿的文件、过于坦率的信函和能把人搞臭的证据，又要从警方档案库的黑暗中发掘出来重见天日？然而，富歇即使在死后仍然保持了他的一贯作风。一个滑头书商于1824年在巴黎出版的富歇回忆录，同富歇本人一样的不可靠。这个执拗的不爱多说话的人，到死后也不肯把真情和盘托出；他生怕别人知道他的秘密，而把秘密带进了棺材，好让他自己永远是一个秘密、一个朦朦胧胧的谜、一个叫人猜不透的形象。但，正因为如此，他的秘密又再度使人致力于探究他本人生前如此精通的严酷的艺术：根据昙花一现的踪迹重现他全部曲折的生活道路，并且在他命运的历次转折中了解这位极其独特的政治家，看透他这一类人的内在本质。

附录　　大事记

1759年

	事　件
富歇	5月31日，生于法国港口城市南特。
法国	
世界	

1762年

	事　件
富歇	
法国	卢梭出版《社会契约论》。
世界	

1768年

	事　件
富歇	
法国	
世界	俄女皇叶卡捷琳娜二世为争夺黑海出口，对土耳其发动第一次战争。

1772年

	事　件
富歇	
法国	
世界	8月5日，俄国、普鲁士、奥地利在彼得堡签订瓜分波兰的协定，波兰第一次被瓜分。

1773年

	事　件
富歇	
法国	
世界	英国议会决定在印度设立英属印度总督。

1774年

	事 件
富歇	
法国	
世界	俄国普加乔夫起义。北美反抗英国殖民地统治的第一次大陆会议召开。

1775年

	事 件
富歇	
法国	
世界	北美独立战争开始；第二次大陆会议召开，杰斐逊、富兰克林出席会议。

1776年

	事 件
富歇	
法国	
世界	大陆会议发表《独立宣言》，美利坚合众国诞生。亚当斯密《国富论》问世。

1778年

	事 件
富歇	
法国	与刚刚独立的美国签订同盟及通商条约。5月，启蒙思想家、作家、哲学家伏尔泰在巴黎逝世。
世界	

1779—1789年

	事　件
富歇	从奥拉托里昂修会所属学校毕业，此后十年间，在奥拉托里昂修会担任教师，教授拉丁文、数学和物理课程，并担任舍监、训导员职务。其间，与当时还是律师的罗伯斯庇尔相识，并成为挚友；1789年，资助其到凡尔赛作为代表参加三级会议。奥拉托里昂的修士们在阿拉斯发动小小的革命。富歇建议派代表到国民会议，代表僧侣向第三等级表示同情，后作为惩罚，被教会派往南特教会学校。几周后，当上南特"宪法之友"协会主席。
法国	
世界	

1779年

	事　件
富歇	
法国	与西班牙缔结同盟，对抗英国，随后法兰西舰队进攻直布罗陀。
世界	

1780年

	事　件
富歇	
法国	
世界	荷兰加入法兰西反对英国的战争。

1783年

	事　件
富歇	
法国	
世界	12月，美英签订《巴黎条约》，英国承认美国独立。

1784年

	事　件
富歇	
法国	法国伟大的启蒙运动思想家、"百科全书"组织者狄德罗去世。
世界	

1787年

	事　件
富歇	
法国	
世界	美国制宪会议制定联邦宪法。俄女皇叶卡捷琳娜二世发动第二次对土耳其的战争，土耳其战败。

1789年

	事　件
富歇	
法国	5月5日，国王路易十六在凡尔赛宫召开三级会议；7月14日，巴黎巴士底狱随着全法国农民起义而被攻陷；8月26日，制宪会议通过《人权宣言》。哲学家、百科全书派重要代表人物霍尔巴赫逝世。
世界	美国第一届国会在纽约召开，华盛顿当选为美国第一届总统。

1790年

	事　件
富歇	
法国	
世界	海地爆发反殖民主义的民族革命。

1791年

	事　件
富歇	
法国	制宪会议通过旨在限制工人罢工的法案。6月20日，路易十六出逃，在瓦雷纳被堵，后被遣送回巴黎。9月3日，公布新宪法。米拉波被选为法国议会主席。
世界	8月，普鲁士、奥地利联合，支持路易十六。加拿大被分为上加拿大和下加拿大。圣多明各黑奴起义。托马斯·佩因在英国出版《人的权利》，为法国革命辩护。

1792年

	事 件
富歇	当选国民公会议员。9月21日，第一次参加国民公会大会，站到吉伦特党一边，开始与昔日好友罗伯斯庇尔对立。
法国	吉伦特党人掌权。4月20日，法国向奥地利宣战，开始反对外国联盟的战争。8月10日，民众冲进杜伊勒黎宫，王室成员被捕。丹东领导下的雅各宾党在巴黎夺权。9月20日法国军队在瓦尔密大败普军；次日，国民公会在巴黎开幕，宣布废除君主政体，建立共和（法兰西第一共和国）。法国军队征服奥地利的尼德兰。《马赛进行曲》诞生。
世界	2月，普鲁士、奥地利结成反法同盟。玛丽·沃斯通克拉夫特发表《女权辩护》。

1793年

	事 件
富歇	1月15日，国民公会审判路易十六；1月16日，在罗伯斯庇尔坚持的对国王路易十六的生死抉择的投票上，违背初衷，投下"处死"一票。9月，作为国民公会派到外省的200个特派员之一，离开巴黎，到下卢瓦尔省；在这里，富歇表现出他极为激进的一面，没收私有财产，成为反基督教的斗士。此间，女儿出世；在其管辖内一个市场上，他亲自为女儿施以非宗教的洗礼，开全国风气之先。11月，里昂暴动后，作为法国大革命中激进派中最激进的一员被派往里昂。之后的几周内，处死1600余人，尸体被抛进罗讷河，由此获"里昂屠户"之名。
法国	1月21日，路易十六被送上断头台。6月，吉伦特派统治倒台。雅各宾派执政。马拉被暗杀；罗伯斯庇尔和圣茹斯特加入共和国救国委员会。拿破仑攻占土伦。11月，画家雅克戴维创作完成《马拉之死》。
世界	2月，英国、荷兰宣布参加普奥的反法联盟，第一次反法联盟形成。俄国和普鲁士在彼得堡签订第二次瓜分波兰的协定。

1794年

	事 件
富歇	4月，被罗伯斯庇尔勒令回巴黎国民公会述职，报告里昂事件经过。5月6日，罗伯斯庇尔在国民公会发表演讲，抨击宣扬无神论的富歇。6月6日，富歇出人意料地当选为雅各宾俱乐部主席。6月11日，罗伯斯庇尔再次发表一篇针对富歇的最为激烈的演说，之后，国民公会议员表决将富歇从雅各宾俱乐部开除。从此，命运危殆的富歇开始暗中筹划反对罗伯斯庇尔的阴谋。7月23日，女儿夭折。7月27日，富歇在暗中较量中战胜罗伯斯庇尔，这个昔日的朋友被黜，成为阶下囚，第二天被处死。
法国	7月28日，罗伯斯庇尔倒台，和圣茹斯特一起被处死；雅各宾俱乐部被关闭，保王党人白色恐怖。丹东被处死，随后是大规模的死刑。
世界	波兰起义被俄国镇压。法国殖民地的奴隶制被废除。

1795年

	事 件
富歇	8月9日，经过旷日持久的辩论，富歇因其恐怖行为而被起诉，次日议决逮捕，但富歇凭着其一贯的招数，再一次保住性命。
法国	国民公会解散，成立立法团；11月，由元老院和500人院选出第一任督政府，巴拉斯出任督政府主席。拿破仑被指定为法国革命军驻意大利指挥。
世界	第一次反法联盟解体。费希特《永久的和平》完成。波兰第三次被瓜分。

1796年

	事 件
富歇	富歇与妻女在一个昏暗肮脏的阁楼上，过着卑微的生活。其间，成为督政府巴拉斯部长私人眼线，兼以为军队采购、出差视察等差使，聊以为生。
法国	巴贝夫恢复1793年议会的阴谋失败；拿破仑在意大利北部击败萨丁王国的军队和在意大利的奥军。
世界	英国控制厄尔巴岛。

1797年

	事 件
富歇	成立富歇－恩格洛合营公司，专门向部队供应劣质军需品，大发其财。
法国	法国和奥地利达成和平协议；拿破仑向维也纳进发；回到巴黎后，被任命为进军英国部队的指挥。塔列朗被任命为法国外交大臣。
世界	英国海军上将纳尔逊在圣文森特角打败西班牙舰队。

1798年

	事 件
富歇	因其恩人巴拉斯政变成功，并在新一届督政府中担任主席，富歇作为政府代表被派到法军驻扎的意大利，后又被派往巴达维亚共和国（即荷兰）执行秘密谈判，当上了法兰西共和国大使。
法国	1798—1799年，拿破仑登陆埃及（间接打击英国）；打败马穆鲁克；金字塔一役使拿破仑成为埃及的统治者；占领罗马，宣布罗马共和国成立；占领那不勒斯王国、马耳他。英国海军在阿布基尔附近击败法国舰队。
世界	年底，欧洲第二次反法联盟（俄国、奥地利、英国、土耳其、那不勒斯及葡萄牙）成立。瑞士共和国在伯尔尼宣布成立。教皇庇护二世离开罗马至瓦伦斯。马尔萨斯《人口论》出版。

1799年

	事　件
富歇	7月21日，被任命为法兰西共和国警务部长。一上台便颁布法令，限制出版自由，取缔叛逆言论，关闭由残存的雅各宾党人组成的"马术厅俱乐部"，编织了一个庞大、复杂而精细的情报网，间谍、特务、眼线遍布全国，其中包括未来的皇后约瑟芬·波拿巴。11月，初次与拿破仑·波拿巴接触。在富歇暗中相助下，拿破仑雾月十八日（11月9日）政变成功，次日，富歇向全国宣告拿破仑执政的开始。富歇被拿破仑任用，数月内，彻底恢复了国家的安定，肃清恐怖活动和保王党人的巢穴。
法国	拿破仑发动雾月十八日政变，取消督政府，推翻立法团及元老院，成立执政府，拿破仑任第一执政。
世界	3月，反法联盟从意大利、瑞士、荷兰等方面向法国进军。席勒完成《华伦斯坦》三部曲。奥地利向法国宣战。俄罗斯联盟在意大利卡莎诺大败法国军队。

1800年

	事　件
富歇	
法国	法军打败奥地利，进军维也纳；法军在意大利马伦哥大败奥地利。
世界	

1801年

	事　件
富歇	
法国	
世界	托马斯·杰弗逊成为美国总统。大不列颠和爱尔兰合并。保罗一世被谋杀，亚历山大一世继位。英国人进入开罗。英国海军打败丹麦。

1802年

	事　件
富歇	因暗中阻挠拿破仑称帝，被免去警务部长之职，但被任命为元老院议员以为补偿，并获得普罗旺斯的艾克斯庄园。从此，富歇告别了十年的政治生涯。
法国	3月，亚眠和平协议（达成休战协定），英国交出许多殖民地；作为回报，法国军队撤离埃及。
世界	欧洲第二次反法联盟解体。法国镇压在圣多明哥的黑人起义。

1803年

	事　件
富歇	
法国	拿破仑的干涉导致德国重组。
世界	俄亥俄成为美国的一个州；美国购买了法国的路易斯安那。

1804年

	事　件
富歇	经过两年的放逐，被拿破仑重新起用为大臣，这时的拿破仑已经不是拿破仑执政，而已经成为拿破仑皇帝。
法国	拿破仑在巴黎由教皇庇护二世加冕称帝；王室反叛拿破仑失败。
世界	丹麦废除农奴制。西班牙向不列颠宣战。伊曼努尔·康德逝世。

1805年

	事　件
富歇	
法国	拿破仑在乌尔姆击败奥地利人，进入维也纳。10月20日，英国海军上将纳尔逊率领的英国海军在塔拉法尔加击败了法国和西班牙联合舰队，拿破仑放弃进军英国的计划。12月，拿破仑在奥迪特利茨大败俄奥军队。
世界	以英国、俄国为首结成第三次反法联盟，随后奥地利、瑞典、那不勒斯等也参加了联盟。

1806年

	事　件
富歇	
法国	拿破仑逼迫德皇弗朗西斯二世逊位，结束了神圣罗马帝国（始于1232年）。10月，普鲁士大败于耶拿，失去了波兰；拿破仑进入柏林；拿破仑宣布大陆体系形成，对英国实行禁运；约瑟夫·波拿巴成为那不勒斯国王；路易斯·波拿巴成为荷兰国王。
世界	7月，莱茵同盟成立，拿破仑自任"保护人"。8月6日，弗朗西斯二世颁发诏书，宣布取消神圣罗马帝国称号，并宣布退位。9月，第四次反法联盟成立。

1807年

	事 件
富歇	面对拿破仑无休止的野心和远征，富歇曾在与梅特涅的一次谈话时说："他把你们打败之后，只有俄国和中国能幸存下来。"也是因为拿破仑的战争瘾，使富歇和自己的死对头塔列朗——拿破仑的另一个谋士——携起手来。
法国	7月，分别与俄国、普鲁士签订《提尔希特和约》，欧洲被划分为法国和俄国的势力范围。华沙公国建立。法国入侵葡萄牙，皇室逃亡巴西。
世界	第四次反法联盟解体。土耳其赛里木三世被黜，穆斯塔法四世即位。

1808年

	事 件
富歇	12月某晚，富歇破天荒地出现在塔列朗官邸，这一举动暗示拿破仑的大臣们对其政策的公开的反对，并引起各国使馆及拿破仑兄妹的警觉。几天之后，在外征战的拿破仑迅速回国。塔列朗被罢免，而富歇留任。
法国	1808—1809年，西班牙战役，马德里被占领，但是猛烈的游击战牵制住了法国军队；拿破仑的兄弟约瑟夫成为西班牙国王。拿破仑取消了西班牙和意大利的宗教裁判所。
世界	美国禁止从欧洲购买奴隶。俄国为入侵芬兰，发动对瑞典的战争，战胜瑞典。芬兰投降。

1809年

	事 件
富歇	8月15日，被拿破仑封为奥特朗托公爵，并赐给爵徽。8月31日，富歇获悉英军在瓦尔赫伦岛登陆，自作主张，以警务大臣兼内政大臣身份组建国民军，在安特卫普设防，英军的侵犯以失败告终，在危急关头拯救了法国。
法国	
世界	4月，第五次反法联盟成立，10月解体。亚瑟·韦尔斯在波尔图战胜法国军队，被封为威灵顿公爵。不列颠和印度锡克族缔结友好条约。

1810年

	事　件
富歇	6月，因反对拿破仑穷兵黩武的政策而暗中筹划英荷谈判，败露后，被拿破仑罢免警务大臣一职，但作为补偿，获国务顾问荣衔，并被任命为帝国驻罗马大使。9月25日，富歇经拿破仑恩准，来到他在意大利普罗旺斯的艾克斯庄园，从此开始他的第三次放逐生活。
法国	法国最大规模的扩张，吞并荷兰、汉诺威、不莱梅、汉堡，包括欧洲17.5亿人口中的5亿人口。
世界	西班牙资产阶级革命，建立君主立宪制。阿根廷、委内瑞拉及墨西哥独立战争爆发。

1811—1812年

	事　件
富歇	经历了丧妻之痛。抵达德累斯顿，履行拿破仑为防范他而为他专设的普鲁士占领区行政长官一职；随后，又被任命为距巴黎几百里外的伊利里亚的总督。
法国	1812年，拿破仑进军俄国，大败而归。
世界	俄国占领贝尔格莱德。英国占领爪哇。俄国废除了对英国的禁运。威灵顿公爵进入马德里；英国首相遭暗杀。英美爆发争夺加拿大的战争。

1813年

	事　件
富歇	
法国	
世界	欧洲组成第六次反法联盟。普鲁士和奥地利向法国宣战，在莱比锡大败拿破仑。普鲁士军队跨过莱茵河。英军进入法国。

1814年

	事　件
富歇	
法国	4月，拿破仑逊位，流放至厄尔巴岛；路易十八被遴选为国王。5月，法国与反法联盟在维也纳签订《巴黎和约》。
世界	教皇庇护二世返回罗马，恢复宗教裁判所；英国军队火烧华盛顿。英美争夺加拿大的战争，相持不下而结束。

1815年

	事 件
富歇	3月1日，拿破仑离开厄尔巴岛，率领600名士兵在弗雷居斯登陆。波旁王室请富歇出山，富歇出于一贯的投机主义而观望、拒绝。3月16日，就在拿破仑逼近巴黎、国王出逃前三日，富歇巧妙地逃脱了警方的逮捕。3月19日深夜，路易十八出逃；次日拿破仑回到巴黎。富歇在同拿破仑会晤后，未能如其所愿地出任拿破仑的外交大臣，而是第三次出任警务大臣；此时的拿破仑已处于颓势，而富歇却赢得欧洲各国宫廷的好感。6月18日，拿破仑大败于滑铁卢；22日，拿破仑逊位，富歇提议成立临时政府——五人督政府，在主席选举失利后，使用卑鄙伎俩，最终坐上了督政府主席的宝座，第一次当上了法国大权在握的统治者。7月28日，富歇再一次宣誓，成为"至诚笃信基督教国王陛下的新任警务大臣"。8月1日，前往教堂接受主教的祝福，娶德·卡斯特梁伯爵小姐为妻，路易十八为第一证婚人。12月，富歇被免去警务大臣的职位，被任命为法国驻德累斯顿宫廷使节。此后不久，法国国会以354票对32票通过，宣布其终身流放。
法国	2月，拿破仑返回巴黎发动百日政变；3月，重登皇位。英国、奥地利、俄国、普鲁士等结成第七次反法联盟。6月18日，英国和普鲁士联军在滑铁卢大败拿破仑。6月22日，拿破仑再次退位，流放到圣赫勒拿岛。
世界	德意志联邦建立。

1816年

	事 件
富歇	
法国	
世界	阿根廷宣布从西班牙独立。

1817年

	事 件
富歇	
法国	
世界	黑格尔《哲学全书》出版。李嘉图《政治经济学及赋税原理》出版。

1818年

	事 件
富歇	
法国	
世界	联军从法国撤退。美国和加拿大边境确定。智利独立。5月5日，卡尔·马克思诞生。

1819年

	事　件
富歇	梅特涅准许富歇前往的里雅斯特。
法国	
世界	美国从西班牙购买佛罗里达。英国在新加坡的殖民地建立。

1820年

	事　件
富歇	12 月 26 日，富歇在的里雅斯特去世；两天后，遗体落葬。
法国	
世界	密苏里协议签订，次年作为自由州的缅因州和作为蓄奴州的密苏里州加入联邦。葡萄牙革命。西班牙爆发争取自由的革命。恩格斯诞生。

Joseph Fouche